普通高等院校运输与物流专业规划教材

YUNSHU YU WULIU
XITONG GUIHUA

运输与物流系统规划

王 勇 刘 永 / 编著

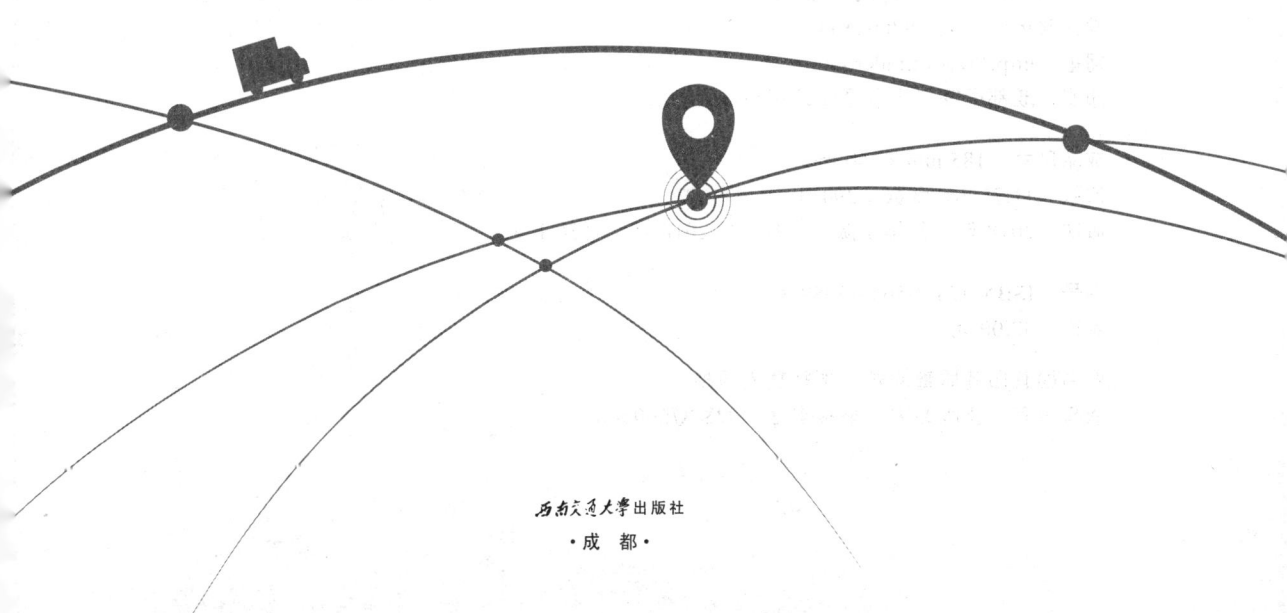

西南交通大学出版社
·成都·

内容简介

本书在吸收国内外运输与物流系统规划的先进理论与方法的基础上，结合编者在运输与物流规划领域多年积累的实践经验的基础上，按照理论、方法及案例的知识框架与结构，对运输与物流系统规划的内容作了全面的分析和阐释，详细介绍了运输与物流规划的基本理论、物流运输网络规划、运输与物流体系规划、物流园区规划、物流配送管理、物流系统规划分析方法、现代物流运输与物流系统发展动态等内容。

本书全面、系统地阐述了运输与物流系统规划的基本理论与管理方法，每章附有案例分析便于读者理解和掌握各章的重要内容。

本书理论研究水平适中，提供的理论知识和管理方法兼顾了实用性和可操作性。本书可作为交通运输、物流工程、物流管理、工业工程等本科物流及相关专业教材，也可作为物流行业的管理人员、物流从业人员和研究人员的指导书。

图书在版编目（CIP）数据

运输与物流系统规划 / 王勇，刘永编著. —成都：
西南交通大学出版社，2018.1
ISBN 978-7-5643-5989-8

Ⅰ. ①运… Ⅱ. ①王… ②刘… Ⅲ. ①交通运输规划
②物流 – 系统规划 Ⅳ. ①U491.1②F252

中国版本图书馆 CIP 数据核字（2017）第 320750 号

运输与物流系统规划

		责任编辑／姜锡伟
王 勇　刘 永／编 著		助理编辑／宋浩田
		封面设计／墨创文化

西南交通大学出版社出版发行
（四川省成都市二环路北一段 111 号西南交通大学创新大厦 21 楼　610031）
发行部电话：028-87600564　　028-87600533
网址：http://www.xnjdcbs.com
印刷：成都中铁二局永经堂印务有限责任公司

成品尺寸　185 mm×260 mm
印张　11.75　　字数　294 千
版次　2018 年 1 月第 1 版　　印次　2018 年 1 月第 1 次

书号　ISBN 978-7-5643-5989-8
定价　32.00 元

图书如有印装质量问题　本社负责退换
版权所有　盗版必究　举报电话：028-87600562

前　言

运输与物流系统规划是现代物流业的重要内容，其在国民经济发展中的地位和作用已得到各级政府、企业和学者的认可。如何科学合理地规划和设计各类物流系统已成为许多决策者需要面对的管理和实践问题。由于我国运输和物流业的发展起步较晚，相应理论研究成果及其实践积累不多，现代物流的理论体系尚未形成，现有理论难以指导我国运输与物流业发展的实践需要。同时，《国民经济第十三个五年规划纲要》中指出：要降低企业的物流成本，大力发展多式联运、甩挂运输和无车承运人等先进运输组织模式，提高物流效率，降低物流成本，并大力发展第三方物流，优化物流业发展的区域布局，支持物流园区、物流中心等物流功能集聚区有序发展。由此可见，运输与物流业的发展具有巨大的潜力和广阔的应用前景。为此，编者结合多年来参与国家和地方各类运输与物流研究项目，并结合教学实践的经验与积累，立足我国运输与物流发展的实践需求，围绕运输与物流教育改革发展的指导要求进行本书的编写工作。

本书的编写具有以下四个突出特点：一是理论与实践的结合，本书每章节中或章节后附有相应的案例分析，着重考查学生对本章节内容的深入理解，并应用所学的管理知识解决案例中的问题，从而使学生能将理论知识学以致用；二是注重实用，本书内容借鉴了国内外大量经典物流教材的编写理念，在物流运输网络规划和物流园区规划等内容的编写上进行了创新，力求构建面向实际应用的理论方法；三是结构合理，本书内容结构体系充分反映了我国当前情形下运输与物流发展的需要，并注重将传统的基础理论和先进的管理思想相结合；四是有前瞻性，本书系统介绍了地下物流运输系统、第四方物流、绿色物流和物流生态圈等内容，该部分内容可拓宽读者的视野，加深读者对城市未来先进运输与物流系统发展的认识。

全书共七章内容，第一章系统介绍了运输与物流系统规划的基本理论，总体梳理了运输与物流系统规划的理论基础与模型方法；第二章介绍了物流运输网络规划的内容和步骤、建模方法、共同配送网络、设施选址类型及应用；第三章从宏观层面详细阐述了运输与物流体系规划中涉及的物流运输通道规划、物流运输空间布局规划、物流信息平台设计以及装卸搬运物流管理规划等；第四章从微观层面系统阐述了物流园区规划所涉及的物流园区规划定位、物流园区道路网络设计和物流园区布局规划等内容；第五章和第六章系统介绍了物流配送管理和物流系统规划分析方法的内容；第七章从物流信息化和全球化的视角出发，阐释了现代运输与物流系统的发展动态。

全书由王勇负责统稿，各章的撰写分工如下：王勇和张霜露编写了第一章；彭首国完成了第二章的编写工作；刘永、王勇和陈文竹编写了第三章、第四章；黄秋彬和黄思奇编写了第五章；袁滢滢和刘永完成了第六章的编写，王勇和张杰编写了第七章。

本书在编写过程中，参阅了大量的相关著作、论文及资料，已将引用的主要文献列于书后的参考文献中，如有遗漏，恳请谅解。在此对文献作者表示衷心的感谢！本书得到了国家自然科学基金——生鲜农产品冷链多中心共同配送收益分配优化研究（71402011），基于负效应极小化目标的城市交通能源供应网络系统优化与管理（71471024），中国博士后科学基金特别资助项目（2017T100692）和面上项目一等资助（2016M600735）以及重庆市教委人文社科重点项目——二级设施物流配送网络联盟稳定性优化机制研究（17SKG067）的资助。本书的出版得到重庆交通大学管理科学与工程博士点基金项目的大力支持，在此一并表示最诚挚的感谢！

由于编者水平有限，书中的疏漏与不足之处在所难免，敬请各位专家学者以及广大读者批评指正，以便今后做进一步的修改和完善。

编　者

2017 年 9 月

目 录

1 运输与物流系统规划基本理论 ·· 1
  1.1 运输系统概述 ·· 1
  1.2 物流系统概述 ·· 4
  1.3 运输与物流系统的要素和结构 ·· 8
  1.4 物流系统规划的原则、内容和步骤 ····································· 12
  1.5 运输与物流系统规划的基本方法 ······································· 18

2 物流运输网络规划 ·· 24
  2.1 物流运输网络概述 ··· 24
  2.2 物流运输网络规划的内容和步骤 ······································· 27
  2.3 物流运输网络数据收集及应用 ··· 29
  2.4 物流运输网络建模方法 ··· 33
  2.5 物流共同配送网络 ··· 35
  2.6 物流设施选址类型及应用 ··· 38

3 运输与物流体系规划 ·· 48
  3.1 运输与物流发展定位 ··· 48
  3.2 物流运输通道规划 ··· 49
  3.3 物流运输空间布局规划 ··· 54
  3.4 物流信息平台规划 ··· 57
  3.5 装卸搬运物流管理规划 ··· 64
  3.6 运输与物流发展保障体系 ··· 68

4 物流园区规划 ·· 77
  4.1 物流园区的概念和功能 ··· 77
  4.2 物流园区规划的基本原理 ··· 79
  4.3 物流园区规划定位 ··· 82
  4.4 物流园区道路网络规划 ··· 86
  4.5 物流园区布局规划 ··· 90
  4.6 物流园区运作规划保障措施 ··· 93

5 物流配送管理 ... 100
5.1 物流配送概述 ... 100
5.2 物流配送流程和方法 ... 109
5.3 配送合理化 ... 113

6 物流系统规划分析方法 ... 120
6.1 物流系统规划分析概述 ... 120
6.2 物流系统规划优化方法 ... 123
6.3 物流系统规划仿真方法 ... 130

7 现代运输与物流系统发展动态 ... 140
7.1 现代运输与物流系统发展趋势 ... 140
7.2 地下物流运输系统规划 ... 143
7.3 第四方物流 ... 148
7.4 绿色物流 ... 154
7.5 电子商务物流 ... 161
7.6 物流生态圈建设 ... 168

参考文献 ... 178

1 运输与物流系统规划基本理论

本章学习目标

1. 理解运输与物流的基本概念、特点和分类。
2. 从系统论角度掌握运输与物流的要素和结构。
3. 掌握物流系统规划的原则、内容和步骤。
4. 了解运输与物流系统规划的基本方法。

1.1 运输系统概述

1.1.1 运输系统的概念

在现代物流过程中，运输是实现物品空间效用的主要手段，已成为现代物流的主要功能要素。中华人民共和国国家标准《物流术语》（GB/T 18354—2006）对运输的定义是：用专用运输设备将物品从一个地点向另一地点运送，其中包括集货、分配、搬运、中转、装入、卸下、分散等一系列操作。

运输是人和物的载运及输送，是在不同空间、不同地点使运输主体发生位移，以达到改变物品的空间位置目的的活动。运输作为社会生产力的有机组成部分，主要是通过完成社会物品的流转表现出来的。现代运输的发展一般可划分为五个阶段，即水上运输阶段（从原始社会到19世纪20年代），铁路运输阶段（19世纪30年代到20世纪30年代），公路、航空和管道运输阶段（20世纪30年代到50年代），综合运输阶段（20世纪50年代以后），集装箱运输阶段（20世纪50年代中叶以后）。随着运输的发展，各地之间、各个国家乃至世界范围内的联系越来越紧密，人流、物流日益深化。

系统是由相互联系和相互作用的若干要素组成的具有特定结构和功能的有机整体。参考系统的定义，我们认为运输系统是由运输诸要素组成的、各要素间相互联系并使运输功能合理化的整体。换句话说，运输系统就是在一定的时间和空间内，由运输过程所需的基础设施、运输工具和运输参与者等若干动态要素相互作用、相互依赖和相互制约所构成的具有特定运输功能的有机整体。构成运输系统的要素主要有基础设施、运输工具和运输参与者。

1.1.2 运输系统的特征

物流运输系统不仅具有一般系统所共有的特征，即整体性、目的性、相关性、层次性、动态性和环境适应性，还同时具有其自身显著的特征。

1. 运输服务可以通过多种运输方式实现

各种运输方式对应各自的技术特性，有不同的运输单位、运输时间和运输成本，因而形成了各运输方式不同的服务质量。也就是说，运输服务的利用者，可以根据货物的性质、大小、所要求的运输时间、所能负担的运输成本等条件来选择相适应的运输方式，或者合理运用多种运输方式，实行联合运输。

2. 运输服务可分为自用型和营业型两种形态

自用型运输是指企业自己拥有运输工具，并且自己承担运输责任，从事货物运输的活动。自用型运输多限于货车运输，部分水路运输中也有这种情况，但数量很少。而航空、铁路这种需要巨大投资的运输方式，自用型运输难以开展。与自用型运输相对的是营业型运输，即以运输服务作为经营对象，为他人提供运输服务。营业型运输在公路、铁路、水路、航空等运输业中广泛开展。对于一般企业来讲，可以在自用型和营业型运输中进行选择，当前的趋势是企业逐渐从自用型向营业型运输方式进行转化。

3. 运输存在着实际运输和利用运输两种形式

实际运输是实际利用运输手段进行运输，完成商品在空间上的移动。利用运输是运输业者自己不直接从事商品运输，而是把运输服务再委托给实际运输商进行，也就是说，运输业者即使自己不拥有运输工具也能开展运输业务，通过协调、结合多种不同的运输机构来提供运输服务。这种利用运输的代表就是代理型运输业者。

4. 运输服务业竞争激烈

运输业者不仅在各自的行业内开展相互竞争，而且还与运输方式相异的其他运输企业开展竞争。虽然各运输方式都存在着一些与其特性相适应的不同的运输对象，但是，也存在着很多各种运输方式都适合承运的货物，这类货物的运输就形成了不同运输手段、不同运输业者之间的相互竞争关系。

5. 运输系统的现代化趋势

所谓运输系统的现代化，就是采用当代先进适用的科学技术和运输设备，运用现代管理科学，协调运输系统各构成要素之间的关系，达到充分发挥运输功能的目的。运输系统的现代化也促使运输系统结构发生根本性的改变，表现在：

① 由单一的运输系统结构转向多种方式联合运输的系统结构，如汽车—船舶—汽车、汽车—火车—汽车、船舶（港口）—火车（站场）—汽车（集散场）等不同的联合运输系统；

② 建立了适用于矿石、石油、肥料、煤炭等大宗货物的专用运输系统；

③ 集包装、装卸、运输一体化，使运输系统向托盘化与集装箱化的方向发展；

④ 顺应全球经济发展的需要，一些发达国家陆续开发了一些新的运输系统，如铁路传送带运输机械、筒状容器管道系统、城市中无人操作收发货物系统等。

1.1.3 运输方式的分类

1. 铁路运输

铁路运输（Railway Transportation）是使用铁路设备、设施运送客货的一种运输方式。铁路货物运输可分为车皮运输和集装箱运输，主要承担长距离、大批量的原材料（如煤、原木、化工品）和价值低的制成品（如食品、纸张、木制品）的运输。在没有水运条件的地区，几乎所有大批量货物都是依靠铁路进行运输的，其在干线运输中起主力作用。

铁路货物运输的优点主要表现在：① 适应性强。铁路运输是在自己的专用轨道上进行的，受自然条件限制少，具有较高的连续性和可靠性。② 运载量大。铁路运输依靠大功率机车牵引，可以运送大批量物品。③ 速度快。在长距离运输中送达速度仅次于航空运输（但在过短距离时，不及公路运输）。④ 安全程度高。在不同运输方式中，按所完成的货物量计算的事故率，铁路运输是最低的。⑤ 能耗小、污染少。铁路运输在轨道上行驶，接触面积较小，行驶阻力较小，能耗较少；铁路运输特别是电气化铁路，对环境和生态平衡的影响程度较小。但是，铁路运输也有不足之处，由于铁路轨道的建设是固定的，运输只能在固定线路上实现，所以需要与其他运输方式配合和衔接，而在衔接的过程中会出现很多不便，如运输速度减缓、装卸时货物损失等。一般认为，铁路运输的经济里程在 200 km 以上。

2. 水路运输

水路运输（Waterway Transportation）是使用船舶在通航水道中进行客货运输的一种运输方式，简称水运。水路货物运输可分为内河运输、沿海运输、近海运输和远洋运输，主要承担大批量、长距离的运输，是在干线运输中起主力作用的运输形式。在内河及沿海，也常使用小型水运运输工具，担任补充及衔接大批量干线运输的任务。

水路货物运输的优点主要表现在：① 运载量大、运输成本低。船舶的运载量大，运输里程远，路途运行费用低。② 投资较少。水路运输利用天然航道，投资节省。③ 劳动生产率高。水路运输因运输能力大，所以劳动生产率较高。但是，水运也有显而易见的缺点，主要是运输速度慢，受港口、水位、季节和气候影响较大，一年中中断运输的时间较长，且必须靠其他运输手段加以配合和衔接。

3. 公路运输

公路运输（Highway Transportation）是使用公路设备、设施运送客货的一种运输方式，在整个运输领域中尤其是在国内运输领域中占有非常重要的地位。公路运输主要承担近距离和小批量的货运和水运、铁路运输难以到达地区的长途、大批量货运，以及铁路、水运优势难以发挥的短途运输。

公路货物运输的优点主要表现在：① 灵活性强，实现"门到门"运输。汽车不仅是其他运输方式的接运工具，还可以直达运输，不需转运或反复装卸搬运。② 投资少，资金周转快。公路建设期短，原始投资回收期短。③ 受自然条件限制小。由于灵活方便、送达速度快，且对不同的自然条件适应性较强，汽车运输有利于保持货物运输质量。但是，公路运输也有一定的局限性，如载重量小，不适宜装载重件、大件货物，不适宜走长途运输；车辆运行中震动较大，易造成货损事故。公路运输的经济半径一般在 200 km 以内。

4. 航空运输

航空运输（Airline Transportation）是使用飞机运送客货的一种运输方式。航空运输的单位成本很高，因而主要适合运载的物品有两类：一类是价值高、运费承担能力很强的货物，如贵重设备的零部件、高档产品等；另一类是紧急需要的物品，如救灾抢险物品等。

航空货物运输的优点主要表现在：① 速度快。航空运输是速度最快的运输方式。② 灵活性强。航空运输不受地形、地貌、山川、河流的阻碍，对于交通不发达地区或在自然灾害的紧急救援中，均可采用飞机空投方式。③ 安全程度较高。航空运输平稳、安全，货物在运输中受到的震动、撞击均小于其他运输方式。④ 航空运输建设周期较短，回收快。航空运输建设主要包括飞机、机场和其他辅助保障设施。一般来说，修建机场比修建铁路的周期短，投资回收快。但是，航空运输的缺点是运输成本、运费高，载运量小。

5. 管道运输

管道运输（Pipe Transportation）是利用管道输送气体、液体和粉状固体的一种运输方式。其机理是运输物品在管道内顺着压力方向不断流动，以实现输送目的。管道运输与其他运输方式最大的不同是：管道设备是静止不动的，管道既是运输工具，又是运输通道，驱动方式是用机泵给货物以压能，使物品本身连续不断地被运送。管道运输适合于石油及其制品、天然气、煤气以及生产用水和民用水等流体货物的运输。

管道运输的优点主要表现在：① 载运量大。管道运输能够进行不间断的输送，输送连续性强，不产生空驶，运输量大。② 管道运输建设工程比较单一。管道占用土地少，建设周期短，回收快。③ 损耗少。由于采用密封设备，在运输过程中可避免散失、丢失等损耗，也不存在其他运输设备本身在运输过程中消耗动力所形成的无效运输问题。④ 污染少。管道运输不产生噪声，货物漏失污染少；不受气候影响，可以长期安全、稳定地运行。但是，管道运输本身工程结构上的特点，决定了其使用范围的局限性。管道运输适于长期定向、定点输送，如果输量范围较窄，输量变换幅度过大，管道的优越性则难以发挥。

1.2 物流系统概述

1.2.1 物流系统的概念

在全球经济一体化的进程中，物流是现代社会赖以存在的基本经济活动之一，被喻为"第三利润源泉"，并已成为当前企业"最重要的竞争领域"。所谓物流系统，是指由各个相关要素有机结合而成的，提供高质量的物流服务的一个整体。它将一定时间和空间范围内的物流活动或过程当作一个整体来看待，用系统的观点来进行分析和研究。

一般认为，物流系统由物流作业系统和物流信息系统两个分系统组成。

物流作业系统包括包装系统、装卸搬运系统、运输系统、储存系统、流体加工系统等子系统。各子系统由下一级的更小的子系统组成。例如，运输系统又可分成铁路运输系统、公路运输系统、空运系统、水路运输系统。物流作业系统通过在运输、保管、包装、搬运、流通加工等作业过程中使用各种先进技术，使生产据点、物流据点、配送路线、运输手段等资源实现网络化，可以大幅度提高物流活动的效率。

物流信息系统包括情报系统、管理系统等子系统。物流信息系统在保证订货、进货、库存、出货、配送等环节信息畅通的基础上，使通信据点、通信线路、通信手段实现网络化，也可以大大提高物流作业系统的效率。

1.2.2 物流系统的特征

1. 物流系统是一个动态系统

它和生产系统的一个重要区别在于：生产系统按照固定的产品、固定的生产方式，连续或不连续地生产，变化较少，系统稳定的时间较长；而物流活动是受到社会生产和社会需求的广泛制约的，连接着多个生产企业和顾客，需求、供应、价格、渠道的变动，都随时随地影响着物流，所以物流系统是一个稳定性较差而动态性较强的系统。为使物流系统更好地运行以适应不断变化的社会环境，必须对其进行不断的完善和调整，有时甚至需要重新设计整个物流系统。

2. 物流系统是一个可分系统

在整个社会再生产的循环过程中，物流系统只是流通系统的一个子系统，它必然会受到流通系统，乃至整个社会经济系统的制约。而物流系统本身又可以再细分为若干个相互联系的子系统，系统与子系统之间都存在着总的目标、总的费用、总的效果以及时间空间、资源利用等方面的相互联系。对特定物流系统所分子系统的多少和层次的阶数，是随着人们对物流系统的认识和研究的深入而不断扩充的。

3. 物流系统是一个大跨度的系统

物流系统是一个大跨度系统反映在两个方面：一是地域跨度大；二是时间跨度大，即时空的跨度大。随着国际分工的不断发展，国际间企业的交往越来越频繁，提供大时空跨度的物流活动将会成为物流企业的主要任务。物流系统的大跨度使管理难度加大。

4. 物流系统具有复杂性

物流系统构成要素的复杂性带来了物流系统的复杂性。首先，物流系统的对象是物质产品，品种繁多，数量庞大，既包括生产资料、生活资料，又包括废旧废弃物品，涵盖了全社会的物质资料。其次，物流系统的主体是人，就从事物流活动的人来看，需要数以百万计的庞大队伍。同时，物流系统要素之间的复杂关系也增加了物流系统本身的复杂性。

5. 物流系统内广泛存在"效益背反"现象

在物流系统中，任何物流活动都由储存保管、运输配送、装卸搬运、包装、流通加工、信息服务六个基本活动（基本要素）构成，它们承担不同的任务和使命。要素之间的冲突容易带来物流的局部最优、整体次优的问题，与现代物流的内涵相矛盾。理论研究和实践活动揭示，这六项基本活动之间广泛存在"效益背反"（Trade off）关系。

《物流术语》（GB/T 18354—2006）对效益背反的解释是：一种物流活动的高成本，会因另一种物流活动成本的降低或效益的提高而抵消的相互作用关系。主要表现为构成物流成本的各个环节费用之间的制约关系和物流服务与物流成本之间的制约关系：① 物流基本活动之间的成本冲突，即某一活动要想降低成本，其他相关活动就不得不提高成本。例如，减少库存量可以减少企业的仓储费用，但为了避免产品脱销，就不得不提高补充库存的频率，增加运输配送次数，从而增加企业的运输配送成本。② 服务水平和成本之间的冲突，即提高物流系统的服务水平往往要增加物流成本。例如，小批量多频率的运输配送服务，会带来相应活动成本的上升，这与提高效益相冲突。

1.2.3　物流系统分类

虽然不同领域的物流存在着相同的基本要素，然而由于不同领域物流的对象、目的、范围和范畴的差异，物流系统的分类有着不同的方法和标准。为便于研究，下面从物流系统的性质、空间范围、空间位置、源点与流向及其物流作用等不同角度进行分类。

1. 按照物流系统的性质分类

（1）社会物流。社会物流是以全社会为范畴、面向广大用户的物流，它涉及在商品流通领域发生的所有物流活动，具有宏观性和广泛性，因此也被称为宏观物流。由于社会物流对国民经济的发展产生重大影响，因此社会物流是物流的主要研究对象。

（2）行业物流。在一个行业内发生的物流活动被称为行业物流。一般情况下同一行业的各个企业在经营上是竞争对手，但为了共同的利益，在物流领域却又相互协作，共同促进行业物流的合理化。

（3）企业物流。企业物流是指在企业经营范围内由生产或服务活动所形成的物流系统。企业作为现代社会中重要的经济实体，是为社会提供产品和服务的，是物流活动存在的根本。

2. 按照物流活动的空间范围分类

（1）城市物流。城市物流是指物品在城市内部或在城市内部与城市郊区之间的实体流动。城市是从事物资生产、商品贸易等活动的集中地，而且也是大量废弃物的产生地。

（2）区域物流。区域物流有狭义和广义之分，狭义的区域物流指在一个国家之内一定经济区域范围内的物流；广义的区域物流超出了一个国家的范围，是在由若干个政治、经济、文化等具有某些共性的国家所建立的自由贸易区内发生的物流。

（3）国际物流。国际物流是不同国家之间的物流。国际贸易和跨国企业的迅速发展已经让国际物流成为现代物流系统中的重要物流分支。

3. 按照物流所起作用分类

（1）供应物流。生产企业、流通企业或消费者购入原材料、零部件或产成品的物流过程称为供应物流，也就是物资生产者、持有者到使用者之间的物流。

（2）生产物流。生产物流包括从原材料的购进入库开始到产成品的发送出去为止的物流活动的全过程。

（3）销售物流。生产企业或流通企业售出产品或商品的物流过程被称为销售物流，也是指物资的生产者或持有者与用户或消费者之间的物流。

（4）回收物流与废弃物流。对某些物资的回收和再加工过程形成了回收物流；对商品的生产和流通系统中产生的废弃物的处理过程形成了废弃物流。

4. 按照物流的源点与流向分类

（1）正向物流。正向物流也就是一般意义上所说的物流，是指物品从供应地到接收地的实体流动过程，根据实际需要将运输、储存、装卸搬运、包装、流通加工、配送、信息处理等基本功能实施有机结合。

（2）逆向物流。逆向物流是与正向物流相对的物流过程，是一种包含了产品退回、物料替代、物品再利用、废弃物处理、修理和再制造等流程的物流活动。逆向物流不仅是实现社会可持续发展的重要手段之一，还可以让企业获得非常可观的经济效益。

5. 按照物流活动的空间位置分类

（1）地下物流。地下物流主要发生在城市，所以具体称之为城市地下物流，就是将城外的货物通过各种运输方式运到位于城市边缘的机场、公路或铁路货运站、物流园区等，经处理后由地下物流网络配送到各个终端的物流过程。城市地下物流是一种能够有效缓解日益严峻的城市交通问题的新型物流方式。

（2）地上物流。由于一般意义上的物流，其基础设施、设备以及物流活动主要存在或发生于地面之上，所以称之为地上物流。

1.2.4 物流系统的目标

物流系统以有效的低物流成本向顾客提供优质物流服务作为其目标，可以用"6S"和"7R"来进行具体描述。

1. "6S"目标

（1）服务性（Service）：在为客户服务方面，要求不出现缺货、货物损失和丢失等现象，且服务费用便宜。

（2）快捷性（Speed）：要求把货物按照客户指定的地点和时间及时送达。因此，可以把物流设施建在供给地区附近，或者利用有效的运输工具和合理的配送计划等手段。

（3）安全性（Safety）：尽量保证货物在运输途中的安全，装卸、搬运过程中的安全和保管阶段的安全；尽可能地减少客户的订货断档问题。

（4）有效利用面积和空间（Space Saving）：虽然中国土地费用比较低，但也在不断上涨。因此，必须充分考虑对空间的有效利用，特别是对城市市区面积的有效利用，逐步发展立体化设施，配备有关物流机械等。

（5）规模适当化（Scale Optimization）：应该考虑物流设施的设置是集中还是分散，如何更恰当；机械化与自动化程度如何合理把握；信息系统的集中化所要求的电子计算机等设备如何利用等。

（6）库存控制（Stock Control）：库存过多则需要更多的保管场所，而且会产生库存资金积压，造成浪费。因此，必须按照生产与流通的需求变化对库存进行控制。

上述物流系统化的目标简称为"6S"，要发挥以上物流系统化的作用，就要进行研究，把从生产到消费过程的货物量作为一贯流动的物流量看待，依靠缩短物流路线，使物流作业更加合理化、现代化，从而降低总成本。

2. "7R"目标

美国密歇根大学的斯麦基教授倡导的物流系统的目标由"7R"组成，即 Right Quality（优良的质量）、Right Quantity（合适的数量）、Right Time（适当的时间）、Right Place（恰当的场所）、Right Impression（良好的印象）、Right Price（适宜的价格）和 Right Commodity（适宜的商品）。

1.3 运输与物流系统的要素和结构

1.3.1 运输与物流系统的要素

构成运输与物流系统的要素因满足不同的运输与物流服务需求而有所不同。但运输与物流系统的组成一般包括物流中心、配送中心、客户、货物、车辆、配送网络、约束条件和目标函数等要素。

1. 物流中心

物流中心是在运输与物流系统中处于枢纽或重要地位，且具有较完整的物流环节，并能将物流集散、包装、仓库、中转、加工、配送、信息和控制等功能实现一体化运作的物流据点。物流中心的位置可以是确定的，也可以是不确定的，其供应的货物品种可能有一种，也可能有多种。一般物流中心是作为高于配送中心级别的设施形象参与问题研究的。

2. 配送中心

配送中心是将集货、分货、中转、配货、配装、送货等多种服务功能融为一体的物流据点。在运输与物流系统中，配送中心的数量可以只有一个，也可以有多个；配送中心的位置可以是确定的，也可以是不确定的。在本书的研究中，配送中心是作为低于物流中心级别的设施形象参与问题研究的。

3. 客户

客户包括零售商店、超市等。客户的属性包括客户的地理属性、客户所处位置的交通条件、客户需求货物的数量、需求货物的时间窗、需求货物的次数等。

在运输与物流系统中，一般用二维变量来表示客户的地理属性和表示客户与配送中心或物流中心的相对位置，进而将具有类似地理属性的客户作为是否合并为同一聚类单元的必要条件。此外，一般应用模糊指标评价客户所处位置的交通条件，具有类似交通条件属性的客户也作为是否合并为同一聚类单元的必要条件。

单一客户的需求（或供应）货物的数量可能大于车辆的最大装载量，也可能小于车辆的最大装载量。客户需求（或供应）货物的时间，是指要求货物送到（或取走）的时间，对配送时间的要求可以分为以下几种情况：① 无时间窗要求；② 硬时间窗要求：要求在指定的时间窗内完成配送任务；③ 软时间窗要求：有时间窗限制，但可以不遵守时间窗，如果不遵守则要给予一定的惩罚。

对于客户需求（或供应）货物的次数可能仅有一次，也可能为多次，即需要多次配送服务，多次配送服务可以由一辆车提供，也可以由多辆车来完成。

4. 货物

货物是配送的对象。可将每个客户需求的货物看成一批货物，每批次货物都包括货物名称、包装类型、货物重量、体积、要求送到（或取走）的时间和地点、能否分批配送等属性。

货物的商品名称和包装类型，是选用配送车辆类型以及决定何种货物可与其同车配送的依据。货物的重量和体积用于决定车辆的装载决策，当单一客户的需求（或供应）货物量或体积超过配送车辆的最大装载重量或容积时，则该客户将需要大型车辆（装载量和容积满足需求）或多台车辆完成配送。货物送到（或取走）的时间和地点是制定车辆配送线路的依据，而允许货物拆分配送，是指即使客户的需求量在一辆车的装载量以内，客户的需求货物也可以用多辆车拆分送到（或取走）。

5. 车辆

车辆是运输与物流系统中货物的运输工具，其包括的主要属性为：车辆类型、装载量、单次配送的最大行驶距离、车辆的出发地及完成任务后的返回地等。

车辆类型有专用车辆和通用车辆之分，专用车辆是用于转运一些特殊性质的货物，如冷链食品、低温药品等，而通用车辆则适用于装运大多数普通货物。车辆的装载量是指单车的最大装载重量和最大装载容积，此外，车辆的装载量可以相同，也可以不同。对单车单次配送的形式距离要求可分为以下几种情况：① 无运输距离限制；② 有运输距离限制；③ 有运输距离限制，但如果不遵守此限制，需要额外支付费用。

车辆配送前的出发地可以在物流中心、配送中心或停车场，而车辆完成配送任务后，可以返回出发地，也可以停放在任何的配送中心、物流中心或停车场，其中，完成配送任务后返回出发地属于封闭车辆路线问题，不返回出发地则属于开放车辆路线问题。

6. 配送网络

配送网络是由物流中心、配送中心、客户,以及物流中心与客户之间、配送中心与客户之间、两两客户之间的路径组成,路径的属性包括方向和距离等。

7. 约束条件

运输与物流系统优化问题应满足的约束条件主要包括:

① 满足所有客户对物流中心和配送中心在位置和数量方面的要求;

② 区域划分后,满足所有客户在物流中心和配送中心的现有运力范围内;

③ 在物流中心和配送中心各自的配送范围内,满足客户对货物品种、规格和数量的要求,满足货物配送时间窗的限制;

④ 单车配送过程中的实际载货量不能超过车辆的最大允许装载量;

⑤ 在各级设施的配送区域内,满足所有配送线路中送到(或取走)的货物量之和等于该配送区域内总的需求量(或供应量)。

8. 目标函数

对基于运输与物流系统优化问题的各阶段,可以只选取一个目标,也可以选用多个目标。经常选用的目标函数主要有:

① 设施选址位置合理,数量最优。在运输与物流系统优化问题中,选址位置设置和数量选取,对运输与物流系统优化将有较大影响,因此,它是进行运输与物流系统优化的首要目标。

② 综合费用最低。降低综合费用是实现运输与物流系统优化的基本要求。在配送区域划分阶段,相关费用包括:设施建设费用、运营费用、车辆维护和行驶费用等。

③ 配送总里程最短。配送里程与车辆的耗油量、车辆的维护费用等直接相关,并且它也直接决定着运输的成本,因此,确定配送线路时,此指标较为常用。

④ 平均装载率最合理。该目标要求充分利用车辆的装载能力,使运输过程中的平均装载率最高。

⑤ 车辆的使用数量最小。该目标要求使用较少的车辆完成配送任务。

1.3.2 运输与物流系统的结构

运输与物流系统的要素可组成的结构类型很多,比如运输与物流系统的流动结构、功能结构、供应链物流结构、治理结构、网络结构以及产业结构等等。但是从运输与物流系统的规划角度来讲,运输与物流系统的功能结构和网络结构尤为重要。

1. 运输与物流系统的功能结构

运输与物流系统的功能要素包括运输、仓储、搬运装卸、流通加工、包装、配送、信息处理等。这些功能要素之间相互联系、相互作用,它们的组合方式以及时空关系的表现形式形成了物流系统的功能结构。

在运输与物流系统的功能结构中,运输与仓储是重要的支撑要素,因为运输创造了"物"

的空间价值，仓储创造了"物"的时间价值，而这两种价值是物流服务价值的核心部分。搬运装卸功能伴随运输方式或运输工具的变化、物流作业功能之间的转换而产生；包装、流通加工、配送功能是在流通过程中发生的，但并不是每个物流系统必需的。因此，运输与物流系统的功能结构取决于生产、流通的模式，衡量其是否合理的标准是能否以最低的成本满足生产与流通的需要，而不是功能要素是否完备。

2. 运输与物流系统的网络结构

任何运输与物流系统均可抽象成采用不同类型的网络（简称物流网络）来表达。根据物流网络的结构类型特点，物流网络可有许多划分标准。可将物流网络划分为社会物流网络和企业物流网络。

社会物流网络指从区域公共物流系统抽象而成的物流网络，如长江集装箱物流网络、铁路快速货运网络和社会灾难应急救援物流网络等。

企业物流网络指从企业物流系统抽象而成的物流网络，如汽车企业的生产物流网络、啤酒厂的分销网络、热电厂的煤炭供应物流网络等。

从网络结构看，一个网络由线路和点组成。这里将社会物流网络中的点用"结点"来表示，而对于企业物流网络中的点用"节点"来表示。在空间形式上，"节点"可设置在"结点"内部。

企业物流系统的网络结构采用两种基本形式，即一种是直送形式，另一种是经过物流节点的形式，其他形式都是这两种基本形式的组合。

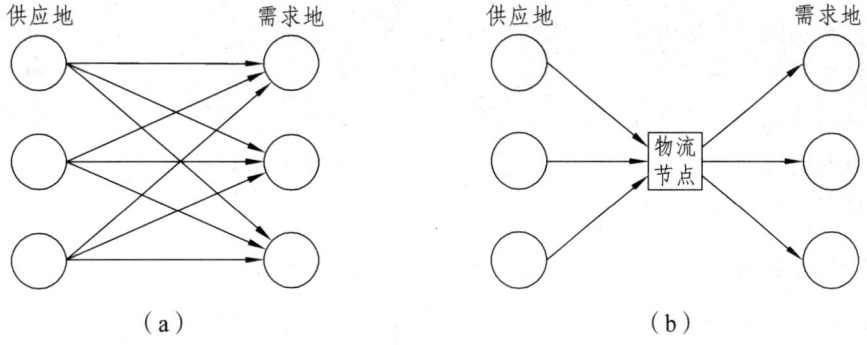

图 1.1 企业物流系统的两类网络结构

图 1.1（a）是从多个供应地向多个需求地的直送形式。直送的特点是环节少、效率高、节约物流节点的建设运营成本，但运输成本高，服务辐射范围非常有限。图 1.1（b）是供应地经过物流节点处理后配送到多个需求地，是物流网络结构的主要形式，其衍生的结构形式有单中心多层次网络结构和多中心多层次网络结构等较为复杂的形式。

（1）单中心多层次网络结构。

单中心多层次的物流网络结构是由若干个配送中心和一个物流中心组成。其中，配送中心覆盖了所有相关集货和送货的区域，同时又与一个物流中心相连。在这种网络结构中，货物既可以通过由物流中心到配送中心的方式到达客户，也可以直接由供应地的配送中心到需求地的配送中心而不通过物流中心的转运。

（2）多中心多层次网络结构。

多中心多层次的物流网络结构是由若干个配送中心和若干个物流中心组成。配送中心覆盖了所有相关集货和送货的区域，并与若干物流中心相连，即多中心多层次的物流网络结构允许配送中心选择成本最低的路线。

1.4 物流系统规划的原则、内容和步骤

1.4.1 物流系统规划的原则

物流系统规划必须以物流系统的整体目标为中心。物流系统的整体目标是使人力、物力、财力和商流、物流、资金流、信息流得到最合理、最经济、最有效的配置和安排，既要确保物流系统的各方面参与主体功能，又要以最小的投入获取最大的效益。

1. 系统性原则

系统性原则是指在物流系统规划时，必须综合考虑、系统分析所有会对规划产生影响的因素，以获得最优方案。首先，从宏观上看，物流系统在整个社会经济系统中不是独立存在的，它是社会经济系统中的一个子系统，物流系统与其他社会经济子系统不但存在相互融合、相互促进的关系，而且还存在相互制约、相互矛盾的关系。因此，在对物流系统进行规划时，必须将各种影响因素考虑进来，达成整个社会经济系统的整体最优。其次，物流系统本身又由若干子系统，如运输系统、仓储系统、信息系统等构成，这些物流子系统之间不仅相互促进，而且也相互制约，即存在着大量的"效益背反"现象，这就要求在进行物流系统规划时也要系统地考虑物流系统内部。因此，在进行物流系统规划时，必须遵循发挥优势、整合资源、全盘考虑、系统最优的系统性原则。

2. 可行性原则

可行性原则是指物流系统规划过程中必须使各规划要素满足既定的资源约束条件，即物流系统规划必须要考虑现有的可支配资源情况，必须符合自身的实际情况。无论从技术上，还是从经济上，规划与设计都可以实现。为了保证可行性原则，在进行物流系统规划时，要与总体的物流发展水平、社会经济的总体水平及经济规模相适应，既要体现前瞻性和发展性，又不能超越企业自身的整体承受能力，从而保证物流系统规划的实现。

3. 经济性原则

经济性原则是指在物流系统的功能和服务水平一定的前提下，追求成本最低，并以此实现系统自身利益的最大化。显然，经济性也是物流系统规划追求的一个重要目标。经济性原则具体体现在以下几方面：

（1）物流系统的连续性：良好的系统规划设计和设施布局应能保证各物流要素在整个物流系统运作过程中流动的顺畅性，消除过程停滞，以此来保证整个过程的连续性，避免浪费。

（2）柔性化：在进行物流系统规划时，要充分考虑各种因素的变化给物流系统带来的影响，这样有利于以后的扩充和调整。

（3）协同性：在进行物流系统规划时，要考虑物流系统的兼容性，或者说是该物流系统对不同物流要素的适应程度。当各种不同的物流要素都能够在一个物流系统中运行时，表明该物流系统的协同性好，能够发挥协同效应，降低整体物流成本。

（4）资源的高利用率：物流系统的主体投资在于基础设施与设备，它属于固定资产范畴。也就是说不管资源的利用率如何，固定成本是不变的。因此，提高资源的利用率就可以降低物流成本。

4. 社会效益原则

社会效益原则是指物流系统规划应该考虑环境污染、可持续发展、社会资源节约等因素。一个好的物流系统不仅在经济上是优秀的，在社会效益方面也应该是杰出的。物流系统的社会效益原则越来越受到政府和企业的重视。目前，我国倡导的循环经济中，绿色物流是其中的重要组成部分。另外，政府在法律法规上将会对物流系统的社会效益问题做出引导和规定，例如，要求生产某些电子产品的厂家回收废旧产品，这就是一个逆向物流的问题。

1.4.2 物流系统规划的内容

从物流系统的地位看，可将物流系统规划分为物流战略层、策略层和运作层的规划；从规划所涉及的行政级别和地理范围看，又可将物流系统规划分为国家级物流系统规划、区域物流系统规划、行业物流系统规划、企业物流系统规划等。本节主要介绍企业物流系统的规划。

在企业物流系统中，物流系统的活动主要包括客户服务、仓储、搬运及配送四个部分。物流系统规划的战略层就是确定以上四个部分的战略。物流系统规划的策略层和运作层是在以上四个部分战略确定的基础上对物流活动进行统一管理，通过物流流程的设计和一定的方法，并以物流组织与物流信息系统为基础，完成物流系统的运作。另外，通过衡量来实现对物流系统的评价和控制，进而保证物流目标的实现。物流系统规划的内容如图1.2和表1.1所示。

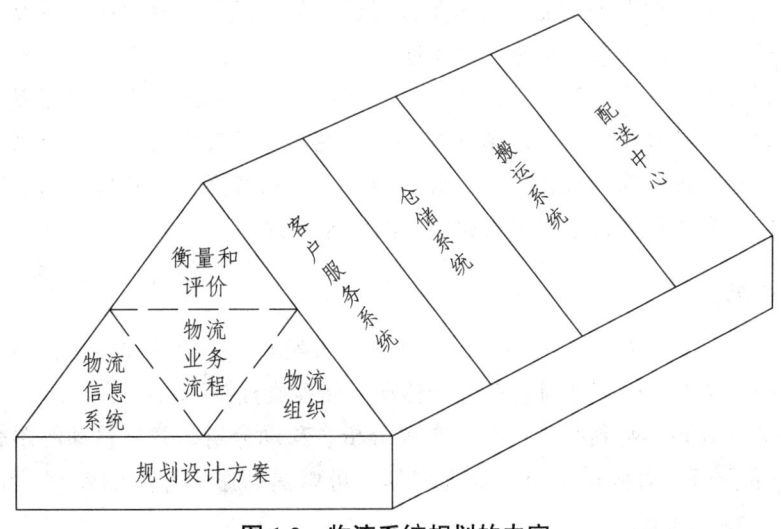

图 1.2　物流系统规划的内容

表 1.1　物流系统规划不同层次内容

内容	规划层次		
	战略层次	策略层次	运作层次
客户服务	设定服务标准	绩效测评	订单处理、客户投诉
仓储	布局、地点选择	空间布置规划	入库、保管、出库
搬运	布局	搬运路线、设备选择	装卸、搬运
配送中心	经营定位、选址、规模	区域布置、辅助设施规划	集货、理货、送货

1. 客户服务系统规划

客户服务是一种以客户为导向的价值观，它整合及管理在预先设定的最优化成本-服务组合中的客户端的所有要素。客户服务是一切物流活动的最终目标。

对于物流系统而言，客户是物流的最终目的地。客户可以是消费者、零售商、分销商、生产商和配送中心等。在某些情况下，客户也可以是对交送产品或服务拥有所有权的企业或个人，还可以是在供应链下同一企业内的不同组织，或者是在同一供应链下的位于不同地区的商业伙伴。但无论什么类型的客户，接受服务的客户都是物流运作要求的中心和驱动要素。因此，在制订物流战略时，很关键的一点就是企业要充分认识到物流系统必须满足客户的需求，即在合适的地点、合适的时间，以合适的方式、合适的价格，将合适的产品、服务或信息送达客户方。

这部分的主要任务是确定物流服务标准，并围绕已制定的服务标准，设计有效的监测指标体系，按照客户的要求，制订等级服务标准，扩展服务范畴。在此基础上，需要建立职责明确、科学规范的服务质量考核体系，对服务过程进行绩效测定，使企业能够据此改善客户服务，以其特色鲜明的服务理念给客户提供全面、迅捷、亲切的服务。

2. 仓储系统规划

仓储作业过程主要由入库、保管、出库三个阶段组成。如果将这个过程看作是一个系统，那么系统的输入是需要储存的物品，输出是经过储存的物品。在仓储作业系统中，物品在各个作业环节上运行，并被一系列作业活动所处理。

在对仓储系统的研究中，孤立地改善某一环节或某一子系统，不一定能提高整个系统的效率，关键是要使仓储系统的各个环节匹配协调。在当前的实际运作中，仓储系统主要是以普通仓库和自动化立体仓库为载体的，因此，应重点分析普通仓库和自动化立体仓库的规划与设计，设计内容为储存区域空间规划和仓库的总体布置。

3. 搬运系统规划

物料搬运系统是物流系统的一部分，它是指一系列的相关设备和装置，用于一个过程或逻辑动作系统中，协调、合理地对物料进行移动、储存或控制。

搬运系统的规划包括物料分类、系统布置分析、移动分析、各项移动的图表化及搬运路线与设备的决策。通过对搬运系统的合理规划，可以提高搬运作业的效率、缩短物流的总时间。

4. 配送中心规划

配送中心是以组织配送式销售和供应、执行实物配送为主要机能的流通型物流节点。配送中心的建设是基于物流合理化和发展市场两方面的需要而发展起来的。所以，配送中心是从事货物配备（集货、加工、分货、拣选、配货）和组织对客户的送货等工作，以高水平实现销售和供应服务的现代流通设施。

配送中心是一个系统工程，其系统规划与设计包括许多方面的内容，包括选址、作业区域设置、作业能力确定、设施布置设计及辅助设施的规划。通过系统规划与设计，能实现配送中心的高效化、信息化、标准化和制度化。

1.4.3 物流系统规划的步骤

满足一定服务目标的物流系统往往由若干子系统组成。物流系统规划与设计包含了众多可能的选择，从物流网络构筑到仓库内部布局等，需要对每一个子系统或环节进行规划设计。每一个子系统的规划设计需要与整体物流规划与设计过程中的其他组成部分相互平衡、相互协调。因此，首先需要形成一个总框架，在总框架的基础上采用系统分析的方法，对整个系统的各个部分进行规划与设计。物流系统规划过程大体可分为五个阶段，如图1.3所示。

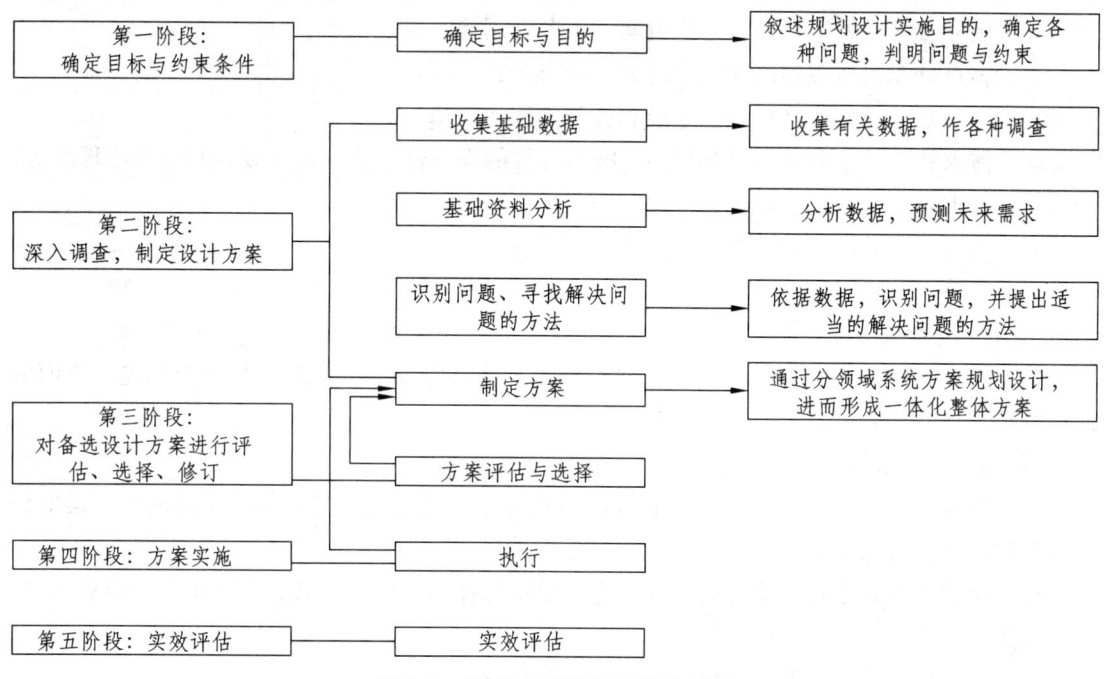

图1.3 物流系统规划与设计过程

1. 确定目标与约束条件

在整个物流系统规划的过程中，最重要的是确定物流系统规划的目的和目标。目标定位直接决定着物流系统的组成部分。

对于企业物流系统规划设计来说，解决系统内部目标不一致问题的依据是考虑以下几个因素：资源可得性、物流系统规模、物流系统各组成部分的相对重要性、系统费用、系统整合程度。最好的方法当然是考虑整个系统，然而在某些条件下，如系统输入条件的改变与系统的每个部分联系不大、时间有限或物流系统太大等，这些都不能作为整个系统来解决，那么一个比较实际的方法是分步考虑问题，设计独立部分，最后再将其结合起来。

另外，由于物流系统庞大而繁杂，各子系统之间的相互影响和相互制约也十分明显，并且系统受外部条件的限制也很多。因此，在物流系统规划时就需要判明各种问题和约束，特别是那些暂时无法改变的系统制约因素。

2. 深入调查，制订规划方案

（1）收集基础数据。

在物流系统规划中，最基础的工作就是进行大量的相关基础数据的调查和收集，以作为系统设计的参考依据。一个物流系统规划方案的有效性依赖于调查获得的基础数据的准确程度和全面程度。调查的内容主要根据设计目标、调查对象来确定。物流系统规划与设计需要调查的基础数据一般包括以下几方面：

① 物流服务需求。

物流服务需求既是物流系统产生的动因，又是构建物流系统的基础依据。有什么样的物流服务需求，就需要有相应的物流系统与之相对应。物流服务需求具体包括以下几项：

- 服务水平，如缺货率、送货时间、服务费用等；
- 客户分布，如现有的和潜在的顾客分布等；
- 产品特征，如产品尺寸、重量和特殊的搬运需求等；
- 需求特征，如顾客的订单特性、顾客订货的季节性变化、顾客服务的重要性程度等；
- 需求规模，如物流量等；
- 需求服务内容，如需要提供的各项服务等；
- 其他。

② 现有的物流资源。

每个物流系统都是独一无二的，在进行物流系统规划前必须对现有物流资源进行全面的调查分析。

需要调查的项目包括下列几项：

- 现有的物流设施设备情况，如物流节点分布、节点规模及功能、交通网络、运输设备、仓储设备、信息系统等；
- 现有物流系统的基本运营状况，如组织管理体系、服务模式、营业状况、服务种类、作业方式、单据流程、作业流程等；
- 制约因素，如现有设施中暂时不可更改的部分。

③ 社会经济发展状况。

社会经济发展状况主要是调查物流服务的产业特征、产业模式、经济规模等。

④ 竞争状况。

竞争状况主要是调查竞争者的服务水平、物流资源配置和网络布局、营业状况等。

基础数据的调查方法主要有企业访谈调查、问卷调查、查找历史资料、现场调查、计算机检索等。

(2) 分析数据，制订方案。

在完成数据收集之后，需要剔除异常数据，确定数据样本容量，对数据进行分类归并、计算整理分析，再结合系统目标制订若干可选方案。分析时使用了过去活动中得来的技术和数据，用以评估物流战略和战术方案的可行性。分析内容如下：

① 对所分析问题给出定义：首先要确定方案可接受的不确定性的范围。其次的问题是，怎样利用确定的方案和参数建立研究的目标与约束的条件。例如，对一个分销中心地点的问题分析必须确认所评估的是特定的位置。

② 使用基准线进行有效的分析：利用合适的方法或工具对现今物流环境进行基准线分析，将结果和过去收集的有效数据进行比较，以决定历史经验和分析结果的适合程度。这种比较应当集中于确认重要的差别和确定可能错误的原因方面。潜在的错误可能是由于不正确或不精确的数据输入、不合适或不准确的分析程序、无效的数据等造成的。当碰到差异时，必须识别错误并及时予以改正。

③ 完成方案分析：一旦方法有效，下一步就是完成系统方案的评价。分析时必须采用手工或电子的手段以确定每个方案的相关绩效特征。选择时应当充分考虑管理政策及实施情况，包括诸如分销中心数目、库存目标水平或运量大小等可能发生变化的因素。

识别问题、制订方案都包含在以上的分析过程中。上述分析完成后，最佳的绩效方案被定为做进一步敏感度评估的目标。其中无法控制的因素，如需求、因素成本或竞争行为等在不同运作条件下，方案的潜在选择能力是变动的。

3. 对备选设计方案进行评估、选择、修订

对物流系统进行方案评估的目的就是针对备选方案的经济、技术、操作等层面的可行性做出比较与评价，以帮助决策者选择最优或最满意的方案。主要的评估方法有程序评估法、因素评估法和目标设计法。评估的内容主要包括成本与收益评估、物流系统方案风险评估等。

在进行评估后便要确定备选方案，并对备选方案进行修订和进一步的完善。

4. 方案实施

物流系统方案的实施过程是一个相当复杂的过程，方案设计的实际可操作性在这里将得到验证。这就要求实施者需根据决策者选出的最优设计方案，严格按照方案设计的要求逐步实施。在此过程中，可能会遇到各种实际问题，有些是设计者未能事先预料到的。因此，在方案的实施过程中，实施者首先要充分领会设计者的整体思路和设计理念，在遇到问题时尽可能最大限度地满足设计要求，如果确有无法满足的部分需要对设计方案做必要调整时，也要保证不影响物流系统整体目标的实现。

此过程的主要任务是确定实施计划、确定实施进度计划、确定验收标准以及对计划的具体实施等。

5. 实效评估

如果说方案评估是在没有实施方案的前提下，仅凭借专家、实践者的经验预先检验模拟效果并加以评估的行动的话，那么这最后阶段的实效评估就是对实际的方案实施结果的评估。

评估的方法和方案评估方法基本一致，最常用的方法是因素评估法和目标评估法。其中，不同点在于对评估过程中的打分不再是凭借专家经验的主观判断，而是实际结果的客观评判。实效评估的目的是通过实际来检验方案设计的优劣，以此作为今后物流系统规划与设计的参考和借鉴。

1.5 运输与物流系统规划的基本方法

在运输与物流系统规划的过程中，定量或定性地分析和掌握系统的功能与特征十分重要。由于运输与物流系统的结构和运作过程的复杂性，因此建立运输与物流系统模型（设计算法、求解结果）是开展这项工作的有效方法和必要基础。所谓运输与物流系统建模就是把运输与物流系统的各个组成部分的特征和变化规律数量化、组成部分之间的关系程式化的过程。使用的主要方法有运筹学方法、启发式方法和计算机仿真方法等。

1.5.1 运筹学方法

运筹学方法又称传统优化方法，是运用线性规划、网络与图论、存贮论、排队论、动态规划、决策论等规划技术，描述运输与物流系统的数量关系，以便求得最优决策结果。由于运输与物流系统庞大而复杂，考虑到建立整体系统的优化模型一般比较困难，而用计算机求解大型优化问题的时间和成本太大，运筹学方法常被用于运输与物流系统的局部优化，通过结合其他方法求得运输与物流系统的次优解。

1. 线性规划

线性规划可以表达为在给定的约束条件下，求目标函数的极值（最大值或最小值）问题，其数学表达如下：

$$z = c_1 x_1 + c_2 x_2 + \cdots + c_n x_n$$

$$\text{S.T.}$$

$$a_{11} x_1 + a_{12} x_2 + \cdots + a_{1n} x_n \leq b_1$$
$$a_{21} x_1 + a_{22} x_2 + \cdots + a_{2n} x_n \leq b_2$$
$$\vdots \qquad \qquad \vdots$$
$$a_{m1} x_1 + a_{m2} x_2 + \cdots + a_{mn} x_n \leq b_n$$
$$x_j \geq 0, \ j = 1, 2, \cdots, n$$

其中，c_j，a_{ij}，b_j（$i=1, 2, \cdots, m$；$j=1, 2, \cdots, n$）均为已知常数。

如果将上述表达式中的决策变量全部限制为整数，则称为整数线性规划；如果上述表达式中，只有部分变量为整数变量，则被称为混合整数线性规划。物流网络规划中的物流节点选址问题、运输计划编制、资源配置等问题都可以通过混合整数线性规划或线性规划来解决。

2. 网络与图论

如果用点表示研究的对象，用边表示各点之间的联系，则这些点和边的集合就是图，即 $G=\{V, E\}$，式中 V 表示边的集合，E 表示点的集合。如果给图中的点和边赋予具体的含义和权数，并规定了起点和终点，这样的图就被称为网络图。网络模型的求解方法有最短路法、决策树模型、运输问题的图上作业法等。对于求解大型网络模型这些方法非常有效，而利用线性规划方法求解则是非常困难的。

3. 存贮论

库存是保证生产或经营活动能够持续不断地正常进行而采取的一种保障性措施。通过库存调节，生产或经营单位就不会因为短缺而损失收益。但库存需要成本，也是一种投资，当然也就存在风险。为了最大化地减少或规避这种风险，就必须对库存的规模加以控制，寻求合理库存的策略和方法，而存贮论为这一研究提供了理论基础。

4. 排队论

排队论又被称为随机服务理论，是一种用于解决服务过程中的随机问题的理论方法。在社会经济活动中得到广泛应用，它能够协调和解决请求服务和提供服务的双方之间所存在的相互制约的关系，前者希望能够尽快得到比较满意的服务，后者则希望在提供服务的过程中能够使服务机构得到最大化的效益。双方的利益目标存在一定程度的冲突，而排队论为协调二者之间的利益冲突提供了方法。

5. 动态规划

动态规划是一种研究多阶段决策问题的理论与方法。所谓多阶段决策问题是指这样一类活动：它可以分成若干个相互联系的阶段，在每一个阶段对应一组可以选取的决策；当每个阶段的决策选定以后，决策过程也就随之确定，把各个阶段的决策综合起来，构成一个决策序列，称之为一个策略。当对过程采取某一策略时，可以得到一个确定的效果，采取不同的策略就会得到不同的效果。多阶段的决策问题就是要在所有可能采取的策略中选取一个最优的策略。

1.5.2 启发式方法

启发式方法又被称现代优化方法或智能优化方法，是针对传统优化方法的不足，运用一些经验法则来降低优化模型的数学精确程度，并通过模仿人的跟踪校对过程求取物流系统模型的满意解。启发式方法能同时满足详细描述问题和求解的需要，比传统优化算法更为实用，其缺点是难以知道何时求得最优解以及得到的解是否为全局最优解。因此，具体应用时应从实际需要出发，选择合适的方法。

1. 模拟退火法（Simulated Annealing，SA）

模拟退火方法是模拟固体退火原理。将固体加热至充分高，然后让其冷却，加热时，固体内部粒子随温度升高变为无序状，内能增大；而冷却时，粒子渐趋有序，在每个温度都达到平衡态，最后在常温时达到基态，内能减为最小。用固体退火模拟组合优化问题，将内能 E 模拟为目标函数值 f，温度 T 演化成控制参数 t，即得到优化组合问题的模拟退火算法：由初始解 i 和控制参数初值 t 开始，对当前解重复"产生新解→计算目标函数差→接收或舍弃"的迭代，并逐步衰减 t 值，算法终止时的当前解即为所得最优近似解。

2. 禁忌搜索法（Taboo Search or Tabu，TS）

禁忌搜索法是对局部领域搜索的一种扩展，是一种全局逐步寻优算法，是对人类智力过程的一种模拟。禁忌搜索算法通过引入一个灵活的存储结构和相应的禁忌准则来避免迂回搜索，并通过蔑视准则来赦免一些被禁忌的优良状态，进而保证多样化的有效搜索以最终实现全局优化。禁忌搜索最重要的思想是标记对应已搜索的局部最优解的一些对象，并在进一步的迭代搜索中尽量避开这些对象（而不是绝对禁止循环），从而保证对不同有效搜索途径的探索。

3. 遗传算法（Genetic Algorithm，GA）

遗传算法是一种通过模拟自然进化过程搜索最优解的方法。它是从代表问题可能潜在的解集的一个种群开始的，而一个种群则由经过基因编码的一定数目的个体组成。每个个体实际上是染色体带有特征的实体，染色体作为遗传物质的主要载体，即多个基因的集合，其内部表现是某种基因组合，它决定了个体的形状的外部表现。因此，在一开始需要实现从表现型到基因型的映射即编码工作。初代种群产生之后，按照适者生存、优胜劣汰的原则，逐代演化产生出越来越好的近似解，在每一代根据问题域中个体的适应度大小挑选个体，并借助于自然遗传学的遗传算子进行组合交叉和变异，产生出代表新的解集的种群。这个过程将导致种群像自然进化一样的后生代种群比前代更加适应于环境，末代种群中的最优个体经过解码，可以作为问题近似最优解。

4. 人工神经网络（Artificial Neural Network，ANN）

人工神经网络是模仿生物神经网络功能的一种经验模型。生物神经元手段传入刺激，又将其反应从输出端传到相连的其他神经元，输入和输出之间的变换关系一般是非线性的。神经网络是由若干简单（通常是自适应的）神经元及其层次组织，以大规模并行连接方式构造而成的网络，按照生物神经网络类似的方式处理输入信息。由于神经网络中的神经元之间复杂的连接关系和各神经元传递信号的非线性方式，输入和输出信号之间可以构建出各种各样的关系，因此可以用来作为黑箱模型，表达那些用机理模型还无法精确描述，但输入和输出之间确实存在的客观、确定性或模糊性的规律。常用的神经网络模型有 BP 神经网络模型等。

智能优化领域的算法发展日新月异，比较引人瞩目的还有蚁群算法、粒子群优化算法、捕食搜索算法等。此外，在综合多种方法优点的基础上，找到一种快速有效的新的混合算法，也是当前研究的一个热点问题。

1.5.3 计算机仿真方法

计算机仿真方法是利用数学公式、逻辑表达式、图表等抽象概念来表示实际运输与物流系统的内部状态和输入、输出关系,以便利用计算机对模型进行仿真,通过仿真取得运输与物流系统规划所需要的信息或数据。虽然计算机仿真方法在模拟构造、程序调试、数据整理等方面工作量大,但是由于运输与物流系统结构复杂、不确定性强,所以相对于解析法仍有很大优势,已成为运输与物流系统规划的主要方法。

1. 系统动力学法

系统动力学是一门基于系统论,吸取反馈理论与信息论的精髓,并借助计算机仿真技术的交叉学科。按照系统动力学的观点,系统结构的含义包括两个方面:一是指组成部分的子结构及其相互间的关系;二是指系统内部的反馈回路结构及其相互作用。系统的结构与功能分别表示系统的构成与行为的特征,结构与功能有对立统一的关系,在一定条件下可以相互转化。系统动力学能定性和定量地分析和研究系统,它采用不同于功能模拟(又称黑箱模拟)的模拟技术,从系统的微观结构入手建模,构造系统的基本结构,进而模拟与分析系统的动态行为。因此,系统动力学模型适合研究系统随时间变换的问题。

2. Petri 网法

Petri 网是一种系统的数学和图形描述与分析工具。对于具有并发、异步、分布、并行、不确定性或随机性的信息处理系统,都可以利用这种工具构造出相应的 Petri 网模型,然后对其进行分析,即可得到有关系统结构和动态行为方面的信息,根据这些信息可以对所研究的系统进行设计和评价。Petri 网能较好地描述系统的结构和各种关系,是能以图形表示的组合模型,具有直观、易懂和易用的优点,对描述和分析具有它独到的优越之处;同时它又是严格定义的数学对象,具有完善的数学理论基础。因此,应用 Petri 网建模方法,对运输与物流系统进行功能描述和建模分析非常有效。

3. Mutti-Agent 法

Agent 作为分布式人工智能概念模型,具有自己的行为、目标和知识,是在一定环境下自主运行的实体,具有主动性、独立性、智能性、反应性和交互性等特点。多个 Agent 通过协同机制构成多 Agent 系统(Multi-Agent System,MAS),MAS 运作是在对系统中的多个 Agent 目标、资源和知识等进行合理安排的基础上,这些 Agent 通过相互协同和协作,并各自独立地运行,在实现各自的目标基础上来完成 MAS 的总体目标,与现实的物流系统运作具有相似的特征。因此,基于 Multi-Agent 的物流系统模拟具有一定的优越性。

除了上面的三种主要方法外,还有用于预测的统计分析法,用于评价的加权函数法、功效系统法以及模糊数学方法等其他方法。运输与物流系统规划中常用的建模方法及其适用范围如表 1.2 所示。

表 1.2　运输与物流系统常用模型及其适用范围

建模方法适用范围	运筹学方法	启发式方法	计算机仿真法	其他方法
系统效益水平			●	
系统布局、资源配置	●	●	●	
战略联盟选择			●	
库存策略	●	●		
运输车辆及路径选择	●	●		
运输、生产、采购计划	●			
需求预测			●	●
系统评价			●	●

注：●表示相互对应。

案例分析：沃尔玛物流配送体系

2002年1月22日，美国著名的商业连锁企业凯马特（Kmart）公司向法院提出破产保护，从而成为美国历史上申请破产保护的最大一家商业零售商。就在凯马特倒闭的同时，美国的另一家零售业巨头沃尔玛（Wal-Mart）却坐上了全球500强之首的宝座。

2011年，沃尔玛继续荣登全球500强之首，营业收入总额达到了4 218亿美元，超过了全世界所有的银行与保险金融机构，成为全球第一大营业收入企业，创造了传统零售业"不灭的神话"。

沃尔玛获得巨大成功的原因有很多，其价格营销、服务营销、形象营销都是成功的基石。但沃尔玛成功的最重要经验之一，就是基于物流管理领域的变革。早在20世纪70年代，沃尔玛就通过激光扫描技术与计算机信息系统建立了统一配送中心与中转配送中心，改变了过去由总部直接面向各连锁店配送的模式，解决了大规模物流配送的成本和效率等"瓶颈"问题。20世纪80年代初，沃尔玛又将电子数据交换（EDI）系统应用于连锁店和总部之间的信息交换。通过电子数据交换来自动提示和控制商品库存量，使公司总部能够全面掌握销售情况，合理安排进货结构，同时补充库存和不足，降低存货水平，大大减少了资金成本和库存费用。

此外，公司投入4亿美元巨资同休斯公司合作发射了专用卫星，用于全球店铺的信息传送与运输车辆的定位及联络。通过该系统，沃尔玛总部可在1小时之内对全球4 000多家分店内每种商品的库存、上架以及销售量全部盘点一遍。当库存减少到一定量的时候，系统会发出信号提醒商店及时向总部要求进货，在商店发出订单后36小时内所需货品就会出现在货架上。公司在5 500辆运输卡车上全部装备了全球卫星定位系统（GPS），对每辆车的位置、货物装载情况和货物运送目的地一目了然，可以合理安排运量和路程，最大限度地发挥运输潜力。公司还投资2 400万美元建立了全美最大的私人卫星视频通信系统，可以同时和1 000多家商店进行视频通话，传达总部的会议情况和决策。正是凭借上述先进的物流管理模式，沃尔玛能够喊出"天天降价"的口号，在激烈的商业竞争中以极低的库存成本、高效的物流配送体系和快速满意的客户服务水平始终保持着领先于竞争对手的优势。

- **根据案例，思考下列问题：**

1. 沃尔玛成功的关键是什么？
2. 通过本案例，请谈谈你对物流的看法。

- **问题思考与训练**

1. 什么是运输系统？其特征是什么？有哪些运输方式？
2. 什么是物流系统？其特征和目标是什么？有哪些分类方法？
3. 运输与物流系统有哪些要素？并详细叙述其内容和功能。
4. 简述运输与物流系统的结构。
5. 物流系统规划的原则是什么？主要内容包括哪些？
6. 运输与物流系统规划的常用的方法有哪些？试对其优缺点进行比较，并思考其适用条件。

2 物流运输网络规划

本章学习目标

1. 了解物流运输网络的定义、特征和结构模式。
2. 掌握物流运输网络规划的内容和步骤。
3. 掌握物流运输网络的建模方法。
4. 掌握单设施、多设施选址及动态选址方法的应用。

2.1 物流运输网络概述

2.1.1 物流运输网络的定义

作为"第三利润源泉",物流已受到各国政府、学者和管理者的高度重视,并已成为当今社会经济活动的重要组成部分。物流运输网络涵盖物流及供应链中的各个环节,物流运输网络规划与管理是物流及供应链管理最基础的工作之一。物流运输网络是从网络的角度研究物流,这是物流研究的新视角。除此之外,我们还知道的有交通运输网络、区域经济网络、社会网络等。从概念上讲,它们都具有相似性,但物流运输网络还具有独特性。

物流运输网络是指,为了适应社会系统化和一体化的要求,由供应商、仓库、配送中心和销售网点等物流节点以及联系节点的连接(线路)构成的网状系统,原材料、在产品和产成品库存在各物流节点的链上游动。在线路上进行的活动主要是运输活动,包括集货运输、干线运输、配送运输等。

物流运输网络的目的是实现物资的空间效益和时间效益,在保证社会再生产顺利进行的前提条件下,实现各种物流环节的合理衔接,并取得最佳的经济效益。规划设计一个物流运输网络主要是为了实现提供优质服务;提供准时快捷的物流活动;节约时间、成本和能源;规模化生产;库存控制等目的。本章主要从企业物流运输网络的角度进行相关阐述。

2.1.2 物流运输网络的基本特征

1. 开放性

物流运输网络建立在开放的信息网络的基础上,在各物流节点之间信息可以进行快速的相互交换,理论上由于网络的开放性,物流节点可以无限多,单个节点的变动不会导致其他节点的变动,整个物流运输网络具有无限拓展的能力。

2. 系统性

物流运输网络包含许多构成要素和子网络,每个要素和子网络都是物流运输网络的重要组成,在规划物流运输网络时,相当多的工作是投入在规划其子网络中的,但子网络的设计是为整个物流运输网络服务的,子网络的优化和合理化并不代表整个系统的最优。

3. 从属性

子网络是物流运输网络的重要组成,而物流运输网络通常也是企业经营网络的一个子网络,是为企业的经营进行服务的。物流运输网络的规划设计应该服从企业的经营目标和战略,不能将其独立开来,夸大其实际作用。

4. 服务性

物流运输网络的目标是在有效时间内,以最低成本实现物资从供给方向需求方的移动,逐步实现"按需送达、零库存、短在途时间、无间歇传送"的理想化物流运作,是物流与信息流、资金流并肩而行,以达到客户的要求。

5. 信息先导性

信息流是整个物流运输网络的关键,起引导和整合的作用。通过信息网络的构建,实现每个物流节点之间的信息快速交换,以实现发出业务请求、反馈信息、提前安排物流作业的目标。

6. 外部性和规模效应

各物流节点的大规模联合作业降低了整个物流运输网络的运行成本,提高了网络运行效率,降低了整个网络对单个物流节点的依赖性,提高了抗风险能力。

2.1.3 物流运输网络的结构模式

(1)物流运输网络由点和线构成,根据结构的复杂程度,物流网络可以分为点状结构、线状结构、圈状结构、树状结构以及网状结构五种。点状、线状结构过于简单,现实意义不大;树状结构物流成本较高,适用范围有限;网状结构的组织化程度不高,通过对网状结构进行优化,在不改变网络这种"商流"模式的前提下,将网状结构的"物流"模式改造成圈状,物流运输效率得到极大提高。

(2)根据物流运输网络在实际构建中的模式(以销售物流为例),物流运输网络可分为直送式网络结构和通过配送中心中转的物流网络结构模式两种基本形式,并由两种基本形式组合成其他形式。

图2.1所示为直送式网络,其特点是效率较高、环节较少,但不足的是其运输成本也较高。

只有当供应方具有强大的仓储配送能力时,在需求方较少时采取该模式。图2.2所示为通过配送中心中转的物流网络结构模式,此模式能够有效提高物流活动的效率,节约运输成本,提高企业的利润。

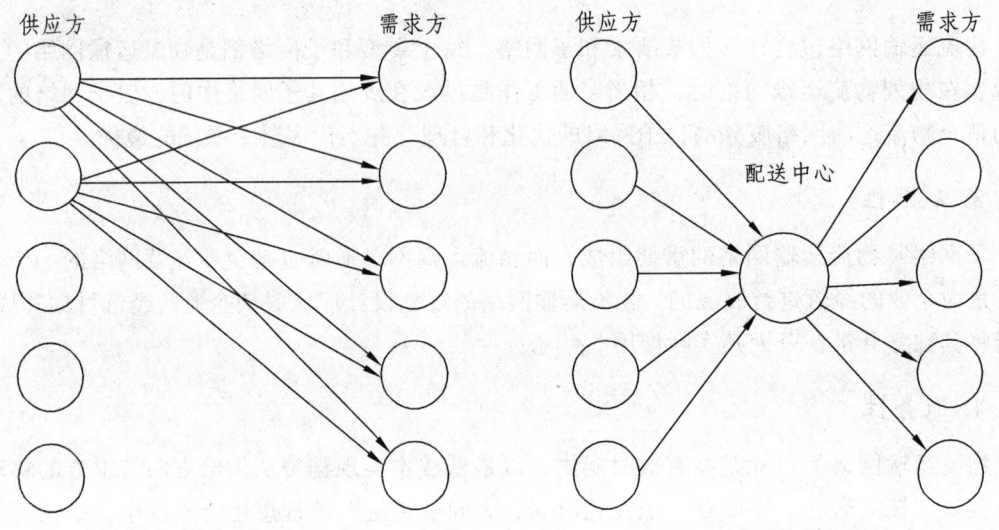

图2.1 直送式网络图　　　　　　　图2.2 配送中心中转式

通过直送式网络结构和通过配送中心中转的物流网络结构模式两种基本形式的组合,可以演化为另一种更具实际意义的模式,即多枢纽节点的LD—CED网络结构模式。

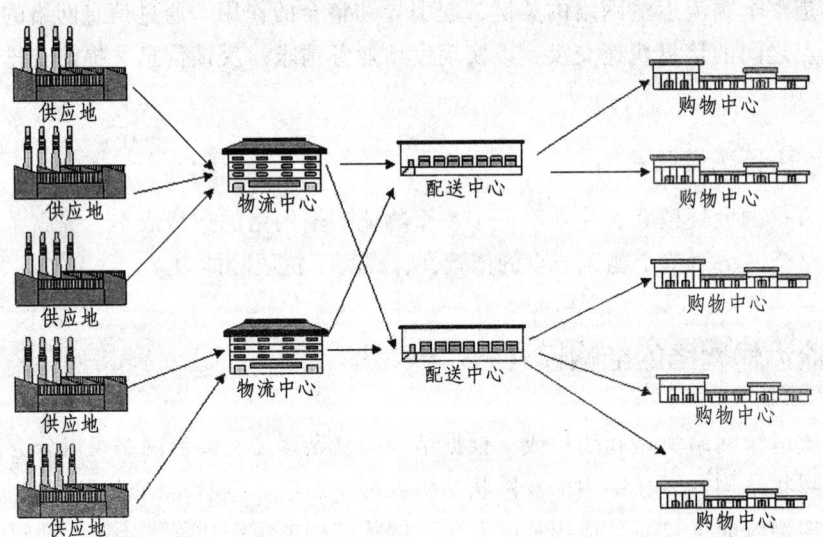

图2.3 多枢纽节点的LD-CED网络结构模式

LD:物流中心(Logistics Center)+配送中心(Distribute Center)模式。

CED:收集(Collection)—交换(Exchange)—发送(Delivery)。收集(Collection)就是将分散的业务对象集合起来;交换(Exchange)是物流中心与配送中心之间进行的对业务对象进行分类、汇总,并按业务要求进行拣选、组配,然后运输至配送中心的过程;发送则是将配送中心的业务对象运送至需求方。

LD-CED 网络模式有两类枢纽节点：物流中心和配送中心。物流中心更多地侧重于为上游供应商方面提供服务与货物中转业务，配送中心则更多地侧重于为下游客户方面提供服务。

LD-CED 网络模式通过多级枢纽点进行货物运送，实现物流的规模化处理，降低物流总成本。这种模式在一些范围较大的经济区域内或大型企业的销售网络中被广泛应用。

2.2 物流运输网络规划的内容和步骤

2.2.1 规划内容

1. 规划的主要内容

物流运输网络规划的主要任务是确定货物从供应地到需求地整个流通渠道的结构。包括以下内容：

（1）决定物流节点的类型。

（2）确定物流节点的数量。

（3）确定物流节点的位置。

（4）分派各物流节点服务的客户群体。

（5）确定各物流节点间的运输方式等。

2. 物流网络规划设计的原则

（1）按经济区域建立网络。

在一个经济区域内，各个地区或企业之间经济上的关联性和互补性往往会比较大，经济活动比较频繁，物流规模总量较大，物流成本占整个经济成本的比重大，物流改善潜力巨大，因而要从整个经济区域的发展来考虑区域物流网络的构建。

（2）以城市为中心布局网络。

城市作为厂商和客户的集聚点，其基础节点建设和相关配套支持比较完备，在进行物流网络布局时，考虑把中心城市作为依托，充分发挥中心城市现有的物流功能。

（3）以厂商集聚形成网络。

厂商集聚不仅能降低运营成本，而且形成了巨大的物流市场。物流活动对地域、基础节点等依赖性很强，在进行物流网络构建时，需要在厂商物流集聚地形成物流网络的重要节点。

（4）建设信息化的物流网络。

物流网络中的硬件要素：物流中心、仓库、公路、铁路等只是保证物流活动能够实现，只有物流信息的及时共享，以及对物流活动的实时控制，才能大大提高物流网络的整体效率。

2.2.2 规划步骤

物流运输网络的规划步骤如图 2.4 所示：

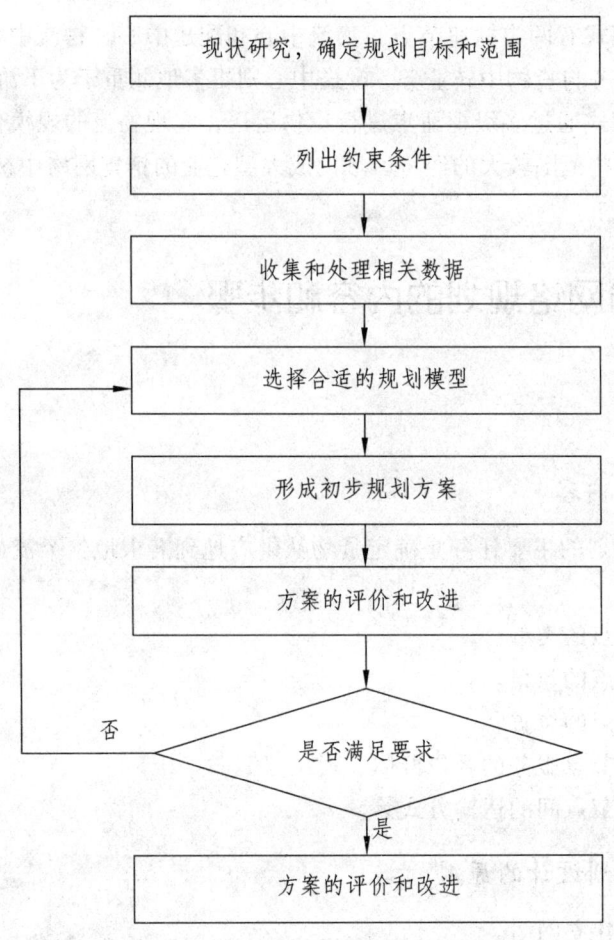

图 2.4 物流运输网络规划流程图

1. 现状研究，确定目标和范围

首先对研究企业的现状（该企业的物流组织结构、物流网络化程度等）进行分析，找出该企业目前物流运输网络存在的问题，针对这些实际问题提出物流运输网络的规划目标和范围。

2. 确定约束条件

在规划时，首先要明确物流网络规划的必要性、目的和意义。然后根据物流系统的现状分析，明确物流网络规划中的约束条件，如总采购、仓储及配送成本、最小运送时间、平均客户服务水平、仓储及网络处理能力约束等。根据这些条件制定物流网络的基本规划，以便大大缩小选址的范围。

其中，客户服务水平对企业的物流成本与物流网络的收益能力影响很大，是网络设计中的关键因素。定义服务水平有多种方式，仓库到客户的距离在很大程度上决定了仓库能否在合理的时间内为顾客服务。因此可将服务水平定义为"到指定仓库之间的距离不超过规定值的客户数占所有此仓库服务的客户数的比例"。例如，服务水平可表示为95%的客户离为其服务的仓库的距离在 300 km 以内。客户服务水平的审计可确定企业当前的客户服务水平以及对服务水平的实际期望。另外，物流网络规划中必须兼顾客户服务水平与相应的物流成本。

3. 数据的收集整理

在提出物流网络规划的目标后,就要根据这一目标,收集所有有关的数据资料,确定数据资料的类型、要求及来源,分析可得数据资料的正确性,对得不到的数据资料进行估计等。例如,企业要新建一个产品销售用仓库,就要收集拟建仓库的地理位置、建设成本、管理费用、与工厂及客户间的距离、运输成本、服务水平等资料。收集的数据资料要求完整、准确;对于丢失的中间数据可以用插值法进行估计;对于得不到的数据,通常与未来信息有关,可以用预测的方法进行估计;对于异常数据,可以用百分数方法进行审查,经审查确认的异常数据应该剔出,以免影响数据的准确性。

4. 选择合理的模型

根据物流网络的实际情况,选择合适的模型,如图表技术、计算机仿真模型、启发式模型以及专家系统模型等。

5. 形成规划方案

通过资料分析,确定服务目标,然后进行选址决策、运输决策和库存决策,形成物流网络规划方案。

6. 规划方案的评价和改进

方案评价包括对企业物流网络规划实施前和实施后的评价,通过前后比较发现物流网络规划中需改进之处。根据评价结果,对物流网络进行改进,直至得到最优方案。

2.3 物流运输网络数据收集及应用

2.3.1 数据内容

物流运输网络需要各方面的数据作为支撑决策的基础,这些数据包括以下内容:
(1) 产品数量、种类;
(2) 供应厂商和需求客户的地理分布;
(3) 不同区域顾客对每种产品的需求量;
(4) 运输成本和费率;
(5) 运输时间、订货周期、订单满足率;
(6) 仓储成本和费率;
(7) 采购/制造成本;
(8) 产品的运输批量;
(9) 物流节点的成本;
(10) 订单的频率、批量、季节波动。

上述数据一般来自企业经营运作文件、会议报告、物流研究、公开出版物财务报表、经验预测等。

2.3.2 数据的信息化处理

单纯的数据没有任何用途，必须对数据进行组织、分析、分类和汇总，将原始信息转化为支持物流活动的信息。

1. 汇总客户需求

在物流运输网络的规划中，可以通过将相邻的顾客汇总起来，例如将某一单元格里的所有客户都视为位于该单元格的重心或者中心处，一般是把邮政编码作为汇总依据。

2. 信息编码处理

随着技术的不断进步，无线编码（射频识别技术，Radio Frequency and Identification System，RFID）、激光技术、计算机技术的发展，通过条形码或光学扫描进行货物批次、货物种类等的识别能够更加准确的传输数据，同时能够有效地提高对数据进行分类、筛选、重组的效率，更加及时地将其转化为物流运输网络规划所需的信息。

3. 产品分类组合

企业生产中的产品种类成千上万，每种产品的特性与样式也不相同，即便是同种产品，其包装与尺寸也会存在差异。在物流运输网络的规划中显然不能针对每一种产品进行数据的收集和分析，这就需要对产品进行分类组合。一般物流运输网络的产品种类数不超过 20 个。

2.3.3 应用

1. 运输费率估算

物流运输成本是物流运输网络规划中一个重要问题。由于物流运输成本是网络规划的主要依据，因此必须对各种方式的运输费率做出准确的估算。表 2.1 给出了自有车辆的企业的部分运输费率的估算例子。

表 2.1 某卡车自有企业运输费率估算表

数据类型	实际值	周费用
每周总行驶里程	3 000 km	
每周实际工作时间	66 h	
每周发车次数	3 次	
司机的工资	12 元/h	792
额外奖金	工资的 18.75%	148.5
油耗（10 km/L）	3/L	900

续表

数据类型	实际值	周费用
卡车折旧	320 元/周	320
维护费	50 元/周	50
保险费	70 元/周	70
路桥通行费、餐饮费、装卸费	100 元/次	300
紧急故障处理费	30 元/次	90
总成本		2670.5
	运输费率=2 670.5/3 000=0.89 元/km	

由于车辆并不是在两点间直线行驶的，在返回仓库前，车辆经停点往往不止一个，因此要想估计从起点到终点的有效费率更加困难。

假设线路上有 4 个经停点，如图（a）干线运输距离是 200 km，站点间的运输距离总共为 100 km。如果实际的运输费率为每千米 1.20 元，则 4 个经停点总的实际运输成本是 1.20×300= 360 元。而在规划过程中，我们通常只能估计到达一个客户的单向距离，如图（b），有效距离是 100 km+100 km+120 km+130 km=450 km。每千米的有效费率是 360 元/450 km =0.8 元/km。因此，规划时我们算出到达客户所在地的直线距离，然后乘以 0.8 元/km 的有效费率就得到前往该客户所在地的运输成本。

外部车队运输：从企业资源优化配置的目标出发，企业通常会将一部分产品运输工作交给外部车队来完成。租用外部车队的运输费率由承运企业提供，承运企业会根据不同的起点和终点以及之间的距离绘制出运输费率曲线。

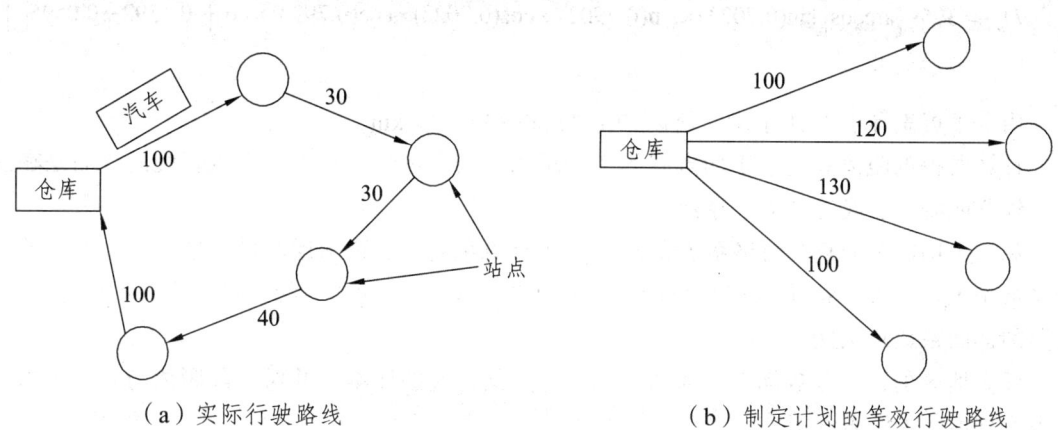

（a）实际行驶路线　　　　　　　　（b）制定计划的等效行驶路线

图 2.5　自有卡车企业实际行驶路线与等效行驶路线

2. 里程估计

产品运输成本也取决于两点之间的距离，如果两点的距离比较近时，可以用直线网格系统来估计直线距离。即假如已知点 a 和点 b 的坐标，则两点间的直线距离为：

$$D_{ab} = k\sqrt{(X_a - X_b)^2 + (Y_a - Y_b)^2} \qquad (2.1)$$

式中 D_{ab}——点 a 与点 b 间的距离；

X_a，Y_a——点 a 的坐标；

X_b，Y_b——点 b 的坐标；

k——将坐标单位转化为距离单位的比例系数。

例 2-1：估计南京和上海之间的距离，南京的坐标是 $X_a=2$，$Y_a=5$ 上海的坐标是 $X_b=7.6$，$Y_b=5$。地图的比例尺（比例系数）或两个连续坐标点之间的距离是 45 km。则两点间的直线距离为：

$$D_{ab} = 45\sqrt{(7.6-2)^2 + (5-3)^2} = 267.6 \text{ km}$$

一般来讲，如果两点的距离比较远时，我们使用经纬度坐标和大圆（球面三角形）距离公式计算，该公式不仅能避免地图的偏差，还考虑了地球的弯曲程度。已知 lon_a 和 lat_a——a 点的经度和纬度（b 点同样，都是指弧度），则 a、b 之间用英里表示的直线距离可按照下式计算：

$$D_{ab} = 3959\{\arccos[\sin(lat_a)\times\sin(lat_b) + \cos(lat_a)\times\cos(lat_b)\times\cos|lon_b - lon_a|]\}$$

（2.2）

例 2-2：假设我们要估计位于西班牙马德里的仓库和位于意大利米兰的工厂之间的距离。已知马德里的坐标是 lat_a=40.24°N，lon_a=3.41°W，米兰的坐标是 lat_b=45.28°N，lon_b=9.12°E。

解：根据题目，将上述各坐标值除以 57.3 得到弧度表示的坐标。lon_a=0.059 5，lat_a=0.702 3，lon_b=-0.159 2，lat_b=0.790 2。马德里在格林尼治线以东，所以 lon_b 是负值，米兰在格林尼治线以西，所以 lon_a 是正值。代入上式得：

$$D_{ab} = 3959\{\arccos[\sin(0.7023)\times\sin(0.7902) + \cos(0.7023)\times\cos(0.7923)\times\cos|-0.1592 - 0.0595|]\}$$
$$= 724 \text{ 英里}$$

由于 1 英里等于 1.61 千米，所以 D_{ab}=724×1.61=1166 km。

计算所得的距离总是小于两点间的实际距离。因为运输工具不是直线行驶的，而是在公路、铁路或海运航线的网络中穿行。

如果采用简单的直线网格系统和式（2.1）计算距离，公路的迂回系数是 1.21，铁路的迂回系数是 1.24；如果采用经纬度坐标和大圆公式（2.2）计算距离，则公路的迂回系数是 1.17，铁路的迂回系数是 1.20。

任意地区的迂回系数都很容易通过抽取各点间距离的样本，并对实际距离与计算距离之比取平均值的方法来确定。

3. 设施成本

仓库和配送中心的成本包括三个主要部分：

（1）固定成本：与在仓库中周转的库存数量不成比例的成本因素，如房地产税、租金、监管费和折旧费等。固定成本通常与仓库规模（容量）成比例，但不是线性的。

（2）存储成本：代表库存持有成本，与平均库存水平成比例。

（3）搬运成本：与每年流过仓库的货物量成比例的劳动力和用具成本。

对于企业自行建造的仓库等设施，会计部门定期提供成本清单，物流工作人员需将这些成本分为上述三类，以便物流运输网络规划分析。当仓库为租用公共仓库时，则只需考虑可变的存储成本与操作成本，相关的费率很容易得到。

4. 潜在仓库位置

有效确定新仓库潜在的位置也很重要，一般来说，这些位置应满足以下条件：
① 资金限制，如可用于新设施的最高投资额；
② 法律和政治限制，如在评估某潜在选址点时，应避开某些区域；
③ 地理和基础设施条件；
④ 自然资源和劳动力可得性；
⑤ 本地行业和税收政策；
⑥ 公共利益。
只有满足所有的要求，这些位置才是潜在的仓库位置。

5. 库存量—周转量的关系

物流运输网络规划中存在着仓库的数量、选址以及仓库的容量限制，因此对仓库的库存量和周转量之间的关系必须弄清，以便估算出仓库的库存水平。比较简单的方法是根据企业的库存政策来估计。例如企业的周转率为每年周转 10 次，则表示该仓库的平均库存量是它所服务的市场年销售量的十分之一，虽然这种方式比较容易理解，但它并不能准确描述库存量和周转量的关系。更加准确的关系需要通过对仓库的库存数据进行分析后得到。

6. 需求预测

需求预测需要根据历史数据进行计算，但是完全基于历史数据对当前物流运输网络的规划是没有意义的，因为当前的物流运输网络规划是为企业未来的物流运作而规划设计的，因此在分析中有必要采取一些中期或者长期的预测方法。实际生产中，企业一般使用五年的预测数据来进行网络规划设计。

7. 其他因素和条件

在收集了基本数据后，还需要考虑诸如财务限制、政策法规、人力资源限制、时间限制、合同限制五个方面的条件，这些限制对物流运输网络的规划设计有着重要影响。

2.4 物流运输网络建模方法

在收集了相关的数据和信息之后，就要开始寻找最佳的网络设计了，通常要辅以数学模型和计算机仿真。物流运输网络规划中使用的方法大致有五类：（1）图表技术；（2）仿真模拟；（3）启发式模型；（4）最优模型；（5）专家系统决策。

1. 图表技术

泛指大量的只借助相对低水平数学分析的直观方法。虽然这类技术不需要深奥的数学分析，但能够综合反映各种现实的约束条件，其分析结果并非是低质量的。支持这种分析的方法大量存在并被广泛应用，如统计图表、加权评分法、电子表格等。借助这些方法，加上分析人员的经验、洞察力、以及对网络设计的良好理解，往往能得到满意的设计方案。

2. 仿真模拟

仿真模拟考虑了具体设计和网络性能方面的动态情况。其优点在于能方便地处理随机性的变量要素，将成本、运输方式与运输批量、库存容量与周转率等要素以合理的数量关系加以描述，并通过编制计算机程序进行物流网络的模拟运行。当设计的物流网络不需要翔实和优化的解决方案，或者不是特别关键时，仿真方法是最合理的选择。

3. 启发式模型

启发式模型集成了仿真方法和优化方法，用以寻找可行的复杂的物流网络设计问题的解决方案。这种方法被用来解决一些较为困难的物流网络问题，这些问题往往需要做出大量的这种决策，以满足优化模型的要求。启发式模型并不能保证结果是最优的，但能够得到合理的网络配置解决方案。

启发式模型应该遵循的规则：

① 最适合建仓库的地点是那些需求最大的地区或邻近这些地区的地方；

② 由供货点直接供给那些按整车批量购买的客户，不经过仓储系统；

③ 如果某产品出、入库运输成本的差异能弥补仓储成本，就应该将该产品存放在仓库里；

④ 生产线上那些需求和提前期波动最小的物料，最适合采用适时管理而不是统计库存管理的方法；

⑤ 下一个进入分拨系统的仓库即是节约成本最多的仓库；

⑥ 从分拨的立场来看，成本最高的客户就是那些以小批量购买且位于运输线末端的客户；

⑦ 从分拨网络最远端开始，沿途搭载小批量货物直到装满整车，再回到运输起点的运输方法是最经济的。

4. 最优模型

最优模型依赖精确的数学过程评价各种可选方案，包括线性规划、非线性规划、整数规划、动态规划模型、枚举模型和排序模型等，能保证得到的是针对该问题的数学最优解。现有模型处理问题大多是采用静态参数，如年需求量、平均需求量等，较少考虑时间段上的变化。

5. 专家系统决策

物流网络的设计者，会积累大量解决这些相关问题的工作经验。这些专家可处理不确定的信息，能够解决一些更复杂的、未能很好地组织起来的问题。而且其解决问题的速度更快，能通过掌握规划艺术的技术和知识来弥补当前规划过程所使用的科学方法的不足。一个决策支持系统集成了数据、信息和技术，并辅以计算机程序，最终得到能够支持管理者做出决策的网络解决方案。

2.5 物流共同配送网络

2.5.1 共同配送的概念及内涵

随着社会经济的发展和人民生活水平的提高，消费者的需求日益向精致化、个性化方向发展，零售商的备货也随之向多品种、少批量、多批次的方向变化。随之带来的是城市内部货运交通拥挤问题以及环境污染的问题。

共同配送是将众多流通单位处理同种或异种商品的配送功能整合起来，促使他们共同利用仓库、车辆等设施设备，有效整合物流配送资源，将小批量货物转换成商品集运，形成大批量配送，实现低成本高水平的物流服务。

共同配送作为一种先进的配送模式，能够整合社会资源、提高物流配送效率、缓解城市交通和减少环境污染。其实质是企业间为了实现资源共享，在互信互利的合作基础上，通过整合，以策略联盟、协同组合、物流共同化等合作方式共享有限的资源，对不同商品进行优化组合后进行配送，以此来提高物流服务水平，降低配送成本，提高获利能力，快速反馈信息，提升整个社会商品高效流通的配送，进而促进商业环境现代化及整体社会资源的有效利用。

日本自1950年代后期即开始考虑"共同配送"的方式。共同配送的型态很多，最常见的六种如表2.2所示。共同配送是一种共存共荣的两利发展策略，但这种模式的形成要点在于参与配送者要能认清自身的条件、定位、需求及成长的目标，并加强各自体系的经营管理与物流设备，否则，共同配送可能成为彼此的阻碍。

表2.2 共同配送的型态

	仓库中心型	物流中心分类型	往复输送型
型态	多数的同业者委托一家业者保管、配送，在批发商周围的路径上配送	小卖店的采购透过物流中心统一处理，物流中心的营运委托批发商	两家制造商有效利用主要都市间的输送确保回程时不致空车
适用情况	中小型制造商、零售商型态	偏大型制造商、大盘商的型态	要能掌握彼此厂商资讯，才能保证回程不空车，即愿帮竞争厂商降低物流成本
型态	百货店型	运输业者型	组合型
	多数的同业者每一配送地区的物流中心共同利用	输送业者把制造商、批发商的货一贯集货配送	多数的批发商共同组合设立新公司，物流中心配送作业一体化
适用情况	帮对手处理物品的观念很难被接受，所以此型态视区域而定	此型态多偏纸厂、家具业	不同行业批发商联合

2.5.2 共同配送网络体系

共同配送网络是由配送作业赖以实现的多个收发货节点和它们之间的连线以及与之相伴随的信息流动网络的集合，是网络中保管、分拣、装卸、包装、配送运输等配送环节以及相关信息传递等诸要素存在有机联系的整体。

纵观发达国家配送中心的组织结构和布局情况，其网络或体系主要有如下几种类型。

1. 多级、多层次的网络体系

这种网络体系是由中央级配送中心、区域性配送中心、基层配送中心和有配送功能的批发商店构筑成的。其中，中央级配送中心在网络体系中处于主导地位，区域性配送中心处于被辐射地位，而基层配送中心则是网络体系的基础结构。

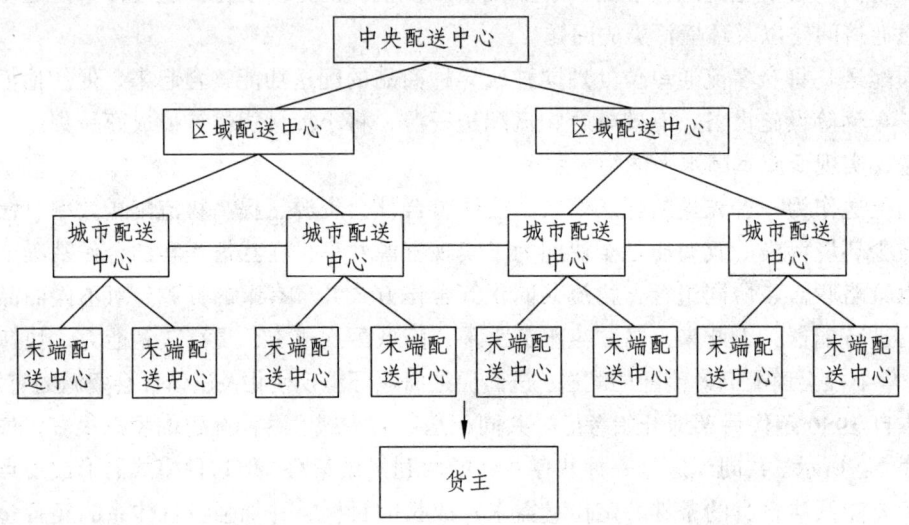

图 2.6　多层次的共同配送网络体系

中央级配送中心，实际上指的就是那些在行业内部影响面很大的大型或超大型配送组织。其特点是：① 配送的货物批量较大，其服务对象主要是大中型工商企业（大用户）。② 辐射能力强，能够在全国以至国际范围内配送。③ 占地面积大，拥有的物流设备、设施齐全、先进。

区域配送中心和基层配送中心相对中央配送中心来说，是经营规模略小的配送组织。在一般情况下，这种配送中心只为地区范围内的用户配送商品。其特点是：① 活动范围较小。② 配送货物以小批量为主。③ 配送方式灵活，既直接向用户配送物资，又常常把货物配送给批发商店。④ 数量较多，分布的地域广阔。

2. 两级或双层次性的网络和体系

这是由两个层面的配送中心（中央配送中心和城市配送中心）组成的配送体系。也是目前最常见的配送中心网络。在配送范围比较广而用户又比较多、用户很分散的情况下，会自然地形成这样的网络体系。

从布局和结构上看，在由两级配送中心构成的网络中，数量较多，分布很广的配送中心是那些主要为城市中小用户服务的城市配送中心，它们是上述配送网络、体系的基础结构。

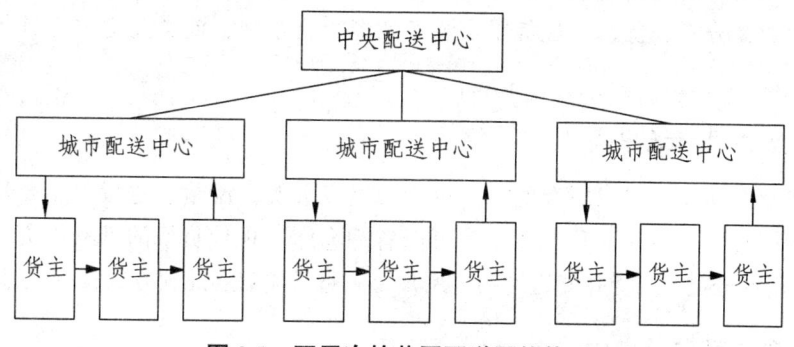

图 2.7　双层次的共同配送网络体系

3. 单层次的网络和体系

配送中心网络或体系基本上是由一种（或一级）配送中心构成的，这样的网络被称为单层次网络。我国在推行配送制的过程中所建立的配送中心及其所构成的网络即是这样的结构。当资源和用户都很分散时，以及在推行配送制的初期，常常会形成一级配送中心（城市配送中心）和单层次的配送体系（或配送网络）。

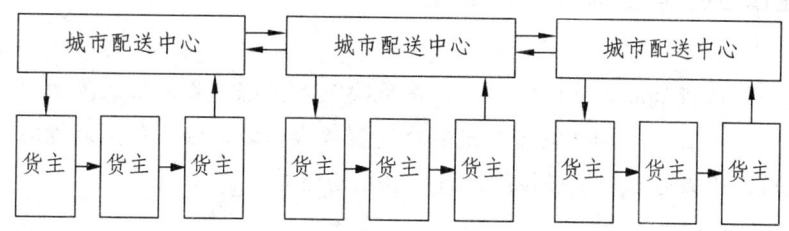

图 2.8　单层次的共同配送网络体系

在单层次的网络体系中，配送中心一般只进行近距离的配送。但是，借助于"共同配送"，这种配送中心也可以超越城市范围向远距离用户配送货物。

无论哪一种网络、体系，本身都是人们根据生产发展需要和市场预期经过科学规划和合理布局而形成的。从某种意义上说，配送中心的网络、体系的构成是特定历史时期内经济和市场发展状况的客观反映。无数事实证明，只有按照经济发展的客观要求组建配送中心，并且科学合理地进行布局，才能充分发挥配送中心的功能和作用。

2.5.3　共同配送中心的类型

共同配送中心是共同配送网络体系的枢纽节点，也是资源优化理念在物流渠道的反映。共同配送中心完善了整个物流渠道，综合了物流环节中各单位的资金和资源，能更方便地运用高技术集中分散的货物，加强了对物资的调控能力和信息反馈能力，以较低的成本实现多频度、多品种、小批量配送，能够实现以相对较低的库存，最大限度地满足生产生活和商品流通的需要。共同配送中心由于背景、作用、配送物资等方面的差异，可以分为以下三种类型。

1. 库存型共同配送中心

负责对多家用户进行配送业务的共同配送中心，货物品种多。库存型共同配送中心具有较强的存储功能，分货、拣选、配货以及装备的能力也很强，此类配送中心具备调节时空和价格的功能。

2. 流通型共同配送中心

没有长期储存功能，仅以暂存的方式进行进货、分类、配货、送货。主要特点是不设存储仓库，只设周转区，占地面积比较小，可以省却仓库、现代货架的巨额投资，只配备分类机械，进货后迅速分类、配货并配送给各个用户，在业务和信息处理方面具有先进性和高效性。

3. 加工型共同配送中心

主要是针对小件物品进行流通加工，地点主要在最终用户附近。在加工型共同配送中心内，按客户的不同需要，将物资进行细分、小件包装、贴标签与条码等。这种共同配送中心满足客户的个性化需求，提高服务对象的针对性和客户满意度。

2.6 物流设施选址类型及应用

设施选址是物流规划的重要内容之一，选址决策就是确定物流节点的数量、位置以及分配方案，而这些又将直接影响该物流系统的物流服务成本以及服务范围。物流设施选址一般可分为静态选址（单设施选址、多设施选址）和动态选址。

2.6.1 单设施选址

单设施选址最常用的方法是重心法。它将运输成本作为唯一的选址目标，是一种静态的选址方法。该模型的目标就是在于找出重心的位置，使得成本最小。

设有 n 个客户 $P_1, P_2, \cdots, P_n$，分布在平面上，其坐标为 (x_i, y_i)，客户的需求量为 ω_i，费用函数为设施到客户之间的直线距离 d_i 与运输费率 α_i 和需求量 ω_i 的乘积。确定一个设施 P_0 的位置 (x_0, y_0)，使总费用（即加权的直线距离之和）最小。

重心模型利用直线距离进行计算，对单一的选址问题在一个平面上的加权直线距离进行最小化。其目标函数为：

$$\min Z = \sum_{i=1}^{n} \alpha_i \omega_i d_i = \sum_{i=1}^{n} \alpha_i \omega_i \sqrt{(x_0 - x_i)^2 + (y_0 - y_i)^2} \quad (2.3)$$

式中　α_i——P_0 和 P_i 之间的运输费率，

　　　ω_i——P_i 对应的权重，

　　　d_i——P_0 和 P_i 之间的直线距离。

要求 Z 的最小值，即满足：

$$\frac{dZ}{dx_0} = \sum_{i=1}^{n} \alpha_i \omega_i (x_0 - x_i)/d_i = 0 \tag{2.4}$$

$$\frac{dZ}{dy_0} = \sum_{i=1}^{n} \alpha_i \omega_i (y_0 - y_i)/d_i = 0 \tag{2.5}$$

成立时的 (x_0^*, y_0^*) 即为最佳位置。

由（2.4）和（2.5）求得 x_0 和 y_0 的解

$$x_0^* = \frac{\sum_{i=1}^{n} \alpha_i \omega_i x_i / d_i}{\sum_{i=1}^{n} \alpha_i \omega_i / d_i} \tag{2.6}$$

$$y_0^* = \frac{\sum_{i=1}^{n} \alpha_i \omega_i y_i / d_i}{\sum_{i=1}^{n} \alpha_i \omega_i / d_i} \tag{2.7}$$

公式（2.6）和（2.7）的 d_i 中仍含有未知数 x_0 和 y_0，因此无法一次求出 x_0^*, y_0^*，需要多次迭代计算。迭代公式如下：

$$x_0^{(k+1)} = \frac{\sum_{i=1}^{n} \frac{\alpha_i \omega_i x_i}{\sqrt{\left(x_0^{(k)} - x_i\right)^2 + \left(y_0^{(k)} - y_i\right)^2}}}{\sum_{i=1}^{n} \frac{\alpha_i \omega_i}{\sqrt{\left(x_0^{(k)} - x_i\right)^2 + \left(y_0^{(k)} - y_i\right)^2}}} \tag{2.8}$$

$$y_0^{(k+1)} = \frac{\sum_{i=1}^{n} \frac{\alpha_i \omega_i y_i}{\sqrt{\left(x_0^{(k)} - x_i\right)^2 + \left(y_0^{(k)} - y_i\right)^2}}}{\sum_{i=1}^{n} \frac{\alpha_i \omega_i}{\sqrt{\left(x_0^{(k)} - x_i\right)^2 + \left(y_0^{(k)} - y_i\right)^2}}} \tag{2.9}$$

应用公式（2.8）和（2.9），可采用逐步逼近算法求得最优解，该算法被称为不动点算法，主要步骤如下：

第一步：选取初始迭代点 $P_0^1(x_0^{(1)} y_0^{(1)})$，计算出 P_0^1 与各客户之间的距离 d_i 和费用 Z^1；

第二步：利用公式（2.6）和（2.7）进行迭代计算，求得位置 $P_0^2(x_0^{(2)} y_0^{(2)})$，计算出 P_0^1 与各客户之间的距离 d_i 和费用 Z^2；

第三步：若 $Z^2 > Z^1$，说明费用无法减少，得到最优解 $P_0^1(x_0^{(1)} y_0^{(1)})$，否则，转到第四步；

第四步：令 $x_0^{(1)} = x_0^{(2)}$，$y_0^{(1)} = y_0^{(2)}$，$Z^2 = Z^1$，转到第二步。

例：某制造商的工厂 S 和需求地 R1～R7 的货物需求量和位置坐标如表 2.3 所示，现要新建一配送中心负责将 S 生产的产品配送到各需求地。已知 S 到配送中心的运输费率为 2；配送中心到各需求地的运输费率为 5。问此配送中心应设在何处最为经济合理？

表2.3 需求量表

需求地/工厂	(x_i, y_i)	需求量w_i
R_1	(4, 14)	10
R_2	(3, 9)	5
R_3	(7, 11)	15
R_4	(13, 8)	5
R_5	(7, 6)	20
R_6	(3, 4)	15
R_7	(11, 4)	10
S	(21, 12)	80（输出）

第一步：

设配送中心初始地点选在 $P_0^1(8,8)$，首先计算出其到各需求地及工厂的直线距离，按照公式（2.3）计算初始选址的总费用，再由公式（2.4）和（2.5）得到二次解的选址地。

表2.4 第一次计算表

需求地	x_i	y_i	α_i	ω_i	d_i	$\alpha_i\omega_i x_i/d_i$	$\alpha_i\omega_i y_i/d_i$	$\alpha_i\omega_i/d_i$	$\alpha_i\omega_i d_i$
R1	4	14	5	10	7.2	27.8	97.2	6.9	360
R2	3	9	5	5	5.1	14.7	44.1	4.9	127.5
R3	7	11	5	15	3.2	164.1	257.8	23.4	240
R4	13	8	5	5	5	65	40	5	125
R5	7	6	5	20	2.2	318.2	272.7	45.5	220
R6	3	4	5	15	6.4	35.2	46.9	11.7	480
R7	11	4	5	10	5	110	40	10	250
S	21	12	2	80	13.6	247.1	141.2	11.8	2176
合计						982.1	939.9	119.2	3978.5

$$x_0^{(2)} = \frac{\sum_{i=1}^{n}\alpha_i\omega_i x_i/d_i}{\sum_{i=1}^{n}\alpha_i\omega_i/d_i} = \frac{982.1}{119.2} = 8.2$$

$$y_0^{(2)} = \frac{\sum_{i=1}^{n}\alpha_i\omega_i y_i/d_i}{\sum_{i=1}^{n}\alpha_i\omega_i/d_i} = \frac{939.9}{119.2} = 7.9$$

$Z^1 = 3978.5$

第二步：

按照上步得到的点 $P_0^2(8.2, 7.9)$，再计算其到各需求点及工厂的直线距离，计算二次选址的总费用，比较一、二次选址的总费用，再决定是否计算三次解的选址地。

表2.5 第二次计算表

需求地	x_i	y_i	α_i	ω_i	d_i	$\alpha_i\omega_i x_i/d_i$	$\alpha_i\omega_i y_i/d_i$	$\alpha_i\omega_i/d_i$	$\alpha_i\omega_i d_i$
R1	4	14	5	10	7.4	27	94.6	6.8	370
R2	3	9	5	5	5.3	14.2	42.5	4.7	132.5
R3	7	11	5	15	3.3	159.1	250	22.7	247.5
R4	13	8	5	5	4.8	67.7	41.7	5.2	120
R5	7	6	5	20	2.2	318.2	272.7	45.5	220
R6	3	4	5	15	6.5	34.6	46.2	11.5	487.5
R7	11	4	5	10	4.8	114.6	41.7	10.4	240
S	21	12	2	80	13.4	250.7	143.3	11.9	2144
合计	/	/	/	/	/	986.1	932.7	118.7	3 961.5

$$x_0^{(3)} = \frac{\sum_{i=1}^{n}\alpha_i\omega_i x_i/d_i}{\sum_{i=1}^{n}\alpha_i\omega_i/d_i} = \frac{986.1}{118.7} = 8.3$$

$$y_0^{(3)} = \frac{\sum_{i=1}^{n}\alpha_i\omega_i y_i/d_i}{\sum_{i=1}^{n}\alpha_i\omega_i/d_i} = \frac{932.7}{118.7} = 7.9$$

$Z^2 = 3\ 961.5 < Z^1$，因此，配送中心地点的选择有进一步改善的可能性，应继续迭代计算。

第三步：

返回第二步按照上步得到的点 $P_0^3(8.3, 7.9)$，再计算其到各需求点及工厂的直线距离，计算三次选址的总费用，比较二、三次选址的总费用，再决定是否计算四次解的选址地。

表2.6 第三次计算表

需求地	x_i	y_i	α_i	ω_i	d_i	$\alpha_i\omega_i x_i/d_i$	$\alpha_i\omega_i y_i/d_i$	$\alpha_i\omega_i/d_i$	$\alpha_i\omega_i d_i$
R1	4	14	5	10	7.5	26.7	93.3	6.7	375
R2	3	9	5	5	5.4	13.9	41.7	4.6	135
R3	7	11	5	15	3.4	154.4	242.6	22.1	255
R4	13	8	5	5	4.7	69.1	42.6	5.3	117.5
R5	7	6	5	20	2.3	304.3	260.9	43.5	230
R6	3	4	5	15	6.6	34.1	45.5	11.4	495
R7	11	4	5	10	4.7	117	42.6	10.6	235
S	21	12	2	80	13.3	252.6	144.4	12	2128
合计	/	/	/	/	/	972.1	913.6	116.2	3 970.5

$Z^3=3\ 970.5>Z^2$,因此,Z^2 为总费用的最小值,即 $P_0^2(8.2,7.9)$ 为配送中心的最佳选址,不需要继续迭代计算。

2.6.2 多设施选址

多设施选址指的是在存在 m 个现有设施的情况下,为多于一个的新设施进行选址,同时新设施(如 n 个新设施)需服务于现有设施的问题。当 $m=n$ 时,问题很简单,只是在每个现有设施旁建一个新设施就可以了。当 $m>n$ 时问题就很困难了,这需要考虑开放连续解空间和运输费用。为现有工厂和市场服务的新仓库的选址、为拼车装货网络建立撤装站、在一生产设施上建保管设施、在一个城市里建消防站都是多设施选址的例子。这里有几种以中线、重心法为基础解决矩形距离和欧几里得距离的选址方法。第一种方法是把现有设施分成指定的几组,接着选一新设施的地址用来为某一组现有设施服务。第二种方法的特征是穷举,将 $(n-1)$ 个新设施中每一个分配到 $(m-1)$ 个现有设施中的一个,剩下的一个新设施的最佳位置是根据剩下的 $(m-n+1)$ 个现有设施来考虑的,计算上述分配方案的距离或费用。重复所有可能的 $(n-1)$ 个新设施分给 $(m-1)$ 个现有设施,计算相应的总费用或距离,从而选择达到最小总费用或距离的分配。当新设施数量没有预先确定,只是决策变量时,上述两种方法都可以采用,下面举例说明。

例:某公司建两个配送中心满足市场需求,顾客位置分为 4 个地区,表 2.7 给出了地区位置及需求量。

表 2.7 地区位置及需求量表

顾客区域	位置坐标	需求量	运输费率
1	(3,8)	5 000	0.04
2	(8,2)	7 000	0.04
3	(2,5)	3 500	0.095
4	(6,4)	3 000	0.095

1. 基于聚类的方法

m 代表顾客区域的数量,n 代表新的配送中心数量。聚类模型有两步:在第一步中将 m 个顾客区域按他们距离接近程度分成 n 组。在第二步中,每一组中新设施的最佳位置通过使用中线或重心法确定。当新设施数量没有预先指定时,可用合适的聚类方法确定分组的数量。这个数量等于所需的新设施的数量。

在例题中,$m=4$,$n=2$。第一步,把现有设施通过最近距离聚类方法聚类成两组,用距离作为相似系数。这里用直角距离矩阵来形成表 2.8 的距离相似矩阵。

表 2.8 距离相似矩阵

	1	2	3	4
1	0	11	4	7
2	11	0	9	4
3	4	9	0	5
4	7	4	5	0

应用最近距离聚类方法产生下面两组：

第 1 组是：顾客区域 1 和 3；

第 2 组是：顾客区域 2 和 4。

那么现在我们就有两个单一设施选址问题，第一个在顾客区域 1 和 3 中选址，第二个在顾客区域 2 和 4 中选址。服务于第 1 组的新设施最佳位置是在区域 3，因为这样可最大限度地节省运输费用。同样，服务于第二组的新设施的最佳位置在区域 4，因此两个新配送中心分别位于顾客区域 3 和 4。

2. 穷举法

这个例子中，一个可能的分配是将顾客区 1 给新设施 1，顾客区域 2、3、4 给新设施 2。在这种分配下，新设施 1 的位置和顾客区 1 的位置相同。新设施 2 的位置可用中线和重心法确定。另一种可能是把顾客区 2 分给新设施 1，现有设施 1、3、4 分给新设施 2，在这种情况下，新设施 1 的位置和顾客区 2 的位置相同，新设施 2 的位置用中线法或重心法确定，不同分配方案如表 2.9 所示。

表 2.9　新设施分配方案

分配	新设施 1	新设施 2	分配	新设施 1	新设施 2
1	区域 1	区域 2、3、4	3	区域 3	区域 1、2、4
2	区域 2	区域 1、3、4	4	区域 4	区域 1、2、3

因为配送中心 1 和 2 是相同的、无差别的，所以只有四种可能的分配，第二个配送中心根据重心法确定，表 2.10 列出了设施的最优位置及其运输费用。

表 2.10　设施的最优位置及运输费用

分配	第二个设施位置	总运输费用	分配	第二个设施位置	总运输费用
1	（6，2）	3 457.50	3	（6，4）	2 520.00
2	（3，5）	2 072.50（最优）	4	（3，2）	3 930.00

最优位置是运输费用最小的位置，两个配送中心的位置分别是（8，2）和（3，5），区域 2 由第一个配送中心（8，2）提供服务，区域 1、3、4 由第二个配送中心（3，5）提供服务。

2.6.3　动态选址

在有些情况下，选址决策是动态的。这可能是由于从某一阶段到下一阶段对现有设施的需求不同、新设施能力不同或新设施的运行费用不同而造成的。在动态情况下，必须对新设施重新选址来满足变化了的费用结构及其他需求。但将会导致花费过大，这些费用包括在旧址上关闭设施的费用，搬移设备和从旧址到新址搬运零件的费用及在新址初始的采购和安装费用。在有些情况下，由于契约及条款等其他原因不能重新选址，最好的方法就是把未来时段的需求和能力数据进行综合考虑，将未来的费用转为现值，再用单阶段模型求解当前阶段的最佳位置。当可以重新选址及其费用可以忽略时，那么对每一个阶段单独求解问题就可以了。当重新选址费用过高时，这个问题求解时应考虑每个阶段的选址费用和一个阶段到另一个阶段重新选址费用。动态设施选址问题与考虑装配顺序的加工零件的设备选择问题很类似。在某一机械设备上操作的加工费用对应着一个阶段某一地点的选址费用。相关装配费用对应着从一个阶段到另一阶段的重新选址费用。根据动态规划逆序解法，在重新选址费用很高时，可以用下述方法解决单一设施的动态选址问题。

S：备选地点集合，这些地点是通过对每一阶段单个问题求最优解得出；

N：计划期间总的阶段数目；

$C_n^l(k_n)$：在第 n 阶段将新设施选址在 k 点的初始费用；

$C_n^r(A_{n-1},k_n)$：在 $n-1$ 阶段选 A 地址到 n 阶段选 k 地址的重新选址费用；

$C_n^{tot}(A_{n-1},k_n)$：在 $n-1$ 阶段为 A 地址到 n 阶段为 k 地址时，第 n 阶段重新选址的总费用；

$L_n^*(A_{n-1})$：如果在 $n-1$ 阶段所选地点为 A，在第 n 阶段所选的最优位置。

动态规划模型：

从第 n 个阶段到第 2 个阶段动态规划问题的公式可表示为：

$$C_n^{tot}(A_{n-1},k_n)=C_n^l(k_n)+C_n^r(A_{n-1},k_n)+L_n^*(A_{n-1}) \tag{2.10}$$

$$L_n^*(A_{n-1})=\min\left\{C_n^{tot}(A_{n-1},k_n)\right\} \tag{2.11}$$

第一阶段的计算公式为：

$$L_1^*(k_1)=C_1^l(k_1)+L_2^*(k_1) \tag{2.12}$$

这里假设：

$$L_{N+1}^*(A_N)=0 \tag{2.13}$$

$$C_1^r(A_0,k_1)=0 \tag{2.14}$$

$$C_1^{tot}(A_0,k_1)=C_1^l(k_1) \tag{2.15}$$

例：某设施规划人员要为一新生产车间选址，据预测在后 4 个阶段费用和流量数据将有较大变动。初步分析有 3 个备选点，后四年中机器在 3 个备选点处的运行费用如表 2.11 所示。

表 2.11 运行费用

地点	年费用			
	1	2	3	4
1	60	80	60	120
2	40	80	100	100
3	80	20	120	80

重新选址的费用如表 2.12 所示。试确定最优位置配置规划。

表 2.12 重新选址的费用

地点		费用	地点		费用
从	至		从	至	
1	1	0	2	3	1
1	2	2	3	3	0
1	3	1	3	1	2
2	2	0	3	2	1
2	1	2			

解：本题采用动态规划的逆序解法：

第一步：确定第 4、3、2 阶段的最佳位置。根据式（2.10）（2.11）（2.12）计算，例如计算地点 1 为阶段 3 的选址点的情况下，阶段 4 的费用为：

$$C_4^{tot}(1,1)=C^r(1_3,1_4)+C^l(1_4)=0+(20\times 6)=120$$

$$C_4^{tot}(1,2)=C^r(1_3,2_4)+C^l(2_4)=2+(20\times 5)=102$$

$$C_4^{tot}(1,3)=C^r(1_3,3_4)+C^l(3_4)=1+(20\times 4)=81$$

因此位置 1 为第 3 阶段的选址点时，阶段 4 的最佳位置是 3 $\left(C_4^{tot}(1,3)=81\right)$，同样计算以其他各点为第 3 阶段选址点时，第 4 阶段的最佳位置，也同样能得到第 3、2 阶段的最佳位置，如表 2.13 所示。

表 2.13 选址过程

选址阶段 3	阶段 4 的最佳位置	总费用
1	3	81
2	3	81
3	3	80
选址阶段 2	阶段 3 的最佳位置	总费用
1	1	141
2	1	143
3	1	143
选址阶段 1	阶段 2 的最佳位置	总费用
1	3	164
2	3	164
3	3	163

第二步：第 1 阶段的最佳位置根据式（2.12）计算求得：

$L_1^*(1_1)=224$，$L_1^*(2_1)=204$，$L_1^*(3_1)=243$，

则第 1 阶段最优位置是位置 2（$L_1^*(2_1) = 204$）=204）。那么在第 1 阶段最优位置是位置 2 的情况下，第 2 阶段的最佳位置是位置 3，第 3 阶段的最佳位置是位置 1，第 4 阶段的最佳位置是位置 3，这就是最优的位置配置方案。

案例分析：沃尔玛通过物流运输的合理化节约成本

沃尔玛公司是世界上最大的商业零售企业，在物流运营过程中，尽可能地降低成本是其经营的哲学。沃尔玛有时采用空运，有时采用船运，还有一些货物采用卡车公路运输。在中国，沃尔玛百分之百地采用公路运输，所以如何降低卡车运输成本，是沃尔玛物流管理面临的一个重要问题，为此他们主要采取了以下措施：

第一，沃尔玛使用一种尽可能大的卡车，大约有 16 m 加长的货柜，比集装箱运输卡车更长或更高。沃尔玛把卡车装得非常满，产品从车厢底部一直装到最高，这样有助于节约成本。

第二，沃尔玛的车辆都是自有的，司机也是公司的员工。沃尔玛的车队大约有 5 000 名非司机员工，有 3 700 多名司机，车队每周一次运输可以达 7 000~8 000 km。沃尔玛知道，卡车运输是比较危险的，有可能会出交通事故。因此，对于运输车队来说，保证安全是节约成本最重要的环节。沃尔玛的口号是"安全第一，礼貌第一"，而不是"速度第一"。在运输过程中，卡车司机们都非常遵守交通规则。沃尔玛定期在公路上对运输车队进行调查，卡车上面都带有公司的号码，如果看到司机违章驾驶，调查人员就可以根据车上的号码进行报告，以便进行惩处。沃尔玛认为，卡车不出事故，就是节省公司的费用，就是最大限度地降低物流成本。由于狠抓了安全驾驶，运输车队已经创造了 300 万千米无事故的纪录。

第三，沃尔玛采用全球定位系统对车辆进行定位，因此在任何时候，调度中心都可以知道这些车辆在什么地方，离商店有多远，还需要多长时间才能运到商店，这种估算可以精确到小时。沃尔玛知道卡车和产品的位置，就可以提高整个物流系统的效率，有助于降低成本。

第四，沃尔玛连锁商场的物流部门，24 小时进行工作，无论白天或晚上，都能为卡车及时卸货。另外，沃尔玛的运输车队还利用夜间进行运输，从而做到了当日下午进行集货，夜间进行异地运输，翌日上午即可送货上门，保证在 15~18 个小时内即完成整个运输过程，这是沃尔玛在速度上取得优势的重要措施。

第五，沃尔玛的卡车把产品运到商场后，商场可以把它整个的卸下来，而不用对每个产品进行逐个检查，这样就可以节省很多时间和精力，加快了沃尔玛物流的循环过程，从而降低了成本。这里有一个非常重要的先决条件，就是沃尔玛的物流系统能够确保商场所得到的产品是与发货单完全一致的产品。

第六，沃尔玛的运输成本比供货厂商自己运输产品要低，所以厂商也使用沃尔玛的卡车来运输货物，从而做到了把产品从工厂直接运送到商场，大大节省了产品流通过程中的仓储成本和转运成本。

沃尔玛的集中配送中心把上述措施有机地组合在一起，做出了一个最经济合理的安排，从而使沃尔玛的运输车队能以最低的成本高效率地运行。

● **根据案例，思考下列问题：**

1. 从本案例归纳物流运输合理化的途径。
2. 通过该案例分析如何从综合物流系统的角度降低运输成本。

● **问题思考与训练**

1. 物流运输网络规划的内容和步骤？
2. 物流运输网络的结构模式？
3. 共同配送网络的类型及特征？
4. 物流运输网络数据收集的内容？
5. 某物流公司拟建一仓库，该仓库负责四个工厂的物料供应配送，各工厂的具体位置与年物料配送量如表2.14所示，请利用重心法确定物流公司的仓库地址位置，设拟建物流公司仓库地址对各工厂的单位运输成本相等。

表2.14 各工厂的具体位置与年物料配送量

工厂及其地理位置坐标/km	P_1		P_2		P_3		P_4	
	x_1	y_1	x_2	y_2	x_3	y_3	x_4	y_4
	20	70	60	60	20	20	50	20
年配送量/t	2 000		1 200		1 000		2 500	

3 运输与物流体系规划

 **本章学习目标**

1. 了解运输与物流发展定位。
2. 掌握物流运输通道规划的基本原理。
3. 掌握物流运输空间布局规划的原则与内容。
4. 掌握物流信息平台规划的方法。
5. 掌握装卸搬运物流管理规划的内容与原则。
6. 了解运输与物流发展保证体系内容。

3.1 运输与物流发展定位

运输与物流发展定位是企业物流战略发展规划的重要组成部分,是指企业在充分了解宏观发展环境、行业发展趋势、企业内部条件的基础上,对自身处于行业中的位置和对未来发展目标的准确认识,以及对企业实现物流发展目标的途径和措施的总体谋划。一般而言,企业运输与物流发展定位的最终目标是成本最小、投资最少和服务改善。

3.1.1 发展定位目标

1. 成本最小

企业物流成本主要包括固定成本和可变成本。成本最少是指降低可变成本,主要包括运输和存储成本,如物流中心仓库选址、多种运输方式的选择等。面对诸多竞争者,企业应达到何种服务水平是早已确定的事情,成本最少就是在保持服务水平不变的前提下选出成本最少的方案。

2. 投资最少

投资最少是指对物流系统的直接硬件投资最小化,从而获得最大的投资回报率。在保持服务水平不变的前提下,可以采用零库存、仓库租赁、第三方物流等多种方法来降低企业的投资。例如,不设库存而将产品直接送交客户,选择使用公共仓库而非自建仓库,运用准时生产方式策略来避免出现库存及利用第三方物流服务等。显然,这些措施会导致企业物流的可变成本上升，但只要使其上升值小于投资的减少值，该企业还是具有竞争优势的。

3. 服务改善

物流服务改善的目的是提供更多能满足客户要求的服务，同时也是企业提高竞争力的有效措施。服务改善的指标值通常用客户需求的满足率来评价。随着市场的完善和竞争的激烈，顾客在选择物流服务时除了考虑服务价格的因素外，还要考虑运输到货的及时准确性、完整性等与物流服务水平相关的因素。一般而言，较高的服务水平则需要付出更高的成本，因此对于企业来说，选择何种服务水平是至关重要的。

3.1.2 发展定位环境分析

1. 宏观发展环境

宏观环境是指以国家政治、经济、文化、技术、人口以及自然环境等宏观社会经济要素为基础，企业发展所面临的整个社会总体发展情况，主要包括政治环境（国家政治体制、法律法规等）、经济环境（经济增长速度、货币财政政策、购买力水平、消费支出模式、供求状态等）、社会文化环境（社会结构、风俗习惯、文化传统、价值观念等）、技术环境（研究开发能力、科技发展水平、新技术保护与运用等）、人口环境（人口规模、构成、教育程度、地区间流动等）、自然环境（能源、原材料资源、资源利用与环境保护等）。宏观发展环境是物流企业无法改变的外部环境，同时也是不可控的。但是，企业可以通过对宏观环境的分析，把握发展趋势，寻找发展的机遇和空间，从而确定自己有利的发展战略定位，获得持续发展的机会。

2. 行业发展趋势

行业环境是指提供同一类型产品或服务的企业所处的经济、政策环境与竞争状态。企业除了要分析自身所处的宏观环境外，最重要的是要分析本行业的现状和发展趋势。行业发展趋势分析的内容主要包括：市场规模与发展、技术经济支持情况、行业竞争者情况和行业影响因素情况等。

3. 企业内部条件

企业内部条件主要包括企业的资本结构、财务状况、经营管理水平、赢利能力、竞争实力等要素内容。对这些关乎企业内部条件的要素进行系统分析，以确定企业的经营状况、内部管理发展水平以及在本行业中的地位和目标。

3.2 物流运输通道规划

3.2.1 物流运输通道的定义

物流运输通道是物流运输系统的重要组成部分，是一个涉及面广，由诸多要素构成的、复杂的、庞大的运输组织和管理系统。它是商品实现空间转移的路径及方式，也是构建快速畅通的货物运输体系，保证物流枢纽中心与物流园区、物流节点等各节点之间的各项物流功能顺利实施，达到货物流通的目的。

物流运输通道是指依托综合交通运输网络形成的物资流动大动脉、主骨架，连接主要的生产地和消费地、串联重点物流节点城市、衔接国际国内两个市场，是贸易大通道和国家经济走廊的重要载体。从宏观的角度看，物流运输通道的发达与通畅，是保证地方整体物流产业发展的先决条件；从微观的企业层面看，迅速、便捷、低成本、信誉度高的物流通道，是企业赢得市场竞争力的重要因素。确保物流运输通道的功能发挥，是促进物流产业快速健康发展的重要举措，受到政府和物流投资商的高度重视，同时也是完善区域投资环境的重要内容。一条完整的物流运输通道主要是由物理通道、服务通道和信息通道三个部分组成。物理通道是指可以行驶或航行的航空、铁路、公路、水路和管道线路及其物流节点基础设施。服务通道包括由航班、班列、车次、班轮组成的系统。信息通道是指通过数据库、互联网及卫星通信技术，掌握与通道中各物流活动相关的信息，为物流活动服务提供完备的管理决策支持。

3.2.2 物流运输通道的功能特性

1. 空间特性

自 20 世纪 90 年代起，我国交通经济地理学家就已经开始研究空间运输联系问题，并将这种联系归纳为四个方面，即空间运输联系是以不同的地域空间为基础，涉及货物的生成规律、增长规律、分布规律和交通规律等四个内容。这四个规律反映了交通运输需求的一般性，其结论既有定性的，也有定量的。目前，针对物流运输通道空间特性的研究，主要集中在国际物流大通道、大区域间物流通道等较大地理空间范围内的物流运输通道的分析。例如，中欧国际物流大通道、沿长江物流大通道、京沪物流大通道、西南出海物流大通道等。物流运输通道的空间方位结构主要取决于区域地理区位、交通线路走向、自然地理条件、社会经济环境等因素。物流运输通道的空间能力结构是指已确定空间方位的通道所具有的物流供给能力和构成。

2. 时间特性

结合当前社会经济发展历程，考虑物流通道发展中呈现出的时间阶段性特点，物流运输通道发展阶段主要经历了运输通道主导型、物流节点主导型、物流通道协调发展型等三个重要阶段。社会经济快速发展会引起物流区域内物流活动需求的增加，客观上导致物流运输服务能力与水平的改善需求增加，由此逐步形成大能力的物流运输通道和多功能的物流节点。正是这种经济不断发展的推动过程，使得物流运输通道逐步完善，物流节点也会随之不断地扩大规模并提升服务能力和水平，逐步形成物流区域资源、运输通道、物流节点协调发展形势。

3. 经济特性

美国空间经济学家胡佛于 1948 年在其出版的《经济活动的区位》著作中在分析转运点的

基础上提出了新的运输费用结构理论,将运输费用划分为装卸费用和线路运费两部分。胡佛更为细致地分析、拓展了交通与经济空间关系的研究,他暗示交通线路的空间特征将影响企业的选址,进而形成经济活动的集聚。他的研究是交通网络优势经济区位研究的开端。经济势理论与模型已广泛应用于运输通道影响范围和对空间布局影响的确定。物流运输通道作为物流网络中的交通大动脉,必然在沿线区域产生强烈的经济势。

3.2.3 物流运输通道的类型

1. 根据物流运输通道的空间层次和交流性质划分

按照物流通道的空间层次和交流性质,可以将物流通道分为国际性物流通道(国家间物流通道)、大经济区际间的区际物流通道、区内的物流通道和城市物流基地间的物流通道四类。其中,国际性物流通道是承担国与国之间的物流,是承担国际物流的基础。国际物流主要是通过海上通道完成的,铁路或公路等通道在一些内陆国家间也起到了重要的作用;区际物流通道连接一个国家的各大经济区,区域之间资源分布不均衡及存在着专业化分工,产生了区域间的物流运输联系;区内物流通道连接经济区内的不同物流中心城市,组织起更为紧密的分工协作来承担区内物流运输联系,区内联系主要是各物流中心城市之间的物流联系;城市主要物流基地之间的物流通道连接城市内不同功能布局的物流基地,根据城市用地布局不同进行具体布置,城市内部的物流通道主要联系城市内部主要的物流需求点,城市对外主要需求地的物流配送运输,其主要运输方式为公路运输和铁路运输。

2. 根据物流通道的运输方式划分

根据物流通道的运输方式划分,可以将物流通道分为航空、铁路、公路、水路、管道以及多式联运通道等几类。各种运输方式的系统组成、所能承载的货类及运输特点不同。各种运输方式提供的运输服务,各有其特点和优势,也各有其所短,彼此之间既存在竞争的关系,也有着取长补短的互补协作关系。因此,根据实际情况选择适当的运输方式是运输规划中非常重要的内容。

3. 根据物流通道的结构方式划分

根据物流通道的结构方式划分,可以将物流通道的结构划分为串联结构、并联结构和混联结构。串联结构是指货物从出发地到目的地要经过多种功能类型通道,其在城市物流通道系统内属于相互依存、相互合作的关系。并联结构中各种类型道路在物流通道内属于相互竞争的关系,任何一种类型物流通道均可单独完成运输任务。混联结构中各种类型物流通道并不是单纯的串联或并联结构,而是两者的混合,即各种通道之间既有相互竞争的关系,又有相互合作的关系。

3.2.4 物流运输通道规划的基本原理

物流运输通道规划是指为了完成确定目标,在一定区域范围内对物流运输通道系统进行总体战略部署，即根据社会经济发展的要求，从当地具体的自然条件和经济条件出发，通过综合平衡和多方案比较，确定物流通道发展的战略定位、目标和措施。

1. 物流运输通道规划的基本原则

在进行物流运输通道规划时，一般遵循以下基本原则。

（1）经济发展原则。

物流运输通道规划布局必须服从于社会经济发展的总体战略、总目标，服从于生产力分布的大格局。物流运输通道规划建设必须与所在区域的社会经济发展各个阶段目标相一致，为当地的社会经济发展服务。

（2）协调发展原则。

在进行物流运输通道规划建设时，必须综合考虑所在区域的航空、铁路、公路、水路、管道等各运输方式的特点，形成优势互补、协调发展的综合物流运输通道网络。

（3）局部服从整体原则。

某一层次的物流运输通道规划必须服从于上一层次物流运输系统总体布局的要求。例如，省级规划必须以国家级规划为前提，市级规划必须以国家级和省级规划为前提。

（4）近期与远期相结合原则。

一个合理的物流运输通道规划应包括远期发展战略规划、中期建设规划、近期项目建设规划等三个层次，并满足"近期宜细，中期有准备、远期有设想"的要求。

（5）需要与可能相结合原则。

物流运输通道规划既要考虑社会经济发展对运输的要求，建设尽可能与社会经济发展相协调的综合物流运输通道系统，以促进社会经济的发展，又要充分考虑人力、物力、财力等建设条件的可能性，实事求是地进行物流运输通道系统的规划与实施。

2. 通道规划的基本内容

物流运输通道规划的内容主要包括物流运输通道发展的战略定位、发展目标和应对措施。

（1）战略定位。

物流运输通道发展的战略定位主要包括两个基本层次，一是物流通道在区域、全国、跨国区域乃至全球物流中的战略定位；二是物流通道在该区域经济与社会发展中的战略定位。对于第一层次而言，可根据物流通道及国内其他物流通道、全国物流及跨国物流通道甚至全球物流的历史、现状、发展趋势、比较优势来确定。有些物流通道可能以物流通道中心作为自己的战略定位，有些物流通道则以全国性物流中心作为自己的战略定位，还有的物流通道则可能以跨国区域甚至全球物流中心作为自己的战略定位。第二层次的战略定位主要根据物流通道及本区域经济、社会发展的历史、现状、趋势，确定物流通道发展，特别是物流产业发展在本区域经济、社会经济发展中的地位。无论进行哪一层次的战略定位分析，都要进行定性分析和定量分析，从而保证战略定位的准确性、合理性和科学性。

（2）发展目标。

物流运输通道的发展目标是物流运输通道规划的核心内容。物流运输通道发展目标既是物流通道发展战略定位的体现，也是物流通道发展的具体方向。因此，物流运输通道发展目标的制定必须全面、系统,并符合物流运输通道发展的战略定位。从物流运输通道发展的目标属性与作用来看,物流运输通道发展目标主要包括资源类目标与产出类目标。

资源类目标包括物流运输通道基础设施发展目标、物流网点发展目标、物流设施与工具发展目标、物流信息化发展目标、物流科技发展目标、物流人才培养目标等。物流运输通道基础设施发展目标又可进一步分解为公路、铁路、水路、航空、管道等各种物流线路的长度、等级、空间布局目标及车站、港口、机场的数量、吞吐能力、功能结构、空间布局目标;物流网点发展目标包括大型仓库、物流中心、配送中心或流通加工中心等的数量、作业能力、空间布局等目标;物流设施与工具发展目标包括大型物流设备与工具的技术水平、标准化程度、作业效率、更新速度等目标;物流信息化发展目标包括物流信息平台的规模、功能、效率及计算机应用与普及率、电子数据交换系统的建设与应用、企业物流信息系统的开发与应用等目标;物流科技发展目标包括物流科技开发机构、人员、科技开发成果及其应用目标;物流人才培养目标包括人才培养的规模、结构及人才培养体系等目标。

产出类目标主要包括物流量目标(货运量、货运周转量、增长率、市场占有率等目标)、物流产值目标(物流运输通道产值规模、增长率、占 GDP 比例、物流通道产值占有率等目标)、物流就业目标(就业总规模、增长率、占全部就业量的比例等目标)、物流成本目标(通道总成本与下降率、占 GDP 比例等目标)、物流产业化目标(专业化物流企业的发展规模、结构及物流通道的专业化与市场化比率等)、物流环境目标(物流废弃物排放量、回收处理率等目标)。

(3)应对措施。

物流运输通道发展应对措施是实现物流运输通道发展目标的重要保证,必须针对物流运输通道发展的目标,制定切实可行的应对措施。该措施一般可分为三类,主要包括强制性措施、诱导性措施和服务性措施。

强制性措施指各微观物流主体必须执行的措施,这类措施主要是各种法律;诱导性措施也称为激励性措施,主要是指促进或激励微观物流主体为实现物流运输通道发展目标而积极努力进行的各种经济政策;服务性措施是指物流通道管理部门为实现物流通道发展目标而向区域内微观物流主体提供的各种服务与支持。由于物流通道发展目标的性质与特点不同,各种措施的适用目标及其有效性也不同。一般来说,对具有正外部性效果的目标或涉及物流运输通道发展全局的发展目标,又或容易增加执行主体成本的主要目标,则更多地依赖强制性措施。例如,物流运输通道基础设施发展目标、大型物流网点的空间布局目标、物流标准化目标等必须采取强制性措施。而对一些与个别物流主体的努力程度相关的物流运输通道发展目标则可以采取诱导性措施。例如,物流科技发展目标、物流人才培养目标、物流产值目标、物流成本目标等,应更多地依赖诱导性措施。对一些具有正外部性效果的发展目标或个别物流主体想为而不能为的一些发展目标,除采取强制性措施外,还应更多地依赖服务性措施。例如,区域政府直接投资建设关键性的物流基础设施、物流信息平台等。

3. 通道规划的基本步骤

物流运输通道规划的基本步骤一般可以做如下描述:

(1)组建物流运输通道规划小组。

成立物流运输通道规划小组或委员会是进行规划方案设计的第一步。规划小组既可以由区域自组织而成,也可以委托外部专业机构。不论是自组织还是委托外部专业机构,规划小组的成员必须包括各方面的专家及相关工作者,在规划人员中至少要求交通、城市规划、物流或流通、金融财务等方面的专家和具有实际工作经验的技术人员。

(2) 物流运输通道的调研,收集通道相关基础资料。

制定物流运输通道规划,首先要对规划区内现有物流通道的运输能力及利用情况进行实地调研,收集相关基础资料。基础资料包括区域及其相关区域经济与社会发展的统计资料、城市规划资料及物流与相关方面的统计资料。

(3) 基础数据的处理与分析。

利用统计分析方法与数据处理方法,对获取的各种数据进行分类、统计与分析,从而得出初步的数据结论。

(4) 确定战略定位。

通过对数据的动态分析,可以发现各种规划要素的变动趋势,据此预测未来的走向;采用横向比较,即将各种规划要素的数据与可比区域的相关数据进行比较。根据动态分析与横向比较的结果,确定物流运输通道发展的战略定位,并使之具体化。

(5) 制定发展目标,提出应对措施。

根据战略定位及数据处理分析结果,制定具体的物流通道发展目标,包括目标实现阶段或时间期限。根据物流运输通道发展目标,提出与实现目标相适应的各种应对措施。

(6) 整理、归纳规划内容,形成规划草案。

分类汇总整理规划内容,形成规划草案,切实做到概念准确、结构严谨、图文并茂、言简意赅、论据充分、科学合理、结论可行。

(7) 规划草案研讨论证,征求各方意见。

规划草案必须广泛听取各个方面的意见,尤其是较大的物流运输通道发展规划,更要反复征求各方面意见,以使得规划更加完善、科学、合理。一般可采用召开一定规模的研讨会、论证会等形式。

(8) 规划方案定稿。

在充分听取并借鉴各个方面意见的基础上,对规划草案进行最终调整与修改,完成通道规划方案或报告。

3.3 物流运输空间布局规划

3.3.1 物流运输空间布局概述

1. 物流运输空间布局的概念界定

空间是人类进行社会经济活动的场所。空间在产业布局学领域通常是指经济地带、经济区域,有时也指行政或自然地理区域。空间的范围大至一个洲、一个国家,小至一个城市、一个企业的设施内部,如地域空间、房屋空间、仓库空间、场地空间等。布局是指对有关事务的全面安排，包括物体空间布局和活动的时空安排两个方面，经济活动的布局问题一般是指前者，即空间布局问题。根据研究的角度不同，经济布局又可以分为两类，一类是指一个地域空间内合理安排布置各种产业、相关部门和企事业单位，即多产业的区域经济综合布局问题；另一类是指同一行业相关企业部门或同一企业集团内的有关分支机构在不同地域空间的位置安排和协调功能，即单个产业的行业/企业布局问题。按上述空间布局的概念内涵，结合物流运输系统的功能和结构要素划分，物流运输空间布局应该是属于单个产业的行业/企业布局问题。综上所述，考虑运输节点、运输线路、运输设备等物流运输系统的基本构成要素，物流运输空间布局应该是指物流行业中相关企业部门或机构在满足物流运输服务需求的基础上，对不同地域空间内各个运输要素的位置安排和功能协调优化。物流运输空间布局规划是属于宏观层面上的物流运输体系要素的空间布局战略规划。

2. 物流运输空间布局结构

空间结构是指社会经济客体在空间相互作用所形成的空间集聚程度和集聚形态，是一种空间秩序，是人们按照经济原则形成各空间位置与空间大小之间密切的有机联系。从物流运输体系的构成要素来看，物流运输空间结构是物流运输体系组成要素的各种空间关系的总称。它包括物流运输功能要素空间结构和运输网络空间结构，前者主要是指构成物流运输体系的货物空间移动、短期存储、信息服务等诸多要素及其相关基础设施在地域空间的分布与组合，后者主要是指物流运输空间网络的节点（配送中心、仓库等）及其联系在地域空间的分布与组合。从本质上来说，这两类空间结构是物流运输系统在不同层次的空间分布的表现，功能要素空间结构是微观层面的表述，而网络空间结构则是宏观层面的表述。两个层面通过交通运输线路要素、通信要素和网络联结等实现同构。其他物流功能要素与网络节点的同构实现物流系统的有机统一。

从宏观角度来看，物流运输体系的空间结构要素主要包括物流节点、运输线路及物流网络。物流节点是物流系统功能作业的空间集聚场，一般表现为运输场站、机场码头、物流中心和物流园区。它们共同构成了物流运输系统的节点体系。运输线路是物流运输系统保证货物空间位移顺利进行的基础设施，主要包括交通线路、通信线路等。物流网络是各节点、线的集合体，其中物流节点是物流网络的核心，运输线路是构成节点之间功能联系的通道，是物流网络顺畅运行的基础。上述构成要素空间布局的实质是位置分布与组合。

3.3.2 物流运输空间布局规划原则

物流运输空间布局规划建设项目是一项复杂的系统工程，从宏观角度研究物流运输布局规划，运用区域发展理论和系统科学方法，分析其空间布局结构，可以揭示其特征、集聚和扩散的关系，并把握运输空间结构状态的演变趋势，根据一般的空间结构和演变规律，对地域空间内物流运输空间布局指明方向。物流运输空间布局问题是物流运输体系各要素及其有关基础设施设备在地域空间中的位置安排。物流运输系统的发展对地域空间具有特定的选择性，只有空间中的社会环境、经济环境、自然环境等外部条件所提供的软硬件环境适应物流运输系统发展时，物流运输系统空间布局才能达到较为合理的状态，促进整个物流系统和地区经济的可持续发展。因此,制定物流运输空间布局规划,应遵循以下原则。

1. **与经济活动相适应的原则**

物流既是经济活动的产物,又是促进经济发展的动力,传统的物流是伴随着商品交换而产生的,而现代物流则是由于区域合作和经济全球一体化而迅速发展。在经济全球化背景下,现代物流的发展具有如下三个特点。第一,现代物流发展对经济全球化起着重要的支持作用,在激烈的国际市场竞争条件下,高效率的现代综合物流服务成为实现全球化经营及地区商贸有效运作手段的必要条件。在世界大多数国家和地区加入WTO,在大幅度关税减让,关税壁垒不再成为国际贸易组织主要障碍的条件下,其他非关税壁垒的作用将更加突出,其中,发达的现代运输物流基础设施及高水平的现代物流服务,对一个国家或地区,尤其是发展中国家改善投资环境、吸引外资和跨国企业,提高经济运行效率和运行质量,具有特别重要的作用。第二,在经济全球化的推动下,以一些重要港口、国际化大城市、边境口岸城市为依托逐步形成具有不同特色和规模的物流中心,尤其是一些保障全球经济和国际贸易得以顺利进行的国际物流中心,由于具有高效率的综合物流服务功能,可以吸引大量国际贸易货物处理业务,有力地带动周边地区经济活动的快速发展,促进本地区及周边区域或经济的整体提高。我国的国际港口物流中心,也充分利用自身条件,建立了出口保税区、临港工业区等,促进了本地及周边地区经济的整体提高。第三,经济活动的行业特点也对物流系统提出了相应的要求,如亚洲、拉丁美洲不少国家和地区都在大力发展制造业,形成了各种不同产品的国际制造中心,其中,不少的原料、燃料都需运入,而产品、半成品也需要运出,因此,对物流系统的层次、规模、空间分布都提出了更高的要求。

由此可见,物流系统与经济活动就是在这种互动过程中相互协调、相互促进、共同发展的。

2. **统筹规划,系统安排的原则**

物流运输空间布局规划必须按照社会经济发展的要求和现代物流发展的规律,进行统一规划,尤其要打破地区、行业的界限,克服条块分割、多头管理的弊端,按照科学布局、资源整合的思路进行规划,防止各种物流资源大量闲置和浪费。首先,物流运输空间布局规划应与城市总体规划和土地利用总体规划保持协调,符合城市的总体规划,符合城市用地空间与交通运输网络的统一布局,满足地域合理分工与协作的要求,避免不必要的用地结构调整和利益主体间的冲突。其次,物流运输空间布局规划的层次性要求各个规划层次的有机协调。下层规划要以上层规划结果为依据,上层规划要考虑下层规划的有关要求并尽量给予满足。区域级规划必须服从国家级的规划,城市级和企业级的规划必须服从区域级规划。这是由物流系统空间布局的系统性所决定的。最后,物流运输空间布局规划还需要注意各层空间布局规划在功能上的分工协调,注意物流节点结构与物流通道布局的协调发展,注意解决好各个节点的作业能力与交通线路运输能力的协调等诸多因素。

3. **发挥优势,实事求是的原则**

物流运输空间布局规划,旨在引导物流节点和物流通道在空间上合理分布并为其未来发展提供可靠的用地保护,进而实现我国物流业的跨业发展和可持续发展。因此,这就要求在规划制定过程中，要瞄准世界物流发展的先进水平，以现代化物流技术为指导，坚持高起点和高标准，发挥各地条件和资源的优势，带动物流新技术的发展应用，从而带动物流产业的不断进步和健康发展。但也需要看到，我国不同地区的现实生产力发展水平各有差异，贸易和交通运输布局方面的优势与地位也不尽相同，这就要求在制定物流运输系统空间布局规划中结合各地实际，注意分析不同地区的优势和制约因素，切忌不顾条件，一味追求全面发展，自成系统，尤其是由各级地方政府制定的区域性规划更应有全局观念和资源共享的意识，避免重复布点，重复建设。

4. 现状需要与未来发展相协调原则

物流运输空间布局规划需要注意现状需求与未来发展之间的协调，物流运输空间布局规划具有长期性，需要以客观分析物流现状和未来发展趋势为依据，规划方案需要注意实施的阶段性和时效性，对物流系统未来的发展留有余地。物流运输空间布局规划的制定，需要对未来的发展做出较准确的预测，而这在实际操作中又有很大困难，只有随着时间的推移和条件的变化，进行不间断的跟踪和适时调整，实现弹性规划和滚动修编。

3.3.3 物流运输空间布局规划的内容

对于物流运输空间布局规划，其主体内容一般包括以下几个方面：（1）物流运输系统现状调查，包括当前社会经济发展状况、行业竞合状态、产业集聚水平、物流科技层次、区域自然地理条件等外部条件和物流运输通道方式、货运量、运输模式、运输费用、物流设施等内部条件；（2）物流运输系统存在的问题分析；（3）物流运输需求量发展预测；（4）物流运输空间布局规划方案设计与优化，包括物流通道设计、物流设施布局、运输线路规划、运输方式、业务模式、运输流量等；（5）物流运输空间布局规划方案综合评价；（6）物流运输空间布局规划方案的分期实施计划等。

3.4 物流信息平台规划

3.4.1 信息平台体系结构框架规划

信息平台体系结构一般运用分层设计模式，主要分为用户层、服务层、数据层三个层面，如图3.1所示。分层设计降低各个子系统之间的耦合度，可以方便地接入第三方的业务系统和资源系统，解决物流业务和资源多样性问题。

1. 用户层

用户层主要包括日用消费品生产制造企业、批发商、零售商、消费者和运输企业，服务层根据其物流需求对其可进行不同权限的设置，其基础信息将在数据库中进行管理，所有物流活动也将在数据库中进行记录和备份。

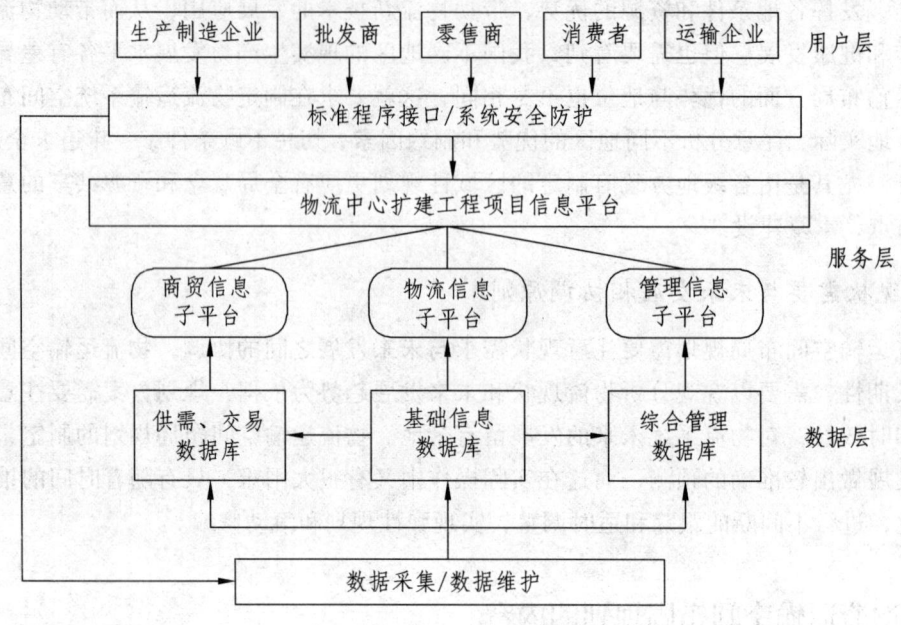

图 3.1 信息平台结构框架图

2. 服务层

服务层是整个信息平台的主体,主要有三大基本功能,下一节将做详细介绍。

3. 数据层

数据层是整个信息平台的基础,对采集到的数据进行抽取、转换、筛选和汇总,形成信息数据,而后将分别进入三个数据库。基础信息数据库主要整合生产制造企业、批发商、零售商、消费者和运输企业的基础信息,起到一个分类管理的作用;供需、交易数据库,是信息功能实现的数据平台;综合管理数据库管理本项目内各作业平台及货物、车辆的实时信息储存。

3.4.2 信息平台关键子平台规划

1. 商贸信息子平台

商贸信息子平台主要由如图 3.2 所示的子系统组成。
(1) 电子商务子系统。
电子商务子系统主要由会员管理系统、日用消费品电子交易及网站组成。
会员管理系统主要实现会员的注册、角色授权、网上培训、信用管理、费用管理、互动交流等功能。通过收集会员的需求信息、记录会员的购买信息、进行销售分析和预测、管理销售价格、处理应收货款及退款等。通过对会员资料的全方位、多层式的管理,使日用消费品零售商和消费者以及生产制造商之间实现信息分享和收益及风险共享,从而在供应链管理模式下实现跨企业界限的整合。

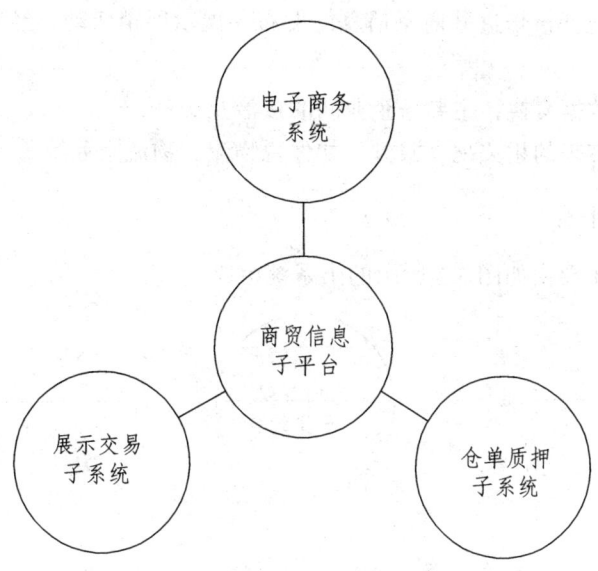

图 3.2　商贸信息子平台组成图

日用消费品电子交易系统为买卖双方提供了一个在线洽谈和交易的平台。能够满足产品目录、规格、订单、合同管理，可实现固定价格、议价等多种交易方式，以及货物的排期、跟踪、付款通知、到款确认管理等服务。日用消费品电子交易可以采取多种交易形式，如网上竞价交易、现货挂牌交易和仓单质押融资交易。

网站提供日用消费品现货资源、交易行情、日用品市场动态分析等增值信息，同时提供有偿咨询服务和运输代理服务。

（2）仓单质押子系统。

仓单质押子系统是 B/S 体系构架，分为数据层和业务层两层。应用程序和数据库都由仓库运行和维护，银行、客户通过终端进行相关业务的处理，并各自有所定制的、用来完善内部信息系统的信息增值服务，这样可避免出现信息系统的重复建设。

数据层是实现信息系统功能的基础。数据层保存着仓单质押业务开展过程中所产生和需要的所有源数据，仓库必须综合考虑三方的需求后对数据中心进行规划和维护，以确保仓单质押业务在仓库、银行和客户三者之间通畅的开展，并为银行和客户提供实时、准确的增值信息服务，以实现仓单质押业务与他们各自内部信息系统的集成。从技术的角度上讲就是要建立一个安全、高效的数据库。

业务层支持完成商品的入库、出库流程和内部的仓储管理，同时也对企业与银行、客户之间的关系进行管理。在业务层中，银行通过系统可直接接收和审批客户的贷款和出库申请；查询商品库存情况；委托仓库对商品作相应的处理；获取定制信息，及时进行企业内部信息系统的更新。客户可以通过系统直接在网上进行贷款和商品出库申请；查询贷款、商品出库申请的审批结果；查询商品的存储情况；获取定制信息，及时进行企业内部信息系统的更新。

（3）展示交易子系统。

采购展示交易区是为适应全球采购，集聚全球采购商和国外供应商，开展看样订货和现货交易活动。此部分涉及的信息服务主要有：
- 信息发布，包括市场进驻商家信息的发布，展示展销活动、经贸活动信息的发布以及行业资讯等；
- 电子商务及数据交换，主要是企业间的接洽及交易；
- 由展示交易带来的相关配套服务，如保税物流、物流服务等。

2. 物流信息子平台

物流信息子平台主要由如图3.3所示的子系统组成。

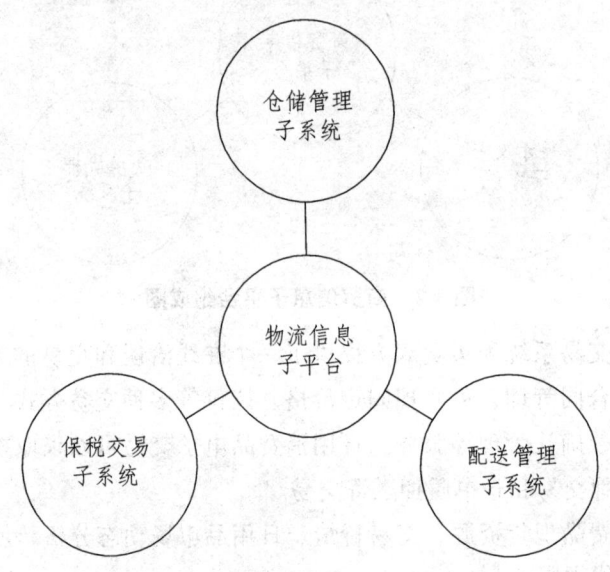

图3.3 物流信息子平台组成图

（1）仓储管理子系统。

仓储管理子系统是信息系统中很重要的一个组成部分，仓储管理子系统满足对一个完整的日用消费品仓储作业过程的信息管理需要，日用消费品仓储作业过程包括进货、验收、入库、保管、拣货、出货等作业步骤。利用仓储管理系统能够达到提高存取速度，降低存取误差，减少无效存储的仓储管理目的。

仓储管理子系统包括以下功能模块：

➢ 入库管理：供应商、批发商或销售商发出入库委托单后，由系统进行审核。审核的主要内容有：信息是否完整有效；客户凭证是否合法；仓储作业资源是否可用等。货到后利用无线射频技术将货物信息采集到信息系统中，系统自动为货物分配储位，然后更新库存记录和商品信息，并打印入库单，进行入库确认。如图3.4所示。

➢ 库存管理：提供库存余量、库存移动、库存调整、库存冻结、库存转移、循环盘点、产品质量检验、报废和退厂作业的管理；存储货物的信息，包括食品的保质期等，为销售商提供决策支持；通过对商品损溢及原因的搜索帮助管理人员察觉管理漏洞。

➢ 出库管理：销售商发出出库委托单，要求提货。仓储管理子系统在收到委托单后，首先审查本仓库的库存能力，即需要出库的物品是否存在，是否足够，若不够立刻向销售商发出缺货通知。然后检查装卸、运输资源是否可用。审核通过后,生成最优拣选作业单,交由库工拣货。最后将出货信息记入库存记录表,进行出库确认。如图3.5所示。

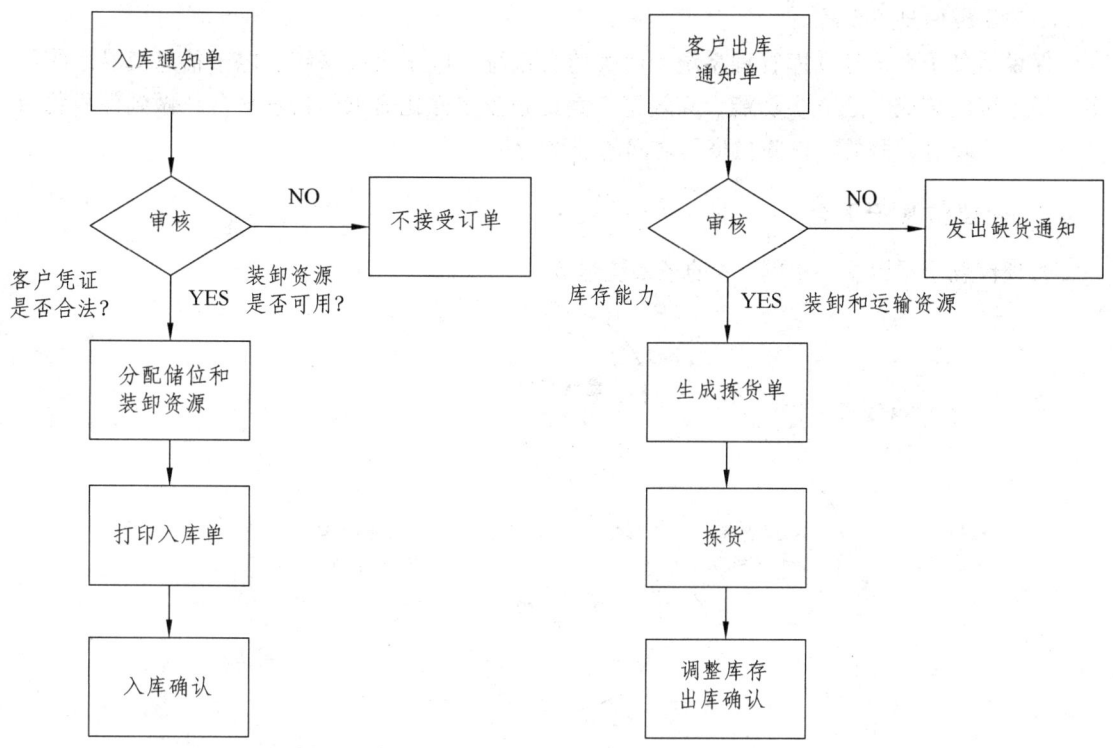

图 3.4　入库管理业务流程图　　　　图 3.5　出库管理业务流程图

（2）配送管理子系统。

配送管理子系统主要包括以下几个部分：

➢ 车辆基本数据管理：包括运输组织资料、相关人员资料、车辆种类等。

➢ 订单管理：（1）快速消费品：会员企业通过浏览器向本项目服务器发送订单,本项目服务器接收订单后按设定的时间间隔将订单汇总,然后按供应商分别生成新的订单,并将订单按照约定的格式把订单发送给供应商,然后本项目接受并处理订单,发出发货指令,启动发货序列工作。编制最优配送路线,选定运输配送车辆,以及进行回单确认。（2）家电：销售店铺输入顾客的订单和送货位置,送货位置一般采用街道门牌号,配送管理子系统利用地理编码功能,确定其在城市地图中的位置,让顾客确认；由于地理编码存在一定的不精确性,也可以在地图上通过直接点击来确认位置；待客户确认后,提交订单给系统。本项目通过系统发来的送货单、取货线路地图、送货线路地图,按系统给出的最优路径逐个给顾客送货。

➢ 车辆、货物跟踪查询系统：本项目可以随时跟踪到车辆的当前位置和状态、货物情况、历史行程记录、历史货运记录等车船当前信息；监控人员可通过控制中心向远端车辆司机发送信息。

➢ 运输成本管理及运费结算：包括成本类型、成本模式、成本设定账期、车辆和人员设定、车辆动态和静态成本、成本指标的定义、输入和调整等。对运输子系统中发生的相关业务进行结算记录,并将和费用信息转至财务结算系统中的物流业务核算。

- 绩效考核：该模块用于对运输人员进行指标考核以提高客户满意度，包括车辆出车信息、客户投诉反馈信息、商品损坏赔偿率、人员出勤、配送准点率、客户满意度等。

（3）保税信息子系统。

保税信息子系统是仓库管理系统、海关监管系统、电子报关系统、电子信息交易系统等多个子系统的集成。建立多功能、高效率、满足企业多样化需求的信息平台，做到保税物流区与企业、政府、海关、检验检疫局之间的通畅衔接。

3. 管理信息子平台

管理信息子平台主要由图3.6的子系统组成：

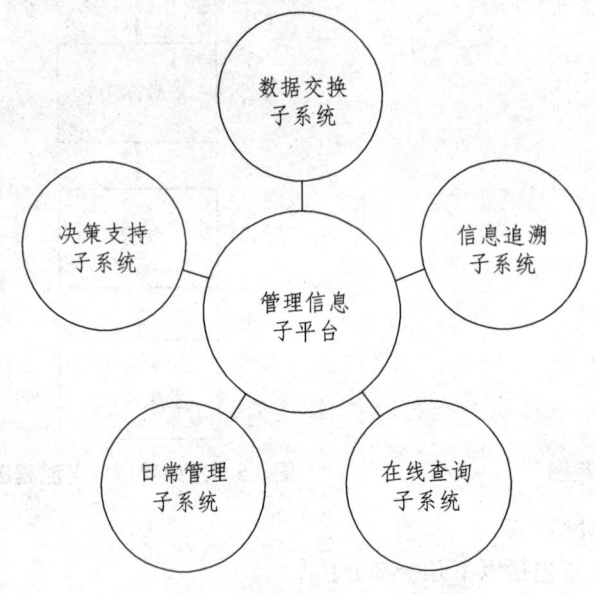

图3.6 管理信息子平台组成图

（1）数据交换子系统。

数据交换子系统担负着物流信息平台中公共信息的标准化和规范化定义、采集、处理、组织和存储，以及解决异构系统和异构数据格式之间的数据交换和格式转换功能，为实现信息系统的其他功能提供支撑条件。

数据交换子系统应实现以下功能：

- 提供统一的、标准的、可靠的数据交换系统。
- 为各类应用系统提供数据交换的公共应用接口模块。
- 提供方便的传输路由配置。
- 提供良好的数据管理平台。

为实现上述功能，数据交换子系统应包括以下三个功能：

- 信息接口：与其他子系统进行对接，并进行协议标准化转换和利用。
- 安全维护：对整个信息平台进行安全维护管理，以及对各类数据的传输、保密、验证等进行规范和安全管理。
- 数据处理及交换：负责公用数据的采集、加工、中转、发送，以及不同用户之间信息交换的数据规范、格式转换等,从而实现企业间各种单证的标准化输入、翻译和信息的标准化传输。

(2)信息追溯子系统。

将货物从生产制造商、批发商和零售商所采集的信息传递到物流环节和流通加工环节,同时对本项目货物的仓储、配送和流通加工等环节进行严格的信息记录,对电子标签上的信息进行实时的采集、存储和交换。

(3)在线查询子系统。

在线查询是指其他单位的人员通过网络对相关信息的查询,如生产制造企业、批发商、零售商和消费者等。主要内容包括:产品信息查询、库存查询、应结账款查询等。

➢ 产品信息查询:客户通过对本项目网站的访问可以按品牌、品名、规格、价位、经销商等条件查询产品信息。

➢ 库存查询:客户可以通过Internet用浏览器查询自己货物的库存信息,以确定还有多少存货。通过每个用户设置账户和密码,可让客户登陆本项目的网站进行查询,但客户只能查询到自己的货物,别人的货物信息不可以看到。

➢ 应结账款查询:客户可以通过Internet用浏览器查询自己的送货信息和应结算账款信息。他们通过本项目给予的账户和密码登陆本项目的网站进行查询,但只能查询到自己相关的信息。

➢ 零售商账户查询:各门店的零售商可以预先把款项通过银行打入各门店的自由账户上,并随时可以通过Internet输入账户和密码用浏览器查询自己的交易记录信息和余额查询。

➢ 家电顾客查询功能,了解到货情况:消费者可以通过互联网、手机短信、电话等方式查询,只要输入订单号即可得到到货时间、送货人电话、车辆牌照号。

(4)日常管理子系统。

日常管理子系统主要由四个功能模块组成,结构如图3.7所示。

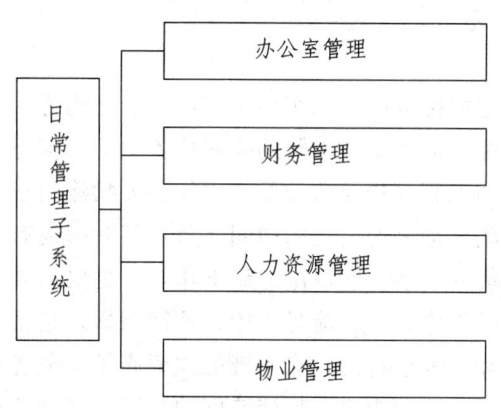

图3.7 日常管理子系统结构图

办公室管理:根据办公室的职责,考虑到本项目信息化总体目标,办公室的信息化目标主要包括:实现对档案管理、公文流转的电子化、实现对后勤管理的信息化、实现对访客工作的信息化管理。

财务管理:财务管理是物流信息平台构建的重要组成部分,这部分工作由财务部来完成。

这部分的信息系统主要是实现费用结算功能。包括两个内容，一是和客户结算仓储费用，二是在提供配送服务后结算费用。该模块有两个功能，即结算提示功能和自动归档功能。

人力资源管理：依托物流信息平台的办公自动化网络，实现人力资源工作的电子化、工作业务流程更加清晰、规范化，使得人力资源部管理人员可以方便地完成日常管理。

物业管理：对房屋建筑及其设备、市政公用设施、绿化、卫生、交通、治安和环境容貌等管理项目进行维护、修缮和整治。

（5）决策支持子系统。

决策支持子系统在设计上比其他子系统更具有分析能力，其分析的数据来源为项目内部信息，有时也需要外部数据来源，并透过其内建的许多模型来分析数据或把大量数据汇整成可供决策者分析的形式。

决策支持子系统作为领导正确决策支持的有效工具，通过信息系统及时地掌握商流、物流、资金流和信息流所产生的信息并加以科学地利用；在数据仓库技术、运筹学模型的基础上，通过数据挖掘工具对历史及实时数据进行多角度、立体地分析，满足用户查询分析、数据切片处理要求，充分发挥系统整体效能。

系统通过对人力、物力、财力、客户、市场、信息等各种资源的综合管理，为扩建工程项目内的物流运作管理、物流业务环节管理、客户管理等提供科学决策的依据，从而提高管理层决策的准确性和合理性。

3.5 装卸搬运物流管理规划

3.5.1 装卸搬运概述

1. 装卸搬运的含义

装卸搬运是指在同一地域范围内（如车站、工厂、仓库内部等）以改变"物"的存放、支承状态的活动被称为装卸，以改变"物"的空间位置的活动被称为搬运，两者全称为装卸搬运。装卸搬运是随运输和保管等物流活动而产生的必要物流活动，它是对运输、保管、包装、流通加工、配送等物流活动进行衔接的中间环节。装卸搬运有对输送设备（运输车辆、火车、飞机、船舶等）的装入、装上和取出、卸下作业，也对有固定设备（仓库货架等）的出库、入库作业。在实际操作中，在物流过程中，装卸与搬运是密不可分的，两者是伴随在一起发生的，并不断出现和反复进行的，它出现的频率高于其他各项物流活动，每次装卸活动都要花费很长时间，所以往往成为决定物流速度的关键。装卸活动所消耗的人力也很多，所以装卸费用在物流成本中所占的比重也较高。以我国为例，铁路运输的始发和到达的装卸作业费大致占运费的20%左右，船运占40%左右。因此，为了降低物流费用，装卸是个重要环节。此外，装卸操作时往往需要接触货物，因此也容易造成在物流过程中货物破损、散失、损耗、混合等损失。例如，袋装水泥纸袋破损和水泥散失主要发生在装卸过程中，玻璃、机械、器皿、煤炭等产品在装卸时最容易造成损失。

2. 装卸搬运的特点

装卸搬运是物流功能活动中非常重要的环节之一，其特点主要表现为以下几个方面。

（1）装卸搬运是保障、衔接性活动。

装卸搬运是物流每一项活动开始及结束时必然发生的活动，对其他物流活动有一定的决定性作用。装卸搬运会影响其他物流活动的质量和速度。例如，装车不当会引起运输过程中的损失；卸放不当会引起货物转换成下一步运输的困难。许多物流活动在有效的撰写搬运支持下，才能实现高水平运作。

（2）装卸搬运作业的对象多变。

装卸搬运的对象是物品，而在物流过程中的物品品种多样，其外观、重量、包装等各不相同，因而用于运输的机具以及运输的形式也不一样。例如，单件装卸搬运和集装化装卸搬运存在很大的差别；散装货物的装卸搬运与规整货物的装卸搬运形式迥异。因此，为了适应这种变化，选择的装卸搬运作业的设备和形式也就需要因地制宜。

（3）装卸搬运作业具有波动性。

虽然流通领域的装卸搬运力求平衡作业，但商品运输的到发时间不确定，批量大小不等，各运输仓储部门收发商品的时间经常变化，这就造成装卸搬运作业是不连续的、波动的、间歇的。因此，必须加强货运、中转、储存、装卸搬运之间的协调配合，提高装卸搬运机械的使用效率，以适应这种波动性的变化。对波动作业的适应能力是装卸搬运的特点之一。

（4）装卸搬运作业兼有单纯性与复杂性。

在很多情况下，生产领域中的装卸搬运是生产过程的一项生产活动，它只单纯改变物料存放状态或空间位置，其作业较为简单。而流通过程中，由于装卸搬运与运输、存储紧密衔接，为了安全和输送的经济性原则，需要同时进行堆码、满载、加固、计量、取样、检验、分拣等作业，并且较为复杂。因此，装卸搬运作业必须具有适应这种复杂性的能力，这样才能加快物流的速度。

3.5.2 装卸搬运物流管理的内容

1. 装卸搬运机械管理

装卸搬运机械一般是指用来搬移、升降、装卸和短距离输送物料或货物的机械，它是装卸搬运作业的重要技术装备，不仅用于生产企业内部物料或工件的起重输送和搬运，还可以用于完成船舶与车辆货物的装卸，也可以完成库场货物的堆码、拆垛、运输，以及舱内、车内、库内货物的集中输送和搬运。

装卸搬运机械是实现装卸搬运作业机械化的基础，良好的装卸搬运机械是提升装卸搬运效率的有效举措。一次装卸搬运作业能否顺利进行，一次物流作业的优良与否很大程度上取决于装卸搬运机械的优劣。一般来讲，装卸搬运机械的选择主要依据以下特性：作业对象体的特性（例如散装、包装、粉粒体、液体等特性）、作业特性（例如单纯的装卸、搬运或者交叉作业，作业运动方式等）、环境特性（例如建筑物构造、设备配置、地面承受力、搬运距离等）、作业速率（高速作业或平速作业、连续作业或间歇作业等）、经济特性等。

对于装卸搬运机械，不仅涉及装卸搬运机械的选择，还涉及装卸搬运机械的配套使用。例如，大型的货场、货运中心、货运集散中心、港口、码头等，每年货物吞吐量多达上亿吨，少则几十万吨，装卸作业单靠一两台机械设备是不能胜任的。这样，在采用多台相同设备或数台不同类型的设备协同作业时，机械设备如何做到有效配套、流畅使用，是一个非常科学的问题。一般而言，对于配套，需要综合考虑装卸搬运机械在生产作业区的衔接、在作业吨位上的配套、在作业时间上的紧凑。

从装卸搬运机械的发展趋势来看，现代物流装卸搬运机械正朝着自动化、集成化和智能化方向发展，既能减轻工人的劳动强度，又极大地提高了工作效率。在企业实施物流活动的过程中，由于涉及装卸搬运机械的购买与投入使用，如何有效地投入而取得更好的效果等问题，因此，就有必要研究在装卸搬运方面需要采取的一些管理措施、方法等，以使企业更好、更科学地使用好、管理好装卸搬运机械。在企业实际装卸搬运作业中，一般要根据具体的情况制定相应的措施，保证作业高效、成本节约，可采取的装卸搬运机械管理的措施主要包括：

> 全面规划，合理布局，按需配置装卸搬运机械设备。
> 建议行之有效的装卸搬运机械运用、维修和管理制度，并通过采用新技术、新材料、新设备，逐步实现装卸搬运机械的系列化、标准化、通用化。
> 建立装卸搬运技术人员队伍，配备维修力量。
> 积极发展集装化，扩大装卸搬运机械作业范围，提高物流作业过程中的机械化比重。
> 做好各种装卸搬运机械的配套工作，实现一机多能。

2. 装卸搬运人员与线路管理

（1）人员。

对于自动化、机械化程度较低的装卸搬运作业，需要大量使用人力，人员的安排是工艺组织管理的重要方面。装卸搬运作业的人力工种包括设备操作、辅助设备操作、打码作业、人力装卸搬运作业等。设备操作人员与设备为一体，根据设备操作的需要确定人员，若采用换班的停工不停机方式运行设备，就需要相应的多套操作人员。设备操作人员必须具有设备操作资格。辅助设备作业则是根据设备作业的需要，对设备作业进行挂钩、脱钩、扶持、定位等人力作业。人数因设备不同有不同要求。打码作业是为设备作业服务的人力作业，一般一个打码组由3~5名工人组成，一个作业点设一个打码队。作业效率很高的龙门吊等可以安排2~3个打码组。人力装卸搬运作业是需要较多工人的人力作业，作业效率极低，只在特殊环境下采用，如偶尔作业、设备损坏时的应急、冷库内的作业等，人力作业尽可能采用人力机械作业。

（2）作业线路。

一般而言，作业线路应符合以下要求：应尽可能使作业线路最短；选择的作业线路应能保证搬运设备的顺畅运行、道路平坦；作业线路尽可能避免大幅度、大角度转向；同时进行的不同作业的作业线路不交叉，并保持同一方向运行；作业线路不穿过其他正在进行的作业现场。

3. 装卸搬运作业管理

（1）装卸搬运作业的一般流程。

装卸搬运作业有很多形式，最常见的装卸搬运作业主要是对货物的装入、装上和取出、卸下作业，也有对货物的出库、入库作业等。在实际装卸搬运操作作业中，对于不同货场、港口、码头、仓库、物流中心等关键设施，其各自的装卸搬运作业各不相同，故其相关具体流程也不尽相同。一般而言，任何装卸搬运作业过程都需要经过作业前准备、作业实施和作业绩效评价等三个基本阶段。装卸搬运作业准备，顾名思义是进行具体的装卸搬运作业操作前的规划和组织工作，主要包括装卸搬运作业任务明确、装卸搬运作业方式确定、装卸搬运作业过程设计、装卸搬运工具和设备选择、装卸搬运作业人员组织安排等。当前期的作业准备阶段完成后，各级人员根据装卸搬运作业规划程序的要求，按部就班地进入作业实施过程。相关管理人员需要及时把握作业进度，合理衔接好作业中的各项基本环节，保证装卸搬运作业能够按时、按质顺利完成。装卸搬运作业的绩效评价是对装卸搬运作业的规划设计、过程实施以及后期分析与绩效评价，用以评估其作业活动的投入产出状况。在此阶段主要涉及相关的人力、机械设备投入情况、装卸搬运作业的效能等，同时绩效评估结果将有助于发现装卸搬运作业过程中存在的问题，并进一步寻找解决方案，提高今后作业的效能。

（2）装卸搬运作业组织。

科学合理地进行装卸搬运作业组织，能够显著提高装卸搬运的有效性。在许多物流环节，多一次装卸搬运就多一次人力、物力损耗，而且还可能影响到货物的质量，因此应该尽可能通过集中作业方式，避免出现规划设计不周的重复性、往复性的装卸搬运作业。

决定装卸搬运方法的条件主要分为两大影响因素：一类是由运输、保管、装卸三者相互关系决定的外部因素；一类是由装卸本身所决定的内在因素。

决定装卸搬运作业方法的外部因素：

➢ 货物特征：是指货物的包装形态（集装、散装等）、质量、尺寸等可直接影响装卸搬运方法选择的相关特征。

➢ 作业内容：能够影响装卸搬运方法及设备选择的相关作业内容，如堆码、装车、拆垛、分拣、配载、搬运等作业内容。

➢ 运输设备：主要包括运输设备（汽车、火车、飞机、船舶等）的装卸与运输能力、装运设备尺寸等影响因素。

➢ 运输及仓储设施：相关设施的配置情况、规模、尺寸大小对作业场地、作业设备以及作业方法均有不同的要求。

决定装卸搬运方法的内在因素：

➢ 装卸搬运机械：按照所能实现的动作方式、能力大小、状态尺寸、使用条件、配套工具等，以及与其他机械的组合也成为影响装卸搬运方法选择的因素。

➢ 货物状态：货物在装卸搬运前后的状态。

➢ 作业要素组织：参加装卸搬运作业的人员素质、工作负荷、时间要求、技能要求等。

➢ 装卸搬运动作：货物装卸搬运各项具体作业中的单个动作及组合。

3.5.3 装卸搬运物流管理规划的原则

装卸搬运必然要消耗物化劳动和活劳动，这种劳动消耗量要以价值形态追加到装卸搬运对象的价值中，从而增加了产品的物流成本。因此，科学合理地规划组织装卸搬运流程，尽量减少用于装卸搬运的劳动消耗，具有重要的现实意义。一般来讲，组织装卸搬运工作，应当从物流系统的整体上统筹规划，合理安排，各个环节要紧密配合，通常应该遵循以下基本原则。

1. 优化装卸程序原则

在装卸搬运时，应从研究装卸搬运的功能出发，分析各项装卸搬运作业环节的必要性，取消、合并装卸搬运作业的环节和次数，消灭重复无效、可有可无的装卸搬运作业。

2. 单元化原则

单元化原则是指将物品集中成一个单位进行装卸搬运的原则。单元化是实现装卸搬运合理化的重要手段。在物流作业中应广泛使用托盘，通过叉车与托盘的结合提高装卸搬运的效率，通过单元化不仅可以提高作业效率，而且还可以防止损坏和丢失，数量的确认也会更加容易。

3. 巧装满载原则

在装卸搬运时，要根据货物的重量、大小、形状、物理化学性质，以及货物的去向、存放期限、车船库的形式等，采用恰当的装载方式巧妙配装，使装载工具满载，库容得到充分利用，以提高运输、存储效益和效率。

4. 移动距离（时间）最小化原则

搬运距离（时间）的长短与搬运作业量大小和作业效率是联系在一起的，因此，在货位布局、车辆停放位置、出入库作业程序等设计上应该充分考虑物品一定距离（时间）的长短，以物品移动距离（时间）最小化为设计原则。

5. 各环节均衡协调原则

装卸搬运作业既涉及物流过程的其他各环节，又涉及自身的工艺过程。只有各环节相互协调，才能使整条作业线产生预期的效果。因为个别薄弱环节的生产能力决定了整个装卸搬运作业的综合能力，因此要针对薄弱环节采取措施，提高能力，使装卸搬运系统的综合效率最高。

3.6 运输与物流发展保障体系

运输与物流发展保障体系建设关乎整个国民经济发展的稳定、健康与可持续性，应该站在国家全局的高度，从组织运行机制、政策法律法规、物流设施资源、人才培养等方面统一筹划保障体系的内容。一般而言，可从以下几个方面考虑保障体系的建设与完善。

1. 建立运输与物流发展保障体系的协调管理体制

运输与物流发展保障体系涉及许多相关部门和行业，因此需要各级政府部门及相关行业组织之间密切配合，形成高效的物流协调管理机构和物流协调机制。首先，应成立区域性的现代物流发展领导组织，形成全区域分级负责的现代物流业发展协调工作联席会议机制，统一组织相关物流规划和物流政策的全面实施。其次，应充分发挥交通运输物流行业协会的作用，促进物流行业标准推广、开展行业调查、相关行业信息咨询服务、组织物流从业人员培训、加强行业自律等。

2. 对交通运输基础设施结点和网络建设科学规划

交通运输基础设施是物流业发展的重要硬件基础，应根据区域及其相关产业特征、未来经济发展趋势和发展现代物流的要求，统筹规划、合理布局交通基础设施网络，有选择地建设公路主枢纽、综合物流园区、专业物流中心、货运配载站等物流结点，形成区域多层级、一体化的物流基础设施网络。同时，完善各个物流节点的功能，提高其服务区域交通物流的能力。例如使公路主枢纽具备国际物流以及运输、仓储、装卸、包装、停车、加油、食宿、代理、信息服务等综合功能，形成一个公用型、开放的、高层次的交通运输全程服务系统。

3. 建立完善的区域物流产业政策体系

通过实施区域物流产业政策，确定区域物流产业发展的宏观战略和阶段目标，协调物流业与其他产业之间的关系，扶持弱小物流企业，改造传统运输和仓储企业，优化物流产业结构；促进现代物流业空间布局、分工协作、资源配置和利用的合理化；建立正常的市场秩序，提高物流市场绩效；加快物流产业基础硬件设施和软件设施的建设步伐，支持物流产业的高速高效发展。物流产业政策应包括三个方面：第一，支持性政策体系，主要包括物流产业政策、政府投资政策、企业融资政策、土地政策、税费政策、运输管理政策；第二，引导性政策体系，主要包括空间布局引导政策、优化物流产业结构引导政策、工商企业剥离物流业务引导政策；第三，发展性政策体系，主要包括鼓励重点物流企业做大做强政策、引入国外一流物流企业的政策。此外，物流产业政策体系的制定和实施也需要一定的保障措施，如资金保障、体制保障等。

4. 创造稳定良好的市场发展经营环境

一是结合区域实际，以国家相关法规为指导，逐步完善本地物流发展的法规体系；二是加强对交通物流节点的管理，一方面为经营者提供服务，另一方面规范经营者的经营行为；三是贯彻落实企业资质认证制度，形成有效的市场准入和退出机制；四是加强对交通物流运输市场的监管，建立统一开放、公平竞争、规范有序的现代物流市场体系；五是加快物流企业的社会信用体系建设，建立物流企业的信用评价机构，完善信用担保机构；六是优化物流市场运力结构，强制淘汰不符合营运条件、危及运输安全、污染超标的车辆，鼓励集装箱车辆、厢式货车和各类专用车辆的发展。

5. 建立完善的区域公共物流信息科技平台

各级政府应将交通物流信息化建设纳入区域信息化建设的总体规划。应加快整合物流信息网络和其他信息资源，将区域信息服务中心、信息服务企业的网络与交通部门、运管部门、工商、金融、税务、海关、商检、保险公司等相关机构或单位的网络互联，构建统一的公共物流信息平台。应加快区域道路运输管理信息系统的建设，通过向社会提供综合信息查询、公众投诉、求助等服务，提高公路运输的公共服务能力。鼓励交通运输物流企业应用先进的物流技术设施装备，例如导航定位监控系统、行车记录仪、无线射频 RFID 和条形码等技术。物流园区、物流中心或运输站应有效利用物流信息公共服务平台，为运输车提供货物配载信息服务。

6. 建立物流人才保障体系

加大对现代物流科技人才的开发力度，加强人才的引进和培养。一是采用多层次的物流人才引进模式。从政府层面上，制定切实有效的具有吸引力的政策措施，吸引国内外物流人才加盟我省现代物流行业；从企业层面上，可以通过健全企业物流运行机制和激励机制，充分调动人才积极性，发挥物流人才的主观能动性。二是采取多种途径加强对人才的培养。加快建立产、学、研相结合的物流人才培养体系；引导和支持行业协会或有实力的高校开展对物流人才的培养；加强对现有物流技术人员和管理人员的再培训和再教育，通过定期举办物流讲座或培训班等形式，提高技术和管理人员的素质，加快建设一支适应现代物流业发展的人才队伍。

案例分析：运输与物流体系规划

一、推进物流大通道建设行动计划（2016—2020年）的重大意义

物流大通道是指由多种运输方式构成的跨区域、长距离、高强度货物流动走廊，具有交通资源密集、战略地位突出等特点。推进物流大通道建设，对于加强交通物流融合发展、提高物流业发展水平、促进区域协调发展、优化产业布局等具有重要意义。

推进物流大通道建设是适应经济新常态的客观要求。当前，我国经济发展进入"新常态"，亟待加快供给侧结构性改革、培育经济增长新动能。推进物流大通道建设，提高基础设施建设和物流融合发展水平，有助于进一步提高资源配置水平，促进实体经济"降本增效"。

推进物流大通道建设是支撑国家战略的有力举措。"十三五"及今后一段时期，我国将深入实施"四大板块"区域发展总体战略，重点实施"一带一路"、京津冀协同发展、长江经济带发展三大战略。推进物流大通道建设，强化跨国、跨区域物资交换，有利于促进区域联动、协调发展，进一步提高我国对外开放水平，提高国际竞争力。

推进物流大通道建设是提升综合运输整体效能的重要手段。当前，我国物流大通道格局初步形成，但还存在基础设施衔接不畅、运输结构不合理、枢纽辐射带动作用不够、物流服务集约化程度不高以及跨区域、跨行业、跨部门政策协同不足等问题。推进物流大通道建设，有利于推动综合交通运输从设施供给为主向建设与服务并重转变，提升综合运输整体效能和服务水平。

二、总体要求

1. 指导思想

全面贯彻落实党的十八大和十八届三中、四中、五中、六中全会精神，牢固树立和贯彻

落实创新、协调、绿色、开放、共享发展理念，以促进物流业"降本增效"为核心，充分发挥市场配置资源的决定性作用和更好发挥政府作用，着力完善网络布局、提升枢纽功能、优化运输组织、改善通行管理、加强信息互联，把物流大通道建设成为服务国民经济发展的战略性经济走廊，为支撑供给侧结构性改革、实现经济社会转型升级提供强有力保障。

2. 发展目标

到2020年，基本形成物畅其流、集约高效、智能绿色的物流大通道体系，通道集聚和辐射效应充分释放，服务功能和物流效率明显提升，支撑国家战略实施能力大幅增强。

（1）通道网络完善通畅。通道基础设施瓶颈制约得到有效缓解，网络结构显著改善，服务能力和水平有效提升。通道内货运结构进一步优化，铁路和内河水运货运能力和分担比例稳步提升。

（2）枢纽功能优化提升。以联运枢纽（城市）为核心，推动建设一批影响力大、辐射带动力强的货运枢纽（物流园区），完善提升多式联运、干支衔接、口岸服务等功能，港站枢纽的物流集聚效应充分发挥。

（3）运输组织集约高效。通道内海铁联运、江海直达运输、甩挂运输等先进运输组织方式得到广泛应用。主要城市群绿色货运配送体系初步形成。运输装备标准化、专业化水平提升。

（4）信息资源开放共享。通道内跨运输方式、跨部门、跨区域信息共享与管理协同水平显著提高。北斗导航、大数据等先进信息技术在通道内广泛应用，依托国家交通运输物流公共信息平台的信息共享有序开展。

三、空间格局

1. 通道方案

以综合交通运输通道为依托，以物流需求为导向，以货流密度为主要考量依据，梳理出到2020年前重点推进的11条国内物流大通道，基本满足主要经济区、城市群、重要国境门户之间的通道空间布局优化和通道集聚、辐射功能强化的需要。并依托丝绸之路经济带六大经济走廊以及"海上丝绸之路"向外延伸，实现与国际物流通道的有机衔接。具体如下。

（1）东北物流大通道。北起满洲里，南至北京、大连，沟通东北沿边各口岸，主要依托绥芬河至满洲里综合运输通道和沿海综合运输通道同江至大连段的公铁线路、港口等，强化东北地区进出关、产品物资外运及通过京津地区与全国其他地区的货运联系。

（2）南北沿海物流大通道。北起大连，南至海口、防城港，主要依托沿海综合运输通道大连至防城港段间公铁线路、沿海港口、海运航线等，强化我国南北沿海主要经济区间的货物交流和国际海运联系。

（3）京沪物流大通道。北起北京，南至上海，主要依托北京至上海综合运输通道中的公铁线路、京杭运河等，强化京津冀、山东半岛、长三角等东部发达地区间的货运联系。

（4）京港澳（台）物流大通道。北起北京，南至广州、深圳，沟通港澳台，主要依托北京至港澳台综合运输通道中的公铁线路，强化京津冀、长江中游、珠三角、海西等地区间的货运联系。

（5）二连浩特至北部湾物流大通道。北起二连浩特，南至北部湾港口群，主要依托二连浩特至湛江综合运输通道和蒙西—华中铁路等，支撑我国中部地区的资源和能源南北运输，强化内蒙古、山西、河南、湖南、广西等地区间的货物交流。

（6）西南出海物流大通道。北起西安、宝鸡，经成渝地区，至云南沿边和广西沿海地区，主要依托包头至防城港综合运输通道和临河至磨憨综合运输通道西安（宝鸡）至磨憨段、珠江—西江干流航道等，强化关中、成渝、滇中、北部湾等地区间的货运联系，并进一步连接沟通南亚、东南亚地区。

（7）西北能源外运及出海物流大通道。东起天津，西至乌鲁木齐，沟通新疆沿边各口岸，主要依托西北北部综合运输通道及荣乌高速、朔黄铁路等线路，强化三西（陕西、山西、蒙西）、两东（宁东、陇东）地区资源能源外运和沿线地区间的货运联系。

（8）青银物流大通道。东起青岛、日照等山东沿海城市，西至银川，主要依托青岛至拉萨综合运输通道青岛至银川段和山西中南部铁路（瓦日铁路）、新菏兖日铁路等，强化山东半岛、太原、银川等地区间的货运联系。

（9）陆桥物流大通道。东起连云港，西至新疆口岸（阿拉山口、霍尔果斯等），主要依托陆桥综合运输通道的公铁线路，强化我国陇海—兰新一线的跨地区货物交流，并承担"一带一路"陆桥国际运输保障功能。

（10）沿长江物流大通道。东起上海，西至成都，主要依托沿江综合运输通道上海至成都段的长江干流、沿线公铁线路等，强化长江经济带的沿线跨地区货物交流。

（11）沪昆物流大通道。东起上海（宁波），西至瑞丽，沟通云南沿边各主要陆路口岸，主要依托上海至瑞丽综合运输通道的公铁线路等，强化东部地区与西南各省间的货运联系。

2. 节点方案

在综合运输通道范围内，以货物转运集散功能及通过量为主要考量依据，综合考虑枢纽（城市）交通区位条件、经济发展水平、人口规模、特定货类分布以及国家重大发展战略等因素，到2020年前推动形成85个物流大通道节点，包括23个国家骨干联运枢纽（城市）、51个区域重点联运枢纽（城市）和11个陆路沿边口岸枢纽。

国家骨干联运枢纽（城市）（23个）：北京—天津、呼和浩特、沈阳、大连、哈尔滨、上海—苏州、南京、杭州、宁波—舟山、厦门、青岛、郑州、合肥、武汉、长沙、广州—深圳、佛山、南宁、成都—重庆、昆明、西安—咸阳、兰州、乌鲁木齐。

区域重点联运枢纽（城市）（51个）：福州、南昌—九江、石家庄、太原、长春、济南、海口、贵阳、西宁、银川、拉萨、徐州、包头、营口、齐齐哈尔、无锡、南通、秦皇岛—唐山、连云港、嘉兴、湖州、芜湖、烟台、日照、洛阳、宜昌、岳阳、珠海、湛江、汕头、柳州、泸州、宝鸡、大同、吉林、金华（义乌）、泉州、临沂、衡阳、东莞、鞍山、潍坊、大庆、蚌埠、邯郸、绵阳、南阳、钦州、温州、榆林、喀什。

陆路沿边口岸枢纽（11个）：霍尔果斯、阿拉山口、瑞丽、磨憨、河口、凭祥、丹东、珲春、绥芬河、满洲里、二连浩特。

四、主要任务

1. 优化通道网络货运结构

优化通道内运输结构。统筹利用通道交通资源，优化通道内各运输方式线路布局，提升物流网络的通达性、可靠性，满足多样化物流运输需求。合理引导各种运输方式，充分发挥比较优势，全面加快铁路货运、内河水运发展，加快国家公路网建设，加快通道繁忙区段扩能改造，提升通道内关键线路技术等级，加强跨运输方式的衔接和协调，提高通道大容量、高强度物流服务能力，为市场主体一体化运作和网络化经营提供基础支撑（牵头单位：交通运输部、发展改革委、铁路总公司，参加单位：国土部、铁路局）。

加强通道与口岸衔接。推动铁路与霍尔果斯、绥芬河、磨憨、瑞丽等重要口岸的衔接，强化高等级公路与甘其毛都、磨憨、老爷庙等重要口岸的衔接，进一步改善通道跨境物流设施条件，提升通道贯通内外、高效衔接能力和水平（牵头单位：交通运输部、发展改革委，参加单位：铁路局、铁路总公司）。

2. 改善通道节点服务功能

强化枢纽城市主题功能。以重要的联运枢纽（城市）为核心，打造由货运枢纽（物流园区）、运输通道、组织服务等物流资源共同组成的有机综合体。引导枢纽（城市）按照各自在区域物流发展中的定位，系统推进对外运输通道、园区项目集疏运系统、标准规范等要素协同发展，发挥节点辐射带动作用。建设上海、天津、大连、厦门等国际航运中心，打造北京、上海、广州等国际航空枢纽，推动具备条件的省会城市和中心城市建成大型铁路货运枢纽，强化地理位置优越、辐射面广的枢纽（城市）公路区域分拨功能（牵头单位：交通运输部、发展改革委，参与单位：铁路局、民航局、铁路总公司）。

推进枢纽节点物流设施建设。依托枢纽节点，推进具有较强公共服务属性和区域辐射能力的货运枢纽（物流园区）项目建设，重点支持具备多式联运、干支衔接、口岸服务等功能的货运枢纽（物流园区）项目。鼓励利用互联网技术推动线上线下互动、信息互联共享，实现货物流程可控、时效可期、快速集散。强化沿海、沿边口岸与内陆物流园区的战略合作，推动通关政策与物流业务流程协同（牵头单位：交通运输部、发展改革委，参与单位：海关总署、铁路局、民航局、邮政局、铁路总公司）。

完善物流枢纽站场集疏运体系。促进各种运输方式间、干线支线间货物高效转换。着力加强主要港口（包括内陆港）疏港铁路、疏港公路以及铁路枢纽站场外联公路、综合物流园区铁路专用线等重点项目建设，解决港口疏港铁路建设滞后等突出问题，突破铁路进港"最后一公里"瓶颈。加快推进高等级公路与铁路枢纽站场、港口、机场、大型物流园区的无缝衔接，完善公铁、公水、空陆联运设施，加强铁路货站、航空枢纽的公路集运和分拨站点配套建设（发展改革委、交通运输部、铁路总公司、铁路局、民航局、邮政局按职责分工负责）。

专栏1 枢纽城市推进工程

推进重点货运枢纽（物流园区）建设：一是重点建设全国性布局、具备多式联运功能的枢纽项目，鼓励铁路货运站场强化多式联运功能设施，推进临港物流园区与港口协同、联动发展，鼓励沿海港口积极发展内陆无水港，加快连接国际重要航空货运中心的大型货运枢纽项目建设，推进机场、铁路和公路站场、港口码头邮政和快递功能区建设。二是加快推进具备干支衔接、通用集散功能并能提供线上线下服务的货运枢纽（物流园区）项目建设，鼓励应用互联网技术实现车货配载、零担快运、区域分拨、城乡配送等功能融合发展。三是推进口岸功能与货运枢纽（物流园区）融合发展，完善保税物流、国际中转和分拨、通关结算等服务功能，推动海关特殊监管区域、国际陆港、口岸等协调发展。

畅通枢纽节点"微循环"：制定并组织实施"十三五"港口集疏运系统建设方案，重点针对港口、大型综合性物流园区集疏运铁路、公路短板进行补强。加强主要港口、大型铁路货场与物流园区之间的专用货运公路建设，优化港口集疏运网络，提高大型枢纽的集疏运效率。

3. 提升通道货运组织水平

大力发展多式联运。依托通道，加快推进铁水（海铁）、公铁、公水、空陆等多种形式联运发展，全面推进集装箱、半挂车和大宗物资等三大多式联运体系建设。依托北部、东部和南部集装箱主枢纽港区群，大力发展铁水（海铁）、公水集装箱多式联运。依托长江黄金水道，以上海、武汉、重庆三大航运中心和舟山江海联运服务中心、南京区域性航运物流中心等为载体，大力发展集装箱、大宗散货、汽车滚装及江海中转等多式联运。依托京津冀、长三角、珠三角等城市群航空货运枢纽及铁路物流中心（基地），大力发展空陆联运、航空快递、铁路快捷货运列车。依托东、中部地区通道，研究探索发展铁路双层集装箱运输、铁路驮背运输，积极推进冷链运输。鼓励铁路企业依托通道积极发展高效准时直达运输，稳步扩大"五定班列"运营规模，加快推进铁路零散快运、货运班列的货物集装化，提高联运作业装卸和转运效率。依托国际物流通道和重点陆路口岸，探索开展中俄、中蒙、中国—中亚、中国—东南亚跨境甩挂运输，推进中韩、中日陆海联运滚装甩挂运输的有序发展（牵头单位：交通运输部、发展改革委、铁路总公司，参加单位：民航局、邮政局）。

推进干支协同运输。依托通道及其枢纽站场集疏运体系，推进通道内干线运输与节点端支线运输的统筹衔接，鼓励创新干支协同的一体化运输组织方式。鼓励铁路运输企业依托货运站场积极拓展接取送达服务，加强与公路货运企业的业务协作，完善门到门网点布局。加强通道与都市圈、城市群货运配送网络的有序对接。推进完善与长江、珠江等水运通道有机衔接的支线航运网络，积极发展干支直达、江海直达等水路运输组织方式。鼓励发展密切对接航空货运班机的公路集散配送服务（发展改革委、交通运输部、商务部、民航局、铁路局、铁路总公司按职责分工负责）。

专栏2 运输组织重点工程

多式联运示范工程：在陆桥、长江、京沪、京港澳（台）等物流大通道内分类组织开展多种形式的多式联运示范工程建设，视情况每年选取15个左右的多式联运示范项目，推进多式联运枢纽站场建设，加强快速中转转运设施装备技术的研发工作，推广应用标准化运载单元和载运机具，建设多式联运信息平台，支持企业创新联运组织模式，研究制订统一的多式联运规则，大力推行"一单制"联运服务。

中欧班列资源整合：组织实施中欧班列建设发展规划，统筹利用中欧铁路东中西三条国际联运通道，优化运输组织和集疏运系统。加强阿拉山口、二连浩特和满洲里等沿边重点口岸及沿海、内陆、铁路等中欧班列重要枢纽节点能力的建设。加快境外经营网点布局发展，强化货源支撑。大力推进统一品牌建设，加快打造具有国际竞争力和良好商誉度的世界知名物流品牌的步伐。

城市绿色货运配送：在哈长、京津冀、长三角、珠三角、长江中游、长株潭、成渝、郑汴洛等主要城市群，推进城市绿色货运配送发展，构建高效运行的城市群物流配送体系。支持干支衔接的大型货运枢纽（物流园区）建设，强化城际间网络甩挂、城区内集中（共同）配送节点建设，推广应用节能环保配送车型，完善城市配送车辆便利通行措施，建立以需求量调查为基础的配送运力投放机制，支持城市配送公共服务平台建设。

4. 强化通道运行协同管理。

提升通道运行协同治理能力。加强铁路系统内部统筹协调，提升跨路局车辆组织和线路调度效率。大力推进公路领域联合执法，加强货运车辆超限超载的整治工作。加快健全大件运输跨省超限运输联合审批制度的进度，强化综合协调和互联互认。健全港航、海事管理部门协同监管机制，强化涉水部门综合（联动）执法。理顺通航建筑物管理体制，建立上下游枢纽通航联合调度机制。（交通运输部、公安部、铁路局、铁路总公司按职责分工负责）

创新通道通行管控政策。积极推进大宗货物优先选开直达和双向循环直达班列，对高附加值快捷货物采用灵活编组。研究开行全天候动车组快件班列。针对东部沿海地区货运作业密集区域，探索在部分通道采取货运专用车道或专用道路等管理措施，提高既有通道资源的利用效率。在货流高低峰规律性较强的通道路段，研究和探索开设潮汐式客货分流车道，有序增加特定时段货车通行能力的可行性。制定并落实守信激励和失信惩戒制度，加快建立跨地区、跨行业信用奖惩联动机制（发展改革委、交通运输部、公安部、铁路局、铁路总公司按职责分工负责）。

5. 推进通道标准化信息化建设

提升通道标准化水平。推动建立由物流单元、运载单元、运输工具、转运装备组成的运输装备标准体系，提高通道运输装备的匹配性、专业化和标准化水平，加强与国际标准的对接。研究制定并推广中置轴挂车、汽车列车、侧帘厢式半挂车等车型及相关配套标准。提高标准化托盘在通道重点企业中的普及率及循环共用。推进车辆外廓尺寸标准与标准托盘相衔接。研究出台多式联运电子单证、铁路货票等物流单证类标准及多式联运规则，完善各运输方式信息共享标准和机制。推进完善内陆集装箱、交换箱体、公铁两用挂车、公铁滚装运输专用载运工具、高铁快递等新型装备的技术标准。推进多式联运设施与装卸接驳平台设计标准建设，推进不同运输方式设施、设备无缝衔接（发展改革委、交通运输部、工业和信息化部、公安部、邮政局、铁路总公司按职责分工负责）。

推动通道信息资源开放共享。基于通道，推动构建集公路交通调查、高速公路电子收费、营运车辆联网联控、动态称重检测（WIM）和车辆自动识别系统（AVI）等于一体的公路货运管理信息系统。依托国家交通运输物流公共信息平台，加快通道基础公共信息交换网络建设，推动铁路、公路、水运、民航、邮政等跨方式的信息资源汇集和整合利用。积极推动交通、海关、检验检疫、工商、公安等跨部门信息共享。完善东北亚物流信息服务网络（NEAL-NET）合作机制，进一步拓宽跨国物流信息互联、交换和共享合作范围（牵头单位：交通运输部、发展改革委，参与单位：工业和信息化部、公安部、海关总署、铁路局、民航局、邮政局、铁路总公司）。

专栏3 标准化与信息化重点工程

装备标准化建设：大力推进货运车型标准化，结合《道路车辆外廓尺寸轴荷和质量限值》（GB1589）修订，协同推进装卸设备、运载单元的标准化建设。推动装备研发（生产制造）企业联合货运（物流）企业，适时开展铁路专用平车、高铁快件、公铁两用挂车等运输技术装备的研发与推广应用。在渤海湾、琼州海峡、闽台及沿江等区域大力推广使用滚装运输、江海直达等专用船舶。

国家交通运输物流公共信息平台建设工程：构建跨界融通、政企互动的物流公共信息服务新体系。强化平台标准和安全保障体系建设，推进物流信息开放共享，加快铁路、公路、水运、航空、邮政等行业交换节点的建设，依托国家平台积极开展物流园区、多式联运、甩挂运输等互联应用。

NEAL-NET 建设工程：结合"一带一路"国家战略相关工作，继续发挥 NEAL-NET 机制作用，重点推动中日韩三国及东盟等港口互联互通；在东北亚物流信息服务网络合作机制下，推进与"一带一路"沿线国家的物流信息合作共享；在东北亚三国港口信息互联共享的基础上，推动合作范围从海运环节向道路、航空、铁路环节拓展。

五、保障措施

1. 加强协同协作

在现代物流部际联席会议制度框架下，根据任务分工和部门职责，完善会商沟通机制，协调解决通道建设中的规划、投资、便利通行、通关、安全应急管理等重大问题。创新中央和地方合作模式，研究建立通道沿线跨省联动合作机制，协同推进通道建设。指导地方政府加快构建属地内跨部门协同机制。

2. 做好组织实施

各地交通运输、发展改革部门要充分认识推进通道建设的重要意义，健全统一领导、部门协同工作制度，认真研究制订工作方案并推进落实，在当地政府统一领导、统筹下，与相关部门协调配合，积极推动解决通道发展中面临的用地、融资、税收、通关等问题。

3. 落实配套政策

积极争取中央和地方财政支持，引导金融机构加大对通道重大项目的信贷支持。优先安排车购税等专项资金和相关基金用于通道相关项目建设。研究并推进政府和社会资本合作（PPP）模式，引导带动社会资本参与通道重大项目、重点工程建设（资料来源：交通运输部国家发展改革委关于印发《推进物流大通道建设行动计划（2016—2020年）》的通知）。

● **根据案例，思考下列问题：**

1. 归纳物流大通道规划建设中的11条国内物流大通道的共性。
2. 结合本章内容，试分析物流大通道的建设与发展所带来的聚集和辐射效应。

● **问题思考与训练**

1. 运输与物流发展定位的环境影响因素有哪些？
2. 简述物流运输通道规划的基本步骤。
3. 阐述物流运输空间布局规划的基本原则。
4. 物流信息平台的基本框架包括哪些部分？
5. 企业在装卸搬运管理规划决策时应该考虑哪些问题？
6. 运输与物流发展保障体系规划建设时应该考虑的内容有哪些？

4 物流园区规划

本章学习目标

1. 掌握物流园区基本的概念和功能。
2. 了解物流园区规划的基本原理和定位。
3. 掌握物流园区道路网络设计规则。
4. 掌握物流园区的布局规则和运作规划。

4.1 物流园区的概念和功能

4.1.1 物流园区的概念界定

物流园区最早出现在 20 世纪 60 年代的日本,是以缓解城市交通压力为主要目的而建设的,而随后物流园区在欧美国家也得到了快速发展,主要是为了降低物流成本而建设。由于物流园区给其所在城市和物流企业带来极大的经济社会效益,中国许多城市也在纷纷规划和建设物流园区。因此,物流园区可以说是物流业发展到一定阶段的必然产物,也是物流业发展到一定阶段所产生的新型物流集聚体。结合国内外的物流园区发展情况,在定义物流园区时,应当包括以下要素。

1. 土地规模

物流园区是大概念,而非一般意义上的物流配送中心这样的小概念,这一点在国内外都是明确的。因此,要求物流园区有一定的规模。因为规模大小将决定物流园区所能够承载的设施、功能与服务。比如,上海的第一个保税物流园区是 1 km² 左右,苏州的第一个保税物流中心是 0.5 km² 左右,这些数字都是值得借鉴和参考的。

2. 物流设施

物流园区必须具备比较完备的设施,这些设施包括基础设施(用于仓储运输服务的设施)、公共设施(用于工商、税务、海关、商检、银行、保险等服务的设施)以及相关设施(用于办公、住宿、饮食等服务的设施)。

3. 进入企业及标准（或规则）

物流园区必须制订明确的进入企业标准，并以市场竞争的规则决定企业进出或去留，而没有标准或在标准问题上先松后紧的做法是不科学的。

4. 物流服务

物流服务包括基本服务和附加服务（或增值服务），既包括对进入企业的服务也包括对终端客户的服务。物流园区在规划与设计中不能只停留在功能上，必须定义所提供的服务，依据"链"条（需求链、供应链、价值链、产业链、服务链等等）设计物流园区的服务（建议在物流园区规划与设计中引进业务模式）。

5. 运营主体

物流需要集约化，土地开发需要集约化，城市需要经营，如果物流园区没有一个明确的运营主体，土地以及各种投资的回报就只能是纸上谈兵。避免出现表面上一个运营主体而实际上是各自为政或者只有管理主体而没有运营主体的局面。单一的通过招商而转让或租赁土地的方式是难以形成真正意义上的运营主体的，经营土地和经营物流园区是两个不同概念。

6. 投资主体

投资主体的相关问题对于中国的物流园区尤为重要，绝大多数的物流园区都是从生地开始的，而国外的很多物流园区都是从熟地开始的，即使是政府投资，也不存在政府干预经营的情况。关于投资主体问题，既要明确投资主体本身，也要明确投资主体和运营主体的关系。

根据上述影响因素以及中国实际市场形势，综合考虑定义物流园区如下：物流园区是依托交通区位优势，按照城市空间合理布局的要求，集中建设物流设施，由同一主体运营管理，具备物流服务功能及其配送服务功能，为众多物流相关企业提供设施场所及公共服务，实现物流设施的集约化和物流功能的集成化运作，具有基础性、公共性的物流集中区域。

4.1.2　物流园区的功能

物流园区作为物流中心或配送中心集中布局的场所，是多种物流设施和不同类型物流企业在空间上集中布局的场所，成为具有一定规模和综合服务功能的物流集结点。一般来说，物流园区的物流组织和物流服务表现出以下的五项功能特征。

（1）多模式运输手段的集合：多模式运输方式即多式联运，以海运—铁路、公路—铁路、海运—公路等多种方式联合运输作为基本手段发展国际国内的中转物流。物流园区也因此呈现一体化枢纽功能。

（2）多状态作业方式的集约：物流园区的物流组织和服务功能不同于单一任务的配送中心或具有一定专业性的物流中心，其功能特性体现在多种作业方式的综合、集约等特点中，包括仓储、配送、货物集散、集拼箱、包装、加工以及商品的交易和展示等诸多方面。同时也体现在技术、设备、规模管理等方面的集约。

（3）多方面运行系统的协调：运行系统的协调表现为在对线路和进出量的调节上。物流园区的这一功能体现为其指挥、管理和信息中心功能，通过信息的传递、集中和调配，使多种运行系统协调共同为园区各物流中心服务。

（4）多角度城市需求的选择：物流园区与城市发展呈现互动关系，物流园区如何协助城市理顺功能，满足城市需求是物流园区又一功能特征。物流园区的配置应着眼于其服务区域的辐射方向、中心城市的发展速度，从而保证物流园区的生命周期和城市发展协调统一。

（5）多体系服务手段的配套：物流园区应具备综合的服务性功能，如结算功能、需求预测功能、物流系统设计咨询功能、专业教育与培训功能、共同配送功能等。多种服务手段的配套是物流组织和物流服务的重要功能特征。

从上面的分析可以看出，现代物流园区已经远远超出传统物流业的范畴，它不仅是简单的货物集散地，而且是大型的商品采购展示中心；不仅实现物流资源的空间集聚，更实现了物流资源的优化组合；不仅是基本的物流服务设施的集中区，更是功能协同的服务综合体。

4.2 物流园区规划的基本原理

4.2.1 物流园区规划原则

物流园区规划建设的关键是实现外部和内部的一致性，对外部而言，是要明确物流园区在区域物流系统中的地位和作用，对内部而言，则是要求物流园区各组成部分间的有机结合与相互协调，有利于物流园区整体优势的发挥。为实现物流园区的战略目标，在规划物流园区的过程中，应遵循以下原则。

1. 科学选址的原则

物流园区根据其在城市物流产业发展及物流体系中的地位与作用，建设综合物流园区。以现代化、多功能、社会化、大规模作为其主要特征，物流园区选址应满足以下要求。

（1）位于城市中心区的边缘地区，一般在城市道路网的外环线附近。

（2）位于内外交通枢纽中心地带，至少有两种以上运输方式连接，有利于多式联运的开展，特别是铁路和公路。

（3）位于土地开发资源较好的地区，用地充足，成本较低。

（4）位于城市物流的节点附近，现有物流资源基础较好，有较大物流量产生，如工业园区、大型卖场、批发市场、物资集散地等，有可利用和整合的物流资源。

（5）有利于整个地区物流网络的优化和信息资源利用。

2. 规模合理原则

合理的规模是进行设施设备选择、功能布局规划等的前提，园区规模会因为功能定位、经济环境的不同而不同。物流园区规划要结合当地实际，既满足当地物流发展需求，又充分利用园区资源。

3. 统一规划的原则

建设综合物流园区必须按照社会经济发展的要求和现代物流发展的规律，在全国运输大通道的格局下，按照区域经济的功能、布局和发展趋势，依据物流需求量和不同特点由政府统一规划，尤其要打破地区、行业的界限，按照科学布局、资源整合、优势互补、良性循环的思路进行规划，防止出现各自为政、盲目布点、恶性竞争的局面。

4. 标准管理原则

对于入驻企业提供标准化的物流设施，提高产业集群运作效率；充分利用现有电信网络、移动网络和互联网络等信息系统资源，促进入驻企业之间实现信息共享、整合物流产业链。

5. 盘活存量原则

任何城市在物流园区规划之前都存在众多的物流企业，分布着大量的物流资源。虽然已有的物流资源质量参差不齐，甚至有的规模很小、技术装备落后、作业方式比较传统，已无法满足现代物流发展的要求，但规划物流园区时不能无视这些物流资源的存在，而应本着节约的原则盘活存量。依据资源优化配置和整合的原则，通过对其进行改造升级，以物流园区规划为契机规范，引导其走上现代物流发展之路。

6. 市场化运作的原则

在政府统一规划和指导协调下，坚持市场经济运作的原则。按照统一规划，分步实施，完善配套，搞好服务的原则，在园区的功能开发建设，企业的进驻和资源整合等方面，都要靠园区优良的基础设施、先进的物流功能、健康的生活环境、优惠的各项政策和周到有效的企业服务来吸引物流企业的进驻和投资者共同参与，真正使园区成为物流企业大展宏图的舞台和成长壮大的摇篮。

7. 循序渐进、适度超前原则

经济社会的快速发展使其对物流业的要求不断提高，这也要求物流园区规划要具有前瞻性。换言之物流园区规划应是一个高起点的中长期规划，要具有一定的超前性。但是，任何盲目、不切实际的超前都可能造成巨大的浪费，故必须坚持循序渐进的原则，结合地区实际，在客观分析物流业发展现状与未来发展趋势的基础上，进行物流园区的科学规划。

8. 市场化运作原则

规划建设物流园区，既要由政府牵头规划和指导协调，又要坚持市场化运作原则。政府要按照市场经济要求转变职能，强化服务意识；物流园区的运作应以企业为主体，在物流园区的开发建设、企业的进驻和资源整合等方面，都要依靠完善的基础设施，先进的技术装备，良好的经营环境等来吸引物流企业和投资者的共同参与。

9. 环境保护原则

物流园区规划建设中的环境保护，能够缓解交通压力，发展绿色物流，整合物流资源，创造社会价值，也是园区自身可持续发展长远进行下去的保证。

4.2.2 物流园区规划步骤

物流园区规划是一个动态的规划过程，即利用定性和定量分析相结合的方法，充分考虑各类因素，制订出可行规划方案，并经过不断的信息反馈和修正，选出最优方案的过程，具体步骤包括以下内容。

1. 计划开始与组成

这一阶段的主要任务是项目筹备，即成立或委托专门的组织机构进行规划，并明确任务、确定规划进度以及就物流园区规划的一系列问题达成共识。

2. 需求分析阶段

（1）基础资料收集。

收集物流园区规划所需要的资料，并保证所得信息或数据的正确性与充分性。基础资料主要包括城市经济社会情况、城市综合规划、城市物流市场现状、政府的物流政策、园区选址周边路网及交通状况等方面。

（2）规划条件设定。

规划条件设定是指要了解业主单位或委托单位对规划建设物流园区的意图、想法与要求，并作为物流园区规划的指导思想或限定条件。

（3）基础资料分析。

基础资料分析主要是将收集到的基础资料进行分类汇总，利用一定的数据分析或处理方法，得出物流园区规划所需的数据或信息。

（4）物流总量分析与预测。

通过对基础资料的分析，统计出当前物流总量，并借助时间序列平滑、线性回归、神经网络等预测方法，预测规划目标年或月的物流量，作为物流园区规划的重要参考依据。

3. 概念规划阶段

概念规划是相对细部规划而言的，是其细部规划的基础，即物流园区的细部规划是在其概念规划的基础上才能进行的。物流园区概念规划包括选址规划、战略定位、平面布局规划、道路交通规划、信息平台规划及运作模式规划等。

4. 方案评估与确定

将概念规划的各部分整合起来，形成物流园区的概念规划方案。概念规划方案往往不是一个，而是几个可行方案，可采用层次分析法、模糊综合评价法、数据包络分析法等方法对可行方案进行优选，选出最优方案。并将概念规划和细部规划整合，进而形成园区规划的完整方案。

4.3 物流园区规划定位

4.3.1 物流园区的战略定位

物流园区的战略定位解决的是园区未来的发展方向、重点和战略问题。一般来说，物流园区的战略定位需要考虑业务定位、客户定位、功能定位、市场定位和形象定位五个方面的主要功能。

1. 业务定位

物流园区的业务定位是指物流园区准备干什么，也就是从事什么行业的物流服务业务。业务定位直接影响物流园区的功能和设施设备配置。如主要服务于医药产业的医药物流园区，对仓储、配送等专业化设施设备要求较高，而电商企业对仓配一体化设施需求量较大。

2. 功能定位

物流园区的功能定位是指物流园区准备承担什么样的业务功能，确定物流园区为客户提供的服务类型，一般分为基础物流功能、增值服务功能和配套服务功能。如依托大型机场而建、面向电商和区域分销商的园区，主要功能包括航空快递分拨集散、区域分销等功能。依托大型港口而建的国际性物流园区，主要功能可能包括集装箱物流、多式联运、报税物流等。不同物流园区的功能定位一般具有较大的差异性。

3. 客户定位

物流园区的客户定位是指物流园区的服务对象是谁，也就是指物流园区的目标顾客是谁。针对不同的目标顾客有不同的业务需求和满足需求所需要的特定服务方式，因此它直接决定了物流园区的经营磨损和服务方式的选择。

4. 市场定位

物流园区的市场定位是指物流园区所经营的市场区域范围有多大，是定位于一个能够对国际物流提供有效服务的经济实体，还是一个能够对区域物流或本地物流提供有效服务的经济实体。也就是说，物流园区是准备来适应跨国公司全球经营战略需求的国际物流运作系统，还是高时效性的区域物流综合服务运作系统，或是能够提供快速、准时、高速服务的本地配送服务系统。

5. 形象定位

物流园区的形象定位是指物流园区的市场形象特征，也就是说准备在广大客户的心目中树立一个什么样的美好形象，它涉及企业的品牌、声誉和竞争实力的问题。对于物流园区来说，形象设计首先是指高品质的服务形象设计，包括服务内容、服务方式、员工语言行为的设计以及广告、环境、服饰等的设计。

4.3.2 物流园区的发展模式

考虑到物流园区所在地的功能、地位、经济水平、基础条件等因素，当前我国物流园区的发展模式主要有"物流+产业""物流+贸易""物流+金融""物流+项目""物流+互联网"等。

1."物流+产业"模式

物流园区依托自身便捷的集散分拨条件和物流资源集聚优势，围绕服务的核心产业，延伸产业链，向上游可以延伸拓展到技术研发环节，向下游延伸则可以使产业链到达开拓市场环节和售后服务环节，促使产业链上下游企业在园区内集聚，实现链条化发展，成为产业链的枢纽。园区服务功能由初级的物流服务向深加工服务、展示交易、信息服务和金融保险服务拓展，实现由基础物流服务向高级增值服务功能的转变。"物流+产业"模式的实施重点在于切入产业链，搭建生产企业供应链物流服务平台，依托物流园强大的仓储、运输等物流功能集成，为生产制造企业"零库存"物流策略和快速高效分拨提供保障如图4.1所示。

（1）引进上游供应商，对开发区和周边的制造企业实行供应商库存管理（VMI），为其提供 JIT 配送服务，对客户需求做出快速反应。

（2）设立和完善物流园区分拨系统，为制造企业提供产品的区域物流分拨服务。

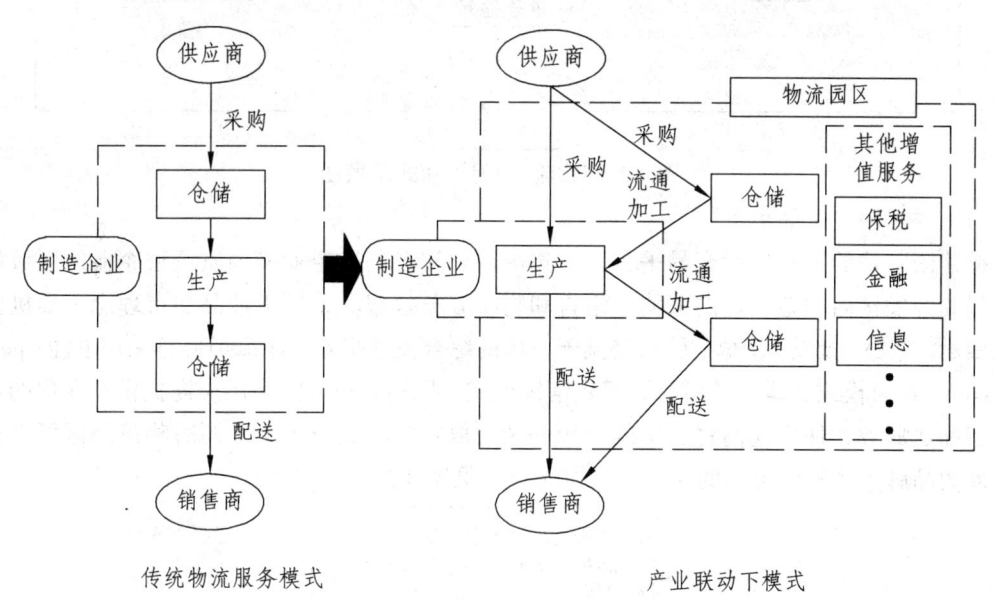

图 4.1 "物流+产业"模式示意图

2."物流+贸易"模式

"物流+贸易"模式是由物流业和商贸流通相结合而形成，物流园区入驻企业的物流运作嵌入供应链之中，与分销企业、电商企业、批发零售企业建立合作关系，实现物流与商流的良性互动。一方面工商企业可以充分利用园区的物流平台优势打造产品的展示和销售平台，增加销售机会并能够为客户提供高效、便捷的销售物流服务；另一方面贸易的繁荣不仅使物流需求增加，也会对物流提出更高要求，这样又会促进物流业更好更快地发展。"物流+贸易"

的实施重点在于依托优越交通条件,开发沿路资源,以发展商贸物流为突破口,以先发优势逐步形成以地方经济、总部经济为特色的现代服务业集聚区见图4.2:

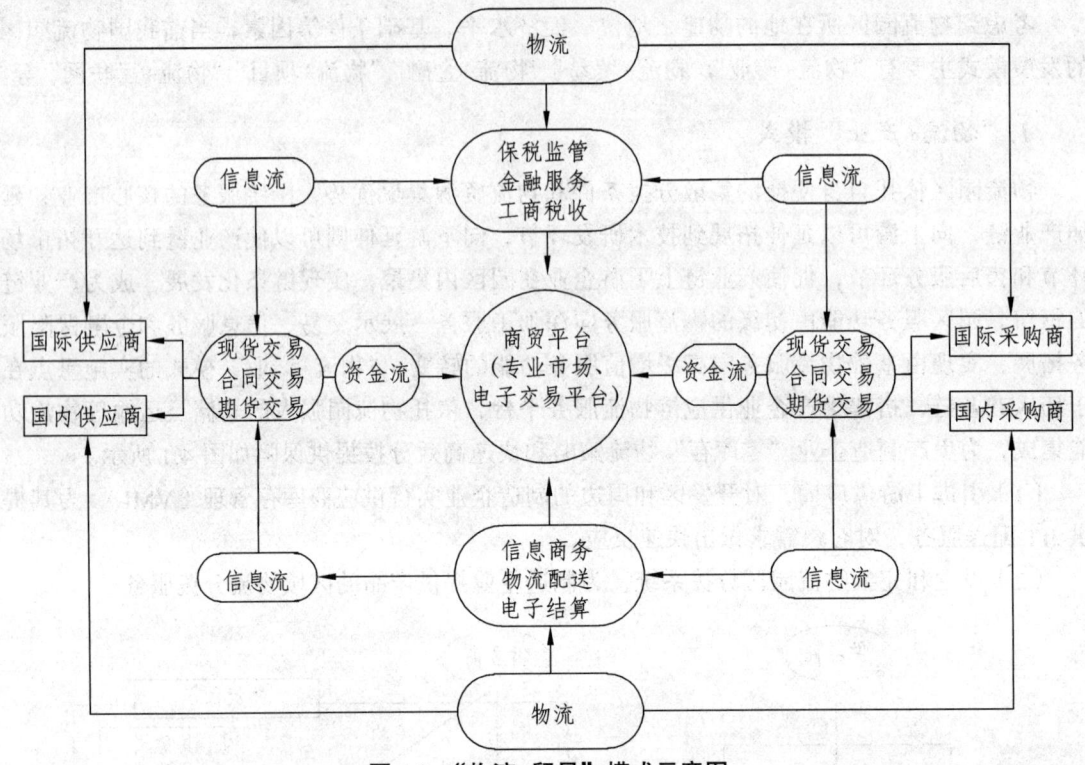

图 4.2 "物流+贸易"模式示意图

（1）"物流+工业品超市"

搭建国际性的采购展示交易平台,聚集国内外知名制造企业和商贸流通企业的区域代理商,提高开发区内制造企业的采购、销售和物流服务效率。采用工业品超市理念,集机械设备的展示、零售、批发、维修、信息交流于一体的综合流通平台。该市场形态采用PTP（person to person）运营模式,即面对面的顾问式销售模式。托马斯物流园为供应商提供专业化的销售及物流配送服务,使供应商将有限的资源和精力放在核心竞争力上,同时物流园区可以利用供应商的品牌产品吸引更多的供应商下游客户,见图4.3。

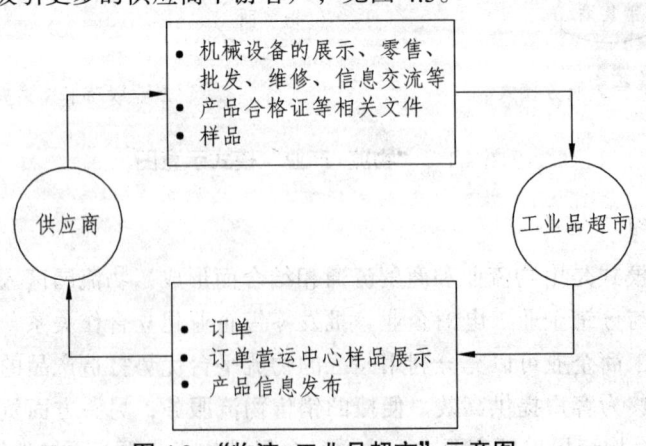

图 4.3 "物流+工业品超市"示意图

（2）"物流+专业市场"

依托空间优势及便利的交通条件，建立大型专业市场，农资市场、培育生产资料交易市场。以专业市场聚集货流、客流、资金流，凸显商流功能，配套现代物流基础设施，发挥运输、仓储、包装、搬运装卸、配送、流通加工、信息处理等基本功能，保证特定商品交易活动的正常进行，为交易双方提供"一站式"的物流服务。

3. "物流+金融"模式

"物流+金融"模式包括广义的和狭义的"物流+金融"模式，其中，广义的"物流+金融"模式是指在整个供应链管理过程中，通过应用和开发各种金融产品，有效地组织和调剂物流领域中货币资金的流动，实现商流、资金流、物流和信息流的有机统一，提高供应链运作效率和融资经营活动，最终呈现物流业和金融业融合化发展的态势；狭义的"物流+金融"模式是指在供应链管理过程中，第三方物流运营商与金融机构向客户提供商品和货币，完成结算和实现融资的活动，以及为客户提供采购执行、分销执行等服务，实现同生共长的一种经济模式。"物流+金融"模式往往和其他模式共同存在于一个物流园区中，有效地组织和调剂物流领域中资金的流动，通过物流企业参与金融服务的执行和信用担保活动，为采购、保兑仓、仓单质押、信用证担保、买方信贷、授信融资、保税监管等服务提供金融服务支持。

保兑仓：由制造商、经销商、第三方物流供应商与银行共同签署"保兑仓业务合作协议"，经销商根据与制造商订立的"购销合同"向银行交纳一定的保证金，申请开立银行承兑汇票。由物流商提供承兑担保，经销商以货物对物流商提供了反担保。银行给制造商开出汇票后，制造商向保兑仓交货，此时转为仓单质押。

仓单质押：由借款企业、金融机构和物流公司达成三方协议，借款企业把质物寄存在具有一定监管资质的物流企业的仓库中，然后凭借物流公司开具的仓单向银行申请贷款融资。银行根据质物的价值和其他相关因素向其提供一定比例的贷款。质押货品也可以由供应商或物流公司提供。

授信融资：物流公司按企业信用担保管理的有关规定和要求向金融机构提供信用担保，有金融机构把贷款额度直接授权给物流公司，由物流公司根据借款企业的需求和条件进行质押贷款和最终结算，金融机构基本上不参与质押贷款项目的具体运作。物流公司在提供质押融资的同时，还为借款企业寄存的质物提供仓储管理服务和监管服务。

信用证担保：物流企业与外贸公司合作，以信用证的方式向供应商支付货款，间接向采购商融资，供应商把货物送至融通仓的监管仓库，融通仓控制货物的所有权，根据保证金比例，按指令把货物转移给采购商。

期货交割：期货交易指交易双方在期货交易所买卖期货合约的交易行为。物流企业主要通过与交易所、金融机构的合作为交割客户提供物流解决方案，如：收货检验、入库、仓储管理、库存信息实时传输（视频监控、传输）、出库、运输（海运、铁路、公路）、物流金融（仓单质押、产权融资）、关务代理。流程对接图见图4.4。

该模式的开展对推进现代物流整合、提高整个供应链资金使用效率起到重要作用，有助于物流中心吸引到更多的客户。同时，通过增加配套功能，如监管客户在银行质押贷款的商品，也有利于物流园区综合价值的提升。

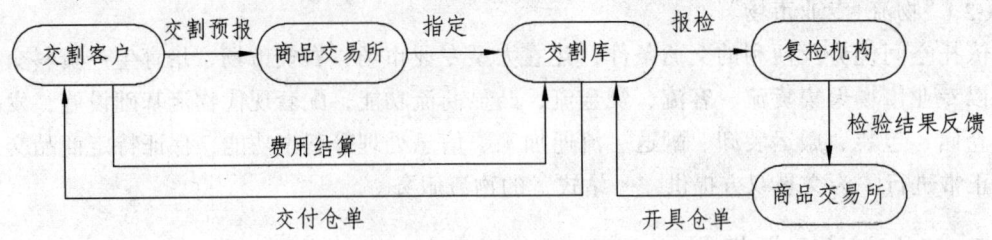

图 4.4 作业流程对接图

4. "物流+项目"模式

"物流+项目"模式是将项目管理的思想引入物流管理和运作环节而形成的。项目实际上是一个计划要解决的问题或是一个计划要完成的任务，具有一次性、独特性和目标名确定的特点。在运输与物流系统规划过程中，为满足物流需求而开展的整个物流活动过程都可以看作一个项目，只是不同的项目所采用的业务管理方式、组织管理方式和成本管理方式不同而已。

5. "物流+互联网"模式

物流园区发展过程中将线上平台和线下资源融合，实现实体平台与信息平台的联动发展，是"物流+互联网"模式的突出表现形式。采用这种发展模式的物流园区需要利用线下实体网络布局以及交易中心的优势，建立功能完善、操作便捷、安全可靠的线上信息平台，将货源、物流企业以及车源进行整合，为制造企业和商贸企业、物流公司、个人车主提供高效准确的物流交易服务，从而解决货主和车主信息不对称、运输过程不透明等问题，实现线上的交易、支付、车辆监控和线下的物流操作过程融合。这种模式既可以单独存在，也可以与其他模式结合运用，适用于园区基础设施和服务功能完善、车源和货源等线下资源充足以及信息化建设水平较高的物流园区。

4.4 物流园区道路网络规划

物流园区的内部道路必须承担两个方面的功用：一是满足物流园区内部各类活动的交通需求；二是要实现物流园区与周边路网的良好衔接。道路网络规划是物流园区规划的一项重要内容。一般而言，物流园区道路网络规划要遵循以下原则。

1. 满足物流与人流的交通需求

在明确物流、人流的流量和流向的基础上，确定物流园区的路网形态、交通组织方式等，从而保证物流园区内部各类活动有序进行且与外部路网的便捷衔接。

2. 便于交通组织与管理

物流园区的道路交通应尽量实现物流交通和人流交通的分流。在条件允许的情况下，路网尽量采用网格状布局，以便于各功能分区之间的交通联系。道路交叉口宜采用正交方式，同时在交叉口或转弯处还要满足行车视距的要求等等。

3. 体现动态规划的思想和与物流园区总体布局相协调

物流园区各功能分区的建设时序可能不同，不同阶段各功能分区产生的交通量也会发生变化，此外，内部道路是物流园区的骨架，它将各功能分区连接起来并形成一个有机的整体，因此，道路交通规划要充分考虑功能区域的划分和满足各类用地的基本要求，且物流园区的道路交通规划要为远期发展留有一定的弹性空间。

4. 满足绿化、消防和管线铺设等方面的要求

物流园区道路交通规划在满足物流与人流交通的同时，还应满足其他相关方面的要求，包括结合园区绿化，节约专用绿地占地面积，对消防有特殊要求的区域和设计要规划专用的消防通道，并结合市政配套工程建设，便于管线的铺设等。

4.4.1 物流园区内部路网规划

物流园区内部路网是由不同等级的道路组成的。根据园区用地条件、功能分区布局要求、周边路网状况等客观因素，将不同等级的道路以一定的形式进行布局并有效衔接，便形成了物流园区的路网。总体而言，物流园区的内部路网应该结构合理、功能分明，保证物流园区的内部交通的通顺、安全。

1. 内部道路的面积率的确定

道路的面积率是指物流园区内部道路占地面积与园区总占地面积的百分比。物流园区的规模越大，其道路面积率一般越大。道路面积率的取值参照表见表4.1。

表 4.1 物流园区道路面积率的取值参照表

用地强度[万 t/（km²·a）]	≤100	≤150	≤200	>250
道路面积率推荐值	5%~10%	10%~15%	15%~20%	25%左右

注：（1）物流园区单位用地强度：单位时间、单位面积用地上处理的物流量。

（2）物流园区单位用地强度=园区年物流量/园区总用地面积。

2. 内部道路的等级及宽度

不同等级的道路宽度不同，在物流园区路网中的地位与功能也不相同。一般分为三类：主干路、次干路、支路。分类及宽度对照表见表4.2。

表 4.2 物流园区道路等级分类及道路宽度对照表

用地强度[万 t/（km²·a）]	道路等级	道路宽度
≤100	主干路	两车道
	支路	两车道或单车道

续表

用地强度[万 t/(km²·a)]	道路等级	道路宽度
≤150	主干路	四车道
	支路	两车道或单车道
≤200	主干路	六车道或四车道
	次干路	四车道或两车道
	支路	两车道或单车道
>250	主干路	六车道
	次干路	四车道
	支路	两车道或单车道

表 4.2 中的主车道是连接物流园区出入口、辐射物流园区主要功能分区、具有较大通行能力的道路，是构成物流园区内部路网的交通性干道。物流园区的主干路构成园区内部主要的货运通道，承担物流园区的主要货运交通，根据物流园区的规模可以采用两车道、四车道或六车道。

次干道是功能分区内部的主要道路，连接功能分区内部各组成部分；或是连接非物流关系功能分区的道路，为主干道分担流量，可以采用两车道或四车道。

支路包括引道、搬运通道及特殊用途的道路等。引道为物流园区内仓库、堆场等物流设施及生活设施出入口与主干道、次干道连接的道路；搬运通道是功能分区内部作业区用于搬运货物的通道；特殊用途的道路，主要是为消防、安全等特殊要求所设的道路。

3. 内部路网的形态

物流园区内部路网的形态就是指园区内部路网的布局形式，它与功能区的布局相互影响、相互联系，并在一定程度上决定了物流园区的总体布局形态。

（1）带状。

规模较小且功能较为单一的物流园区，以一条主干道为轴，各功能区排列在主干道两侧，园区的主出入口在主干道一端或者相对的两端。这种路网形态结构简单，货物的运输容易组织。

（2）网格状。

物流园区被路网分割成若干网格，功能分区分布于网格之中，这种路网布局形式的特点是道路整齐，有利于建筑物的布置、分散交通以及交通组织灵活方便。

（3）放射状。

放射状布局形式往往有一个布置核心，物流园区中的功能分区围绕着布置核心向外扩展，与核心区的关系由内向外逐渐减弱，路网呈现由核心区向外放射的形态。

4.4.2 物流园区出入口规划

物流园区的出入口是实现物流园区内部道路与周边路网衔接的重要设施，物流园区出入口的规划设计应遵循以下原则：要满足车辆进出物流园区的要求；与物流园区周边路网协调，减少对周边道路交通的影响；与物流园区内部路网协调，便于车辆集散；要有利于展示物流园区形象，实现交通功能与形象功能相结合。遵循上述原则，物流园区出入口的设置一般分为沿道路直接开口、辅助道路开口、专用道路开口和高架道路开口四种形式。

1. 沿道路直接开口形式

出入口采用的是沿道路直接开口形式，这种形式最为简单，因为我们的物流园区规模较小且连接的道路等级较低，但进出物流园区的车辆对连接道路的交通产生较大影响，容易造成交通拥堵，并产生大量交通冲突点，进而导致出现交通隐患。

2. 辅助道路开口方式

这种开口形式是在连接道路的红线与园区建筑物的红线之间设置平行于连接道路的辅助性道路，用于园区的进出。这种形式可以进一步提高出入口的通行能力，有效疏导进出园区的交通。但是辅助性道路只能服务于一侧的物流园区用地，效益成本比不高。

3. 专用道路开口形式

通过在物流园区内部开辟专用道路，将园区出入口与连接道路衔接起来的一种形式。专用道路的规划设计要求较高，要保证车辆能够快速地集散，否则容易造成交通拥堵。因此，专用道路开口形式一般适用于规模较大，进出车辆较多，而且连接道路的集散能力较好的物流园区。

4. 高架道路开口形式

在连接道路上修建高架桥，使进出物流园区的车辆与连接道路上的过境车辆分流的一种出入口设置形式。高架道路的开口形式适用于进出车辆较多、连接道路为城市快速路或主干道，而其他形式的出入口开口形式很难设置的物流园区。

4.4.3 物流园区停车设施规划

停车是物流园区诸多活动得以开展的一个必要环节，因此停车设施规划是物流园区道路交通规划的重要组成部分。一般而言，物流园区的停车设施规划要注意以下几个方面：不同性质车辆的停车设施适当分离；要满足物流园区各类停车要求；停车设施的集中规划与分散规划要相结合；完善停车设施内部规划。

停车设施的内部规划，主要是考虑内部布局、车辆进出车位方式、车辆停放方式和交通标志、标线设计等方面，同时兼顾占地面积、内部线路、照明、竖向设计等方面的影响。

1. 停车设施内部布局

从最大化利用土地的角度，可以在停车场地内部根据主要车型及其停车需求特点划分相应的停车位，并设置一块调节停车区，以满足在某种车辆的停车位用完时后进的该车型车辆仍有停车位可以使用，调节区一般设置在离停车场地进口较远的位置。

2. 纵横净间距的确定

停车设施的内部规划除了考虑各类型车辆的占地面积外,还需要考虑车辆之间的净空要求以及驾驶员上下车时的车门开关尺寸。

3. 车辆进出车位方式

车辆进出车位方式主要有前进式停车后退式发车、前进式停车前进式发车和后退式停车前进式发车三种类型。

4. 车辆停放方式

车辆的合理停放方式可以确保车辆进出停车场地的安全、便捷,还可以提高停车场的利用率,便于车辆管理,常见的车辆停放方式包括平行式停放、斜列式停放和垂直式停放三种。

4.5 物流园区布局规划

良好的物流园区布局规划应该具有土地集约利用、交通易于组织、流程通畅和便于物流企业入驻等特点。对于物流园区每个阶段的建设开发,要保证能够满足当时的市场需求和运作需求,还要考虑到建设项目启动的难易程度,并完成物流园区总体平面布局规划的建设时序安排。此外,物流园区布局规划需要遵循以下原则。

1. 以人为本

作业地点的规划,实际是人机环境的结合,要考虑创造一个良好、舒适的工作环境。

2. 强调系统

功能区的布局既要考虑本项目建设的需要,又要考虑与周边其他地块的建设项目功能上的有效衔接。

3. 方便作业

通过将联系紧密的不同功能区集中起来,使不同功能区能够紧密衔接,促使不同功能区之间的作业更加方便。

4. 注重衔接

通过对配送中心内外交通进行有效的交通组织,使配送中心的道路、物流线路相衔接,形成内外一体、连贯畅通的物流通道。

4.5.1 物流园区平面布局模式

物流园区的平面布局模式可以分为三种类型:功能区布局模式、地块式布局模式以及混合式布局模式。

功能区式布局模式是指将物流园区按照物流功能或经营主体的行业性质划分为不同的功能子区，如流通加工区，保税物流区和仓储配送区等。

地块式布局模式是指利用自然条件或人为地把物流园区内部土地划分为若干个大小不一的地块，不界定各地块的功能性质或者只是粗略界定，由符合用地经营要求的企业根据需要租赁相应的地块，并进行自用设施设备的建设。

混合式布局模式则是在一个物流园区内功能区式布局模式和地块式布局模式同时存在的一种布局形式。把大的物流园区分为几个子区，对各子区并不进行严格的经营限制，而是根据物流园区的发展需要和企业自身需求进行建设。

4.5.2 物流功能区规划

我国现有物流园区的功能分区一般包括公路货运区、仓储配送区、流通加工区、采购展示交易区、报税物流区、综合服务区和企业基地区等。

1. 公路货运区

运输是现代物流的核心环节之一，物流园区承担着合理化运输组织、加强综合运输系统完善的使命，因此，公路货运区是许多物流园区中重要的组成部分。

2. 仓储配送区

仓储和配送是物流园区的核心功能，物流园区一般将两者整合为仓储配送区，作为货物仓储、配送的作业场所。

3. 流通加工区

流通将是实现物流增值服务的重要途径，如对于流通加工服务市场需求较大的物流园区一般划分流通加工区，作为原料初加工、配套装配、条码生成、标签印刷、贴标签、改包装等活动的作业场所。

4. 采购展示交易区

采购展示交易区一方面为日用品提供品牌展示平台，使客户能够深入的了解产品品牌，让客户能够放心采购，进而营造一个良好的市场形象；另一方面为提供商务办公、生活配套、信息服务、结算服务等综合配套服务，实现电子商务、物流金融等增值物流功能。展示交易区作为商品提供展示平台和供需双方交易平台，可以实现以物流带动商贸开发、以商贸促进物流发展，是物流与商流联动发展的集中体现。

5. 保税物流区

保税物流区主要为日用品提供"一关三检"、保税监管和保税加工服务，一方面可以为本项目及周边地区的日用品出口服务，打开国际市场，另一方面可以为国外日用品进口服务，吸引国外大型日用品相关企业在配送中心设置分支机构。保税物流区实现了物流运作与国际贸易发展需求的结合，需求者可以在该功能区域办理进出口通关业务，如果是 B 型保税物流中心，则货物进入该区域视同出口，可享受出口退税政策。

6. 综合服务区

综合服务区一般是物流园区行政管理机构所在的分区，也是为物流园区提供政务、商务、生活等配套服务的场所，是归并和整合了相近的功能服务而形成的。

7. 企业基地区

企业基地区一般采用企业自主开发的模式，让企业自建自营，它是物流园区功能区式布局模式融入了地块式布局模式思想的产物。

案例 4.1

根据上述布局原则及不同功能区的特点，以某医药物流中心扩建工程项目为例，确定其总体布局如图 4.5 所示。

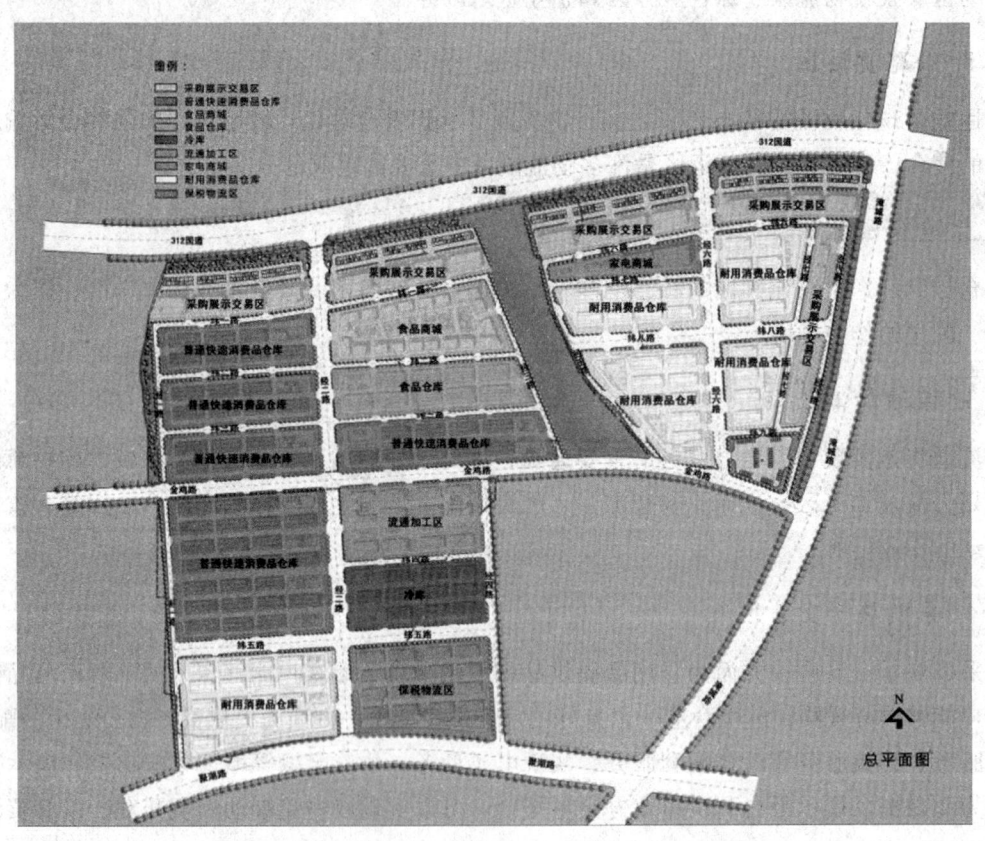

图 4.5 项目总体布局图

案例 4.2

在总体布局基础上，根据功能区布局原则，经过反复比选，确定某物流中心功能区总体布局方案如图 4.6 所示。

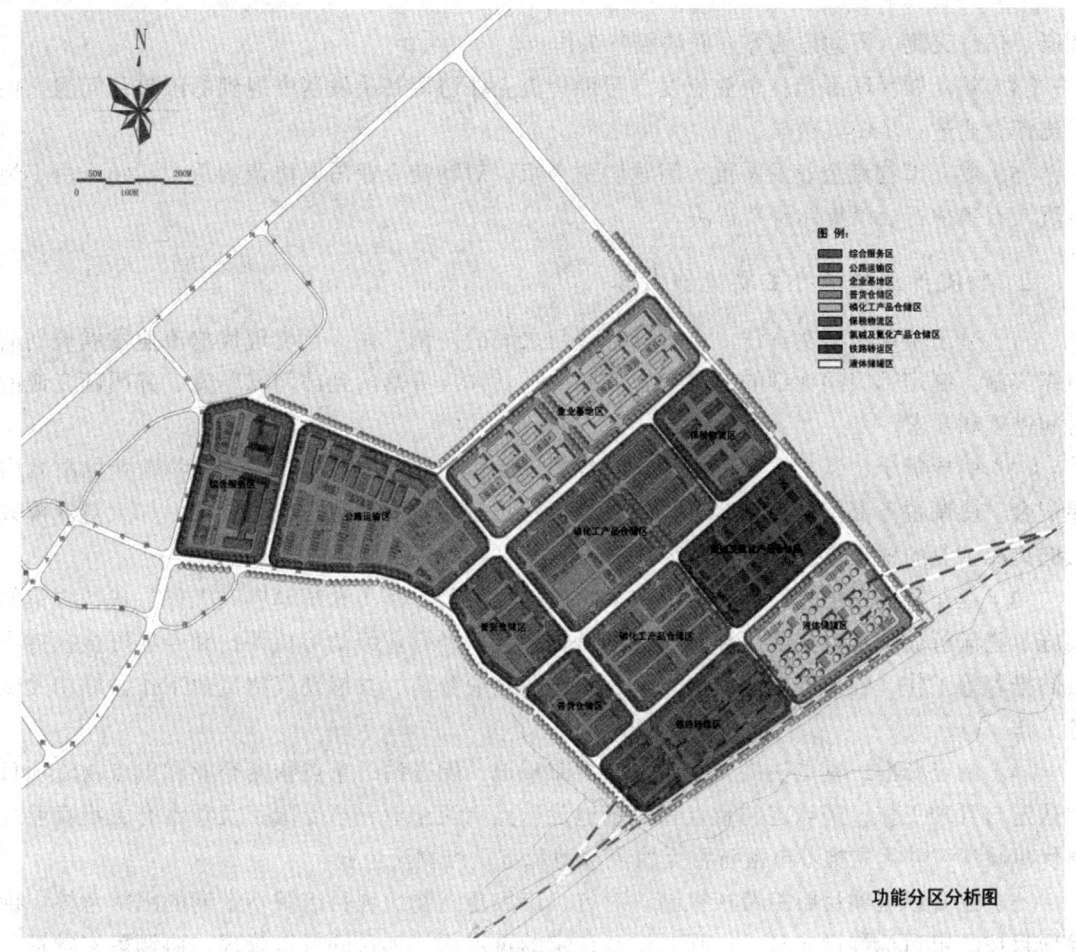

图 4.6 功能区详细布局图

4.6 物流园区运作规划保障措施

4.6.1 建立高效的物流协调管理机制

强化政府建立的产业推进重大事项工作联席会议制度，不定期组织成员单位召开联席会议，联席会议下设物流产业推进办公室，地点在市经信委。

1. 产业推进重大事项工作联席会议制度

（1）及时了解重大物流项目推进情况，负责重大事项的决策，制定相应的政策和管理办法，并监督检查相关部门工作任务及目标完成情况。

（2）负责制定重点物流企业的引进措施，检查督促政策意见的落实情况，及时协调处理物流业发展中的有关重大问题。

（3）鼓励物流企业自发参与行业协会组织，协助市物流产业推进办做好行业统计、市场调研、信息交流、咨询评估等方面的服务工作。

（4）建立领导联系包挂企业制度，帮助物流企业协调解决发展中遇到的困难和问题，促进物流企业进一步做大做强。

（5）成立市物流企业发展重大问题协调小组，对物流企业需要协调的重大问题，由小组负责人召集举行会议集体研究解决。

2. 物流产业推进办主要工作内容

（1）分工协调，落实责任。负责好各部门之间的协调工作，负责现代物流业发展规划的组织实施，制定部门间详细的分工实施方案，把具体任务落实到部门、单位，并明确完成的时间进度和要求。

（2）引导资金，落实政策。加强与财政部门的沟通协作，积极落实针对物流业的财政引导资金，协调税务部门制定切实可行的鼓励现代物流业发展的税收优惠政策，加大对规模较大的物流企业的税收扶持力度，落实激励政策。

（3）运作协调，强化服务。负责重大物流项目的具体落实和统筹协调工作、扶持政策的实施、物流行业信息数据收集和统计、重点物流企业经营业绩的考核评比和专项资金扶持项目的推荐等工作，强化部门间的合作，为制造业企业分离、发展现代物流业工作做好相关服务工作。

（4）制定标准，重点扶持。进行重点物流基地、配送站、重点物流企业和重点物流项目的认定与管理工作；经认定的重点物流基地及重点物流企业，享受国家及省市有关物流业发展优惠政策，并优先推荐申报省重点物流基地和省重点物流企业。

（5）建立物流项目跟踪考核机制。对省、市级重点物流项目组织不定期的跟踪考核，确保项目按既定目标推进实施。加强对已经认定的重点物流项目的考核管理，协调落实融资、用地等方面的扶持和优惠，保障重点项目的顺利实施。

3. 建立市物流业发展专项引导资金

（1）建议市财政建立物流业发展专项引导资金，用于扶持现代物流业发展，引导分散的物流企业向物流园区集聚，对进入物流园区的重点现代物流企业，其缴纳的企业所得税地方留成部分，给予前三年全额、后二年按50%发给的奖励。

（2）重点对物流园区、物流中心和配送站的物流企业信息化、标准化和自动化平台建设项目，以及重点物流基地、重点物流企业和重大物流基础设施建设项目，优先给予贴息补助；对上述项目获得国家、省专项资金支持的，优先给予配套补助。

（3）扶持物流公共信息平台构建，并加大对从制造业分离发展并符合政策支持范围的重点物流企业项目的扶持。

（4）由市财政局与市经信委共同负责制定"现代物流业发展资金管理办法"，并对资金的使用进行监督检查及跟踪问效。

4. 建立物流业统计考核机制

建立物流统计体系和覆盖全社会的物流统计报表制度，定期开展物流业统计调查工作；

统计部门应建立网上统计直报系统，实现物流业统计数据的实时上报；建立物流业发展绩效考核制度，实施项目责任制，把现代物流业发展作为考核地方政府和有关部门的重要内容；充分发挥行业组织的作用，促进物流业统计信息交流，建立健全共享机制，提高统计数据的准确性和及时性。

4.6.2 加强《规划》的指导与引导作用

1. 强力推进物流园区的规划建设

在《规划》的指导下，各级地方政府应加快编制物流园区规划，物流园区的建设应统筹规划，功能要有侧重，避免重复建设，在科学规划的前提下，稳步推进物流园区的建设，尤其是物流园区基础设施的建设，为企业的入驻创造条件；建立物流项目确认和登记备案管理制度，严格按规划要求进行建设，确保规划功能的实现。

2. 加快引导物流企业向园区集聚

加强对现代物流业的专业性研究，增强工作的针对性、科学性和指导性，在贯彻落实好现有的推动现代物流业发展有关政策实施的基础上，进一步研究制定促进现代物流业发展的财政、土地、税收、收费、融资和交通管理等方面的优惠政策，逐步引导物流相关企业向物流园区转移，鼓励企业在入驻物流园区的过程中，在新建设的物流基础设施与物流园区外旧的物流基础设施之间进行土地置换，并吸引原有的部分重点物流企业向规划的物流布局区域转移，促进城市物流基础设施的优化布局；倡导和鼓励工商企业逐步将制造领域以外的原材料采购、运输、仓储和产品流通领域的加工、整理、配送等业务外包给第三方物流企业，并积极引导第三方物流企业向园区集聚。

3. 加大政策支持力度

在符合国家和省用地政策的前提下，优先安排市级以上重点物流项目用地，对重点物流企业的土地和房屋使用税进行减免；对列入《规划》的物流基础设施建设项目，鼓励其通过银行贷款、股票上市、发行债券、增资扩股、企业兼并、中外合资等途径筹集建设资金，银行业金融机构要积极给予信贷支持；对涉及区域性重大物流基础设施项目，市政府可根据项目情况和财力状况适当安排预算内建设投资，以投资补助、贷款贴息等方式给予支持，并鼓励和引导多种资金的投入；研究制定城市物流配送车辆通行便利措施，加快城市配送的发展。

4.6.3 提高物流园区管理运营水平

1. 体制创新

在完善物流园区管理委员会制度的基础上，创新发展公司制。按照现代企业制度的要求将物流园区建设成适应市场需求的产权清晰、权责明确、政企分开、管理科学的独立的经济核算实体；建立产权制度，充分利用股份制的内在优势联合更多企业参与园区建设。

2. 功能集聚

在物流园区的建设中，除集中规划建设物流基本功能设施外，要推动物流基础功能、物流增值功能以及物流配套功能的空间集聚，实现物流园区功能的一体化和资源利用的集约化。

3. 服务集成

物流园区要根据客户需求，不断强化物流园区服务功能，包括物流基础功能、物流增值功能、物流配套功能的服务集成，为客户提供集原材料采购、运输、流通加工、公共仓储配送等于一体化的供应链服务，提升园区功能服务的乘数效应。

4. 网络化协同

物流园区在为园区内的企业做好服务的同时，要注重与其他物流结点的功能对接、信息共享，吸引大型网络化物流企业入园经营，实现物流园区的网络化协同运作，不断拓展物流园区的辐射区域与服务范围。

4.6.4 创新物流发展方式

现代物流业的快速发展需要物流发展方式的不断创新，创新物流发展方式包括创新政府支持方式、创新物流建设筹融资模式和创新物流运作模式三部分，采用集成创新的方式，促进资源整合，节约社会资源，加大物流服务的广度和深度，实现物流产业的跨越式发展。

1. 创新政府支持方式

通过政府引导资金和贷款贴息补助等方式，支持物流企业信息化改造和重点物流基础设施建设，允许国有土地作价出资转增国有资本，投入园区建设。

2. 创新物流基础设施建设筹融资模式

在港口、交通枢纽、物流园区等大型物流基础设施的建设中，可根据实际情况选用BOT、ABS、PPP等创新融资模式。

3. 创新物流运作模式

在物流运作模式上利用新技术、新理念、新方法来改造提升传统物流运作模式，探索无水港、保税物流、电子商务、物流金融、交易与交割分离、物商互动、共同配送等物流新模式。

（1）依托区域通关政策、便捷交通环境和现代化信息手段，建立集海关监管、商品检疫、地面服务一体化的货物进出境快速处理机制，探索无水港和保税物流的新模式。

（2）鼓励物流企业以园区为担保与金融机构联合起来为资金需求方企业提供融资，促进大宗物资的现货交易和期货交易，发展电子商务、物流金融等创新运作模式。

（3）鼓励物流企业建立商品期货交割库，以期货交割的形式促进现货交易，以现货交易推动物流发展，探索"交易与交割分离"的新模式，促进物流和商流的分离，实现物流与商流的互动发展。

（4）依托现代化的物流信息技术和便捷的交通环境，开通与国内其他城市间的城际公路货运班车，实现公路货运客运化，扩大园区的辐射范围，提升区域影响力，形成区域性的"公路物流港"。

（5）积极建设公共仓储平台，发展适应电子商务终端配送的新型业态，调整城市快递、商业配送等货运车辆的道路通行规定，探索"货的"新型城市货运形式，积极开展及时配送、共同配送等现代物流服务，提高物流运作效率和物流服务水平。

4.6.5 多式联运体系建设

1. 多式联运设施与物流园区的协调建设

鼓励铁路部门、港务集团、机场、多式联运企业与物流园区以资本为纽带联合投资、联合经营多式联运基地，大胆探索试点多式联运基地建设与运营的新模式。

2. 联运平台的公共性

在新规划的多式联运枢纽中，要提高公共码头的比例；对于引导企业投资建设的多式联运枢纽，要求建成以后全部或部分向社会开放，以确保联运平台的公共性。

3. 多式联运信息平台的建设

组织铁路、公路、港口、海关、货运代理等部门及企业联合开发和研制集装箱多式联运管理信息系统；采用信息技术整合物流资源，实现多式联运条件下物流的实时跟踪和运输可视化。

4. 集疏运通道建设

规划各港区和铁路货场的集疏运主通道和辅助通道，建立各港区和铁路货场后方立体集疏运体系，实现多式联运枢纽产生的过境交通与城市交通的分离，减少对三环路的交通干扰；加强贾汪、铜山等地港区外部公路通道的建设，通过道路改造拓宽、调整道路收费等措施提高运输通道的通行效率。

4.6.6 推进物流绿色化

推进城市物流绿色化，政府应制订发展绿色物流的相关政策措施，鼓励企业运用绿色物流的全新理念来经营物流活动，推动绿色物流新技术的研究和应用。

1. 优化物流组织

（1）可参考国外城市的做法，设立城市环保区，对运输车辆的污染物排放制定严格的控制标准，严格控制尾气排放超标的汽车进入环保区，提升城市空气质量，降低噪声污染；

（2）整合配载户和货运企业，建立集约化和网络化的区域运输体系与城市共同配送体系，对运输线路进行合理规划与组织，提高装载率，减少无效运输，降低碳排放；

（3）借助先进的信息通信技术和科学的信息管理手段，建设城市交通信息平台，为货物配送企业提供"在线停车、装卸"等服务，开展面向流通企业和消费者的社会化共同配送；

（4）依托公共物流信息平台和各类电子商务平台，发展"E物流"，建设和发展以商品代理和配送为主要特征，物流、商流、信息流有机结合的社会化电子商务物流配送体系，通过物流服务智能信息化，降低物流服务过程中对有形资源的依赖，进一步减少对生态环境的影响。

2. 提高车辆技术运用水平

鼓励引导发展载重8t以上的重型柴油货车和集装箱牵引车辆，发展适合承运冷藏货物、散装货物、液态和气态等货物的特种、专用车辆；积极推广甩挂、汽车列车运输技术和集装箱、托盘等集装单元在货物运输领域中的应用。

3. 采用现代运输方式

鼓励经由重载卡车运输的大宗货物转由铁路和水路运送，积极发展多式联运、集装箱、特种货物、厢式货车运输以及重点物资的散装运输等现代运输方式，加强各种运输方式运输企业的相互协调，建立高效、安全、低成本的运输系统。

4.6.7 加大开放合作

1. 加速现代物流业的国际化合作进程

（1）积极引进国际资本，引进和吸收国外先进的物流组织形式、管理方法和管理模式，加强本地物流业与国外先进物流企业的合资与合作，加速运输与物流业的国际化进程。

（2）鼓励重点物流企业提高国际物流服务能力，尽快纳入区域乃至国际采购供应链，可通过先确定本地竞争优势，再进一步复制物流运作模式，设立网点，进入全球供应链网络，在国际范围内配置资源，争取全球竞争优势。

2. 提高物流业的区域化合作水平

（1）积极吸引国内大型物流企业设立分公司、区域分拨中心、配送中心，吸引全球跨国公司设立采购中心，提高运输与物流业的区域化服务水平。

（2）构建与区域内物流产业紧密配套的物流企业发展保障体系，加强与周边城市的物流交流与合作，促进区域内物流一体化，共同建立统一开放、通畅高效的现代物流市场体系。

3. 加强物流业招商引资力度

（1）强化物流业招商引资力度，加快物流园区建设，策划重大物流项目，召开专门的物流推介会，针对国内外物流产业较为发达的区域，组织专门的招商活动，吸引符合要求的物流企业集聚发展。

（2）积极创造良好的物流发展环境，吸引更多跨国物流公司和国内大型物流企业来投资经营，依据其网络优势和在国内外市场的较高知名度与品牌效应，提高整个物流行业的市场形象。

（3）充分利用在国内网络和本地业务上的优势，鼓励物流企业加强与国内外知名物流企业的交流与合作，引进资金、先进的物流技术和管理经验，提高集成创新能力，形成优势互补和协作共进的物流服务体系。

（4）推行制造业和物流业一体化招商办法，鼓励通过项目融资、股权转让等方式与国内外先进的物流企业实行联合。

4.6.8　加强人才培养

1. 建立物流人才培养体系

（1）建立多方位的物流人才培养体系，开展多层次、多元化的物流教育，将物流人才纳入全市高层次人才培养计划。

（2）由物流产业推进办牵头，积极开展物流企业中高层管理人员培训，加快培养一批熟悉物流操作规则、适应市场竞争需要的高素质人才，不断提高运输与物流业从业人员的整体素质。

（3）鼓励物流企业组织在职培训，提高现有物流从业人员职业技能和业务水平，建立校企结合的物流培训模式，鼓励物流从业人员进行职业资格认证，有针对性地培养运输与物流业发展所急需的专业人才。

2. 加强产学研基地建设

积极推动重点物流企业与科研单位开展多种形式的合作，支持高等院校物流相关学科建设和产学研基地建设，提高现代物流人才队伍的总体水平。

3. 加快引进高层次人才

（1）实施人才激励政策，着力引进现代物流业高层次管理人才，引进一批现代物流领域的领军人才，培养一批本土通晓物流业国际规则、熟悉现代管理的高层次人才。

（2）引进熟悉物流园区建设与运营的高级管理人才和熟悉国际物流业务运作的高级人才，为运输物流业的发展提供智力支撑。

● 问题思考与训练

1. 物流园区的具体规划步骤是什么？
2. 物流园区的发展模式包括哪些？
3. 为什么说物流园区是一个服务综合体？它一般具有哪些功能？
4. 物流园区布局规划原则和布局规划模式是什么？
5. 物流园区功能区特点及划分原则？

5 物流配送管理

本章学习目标

1. 掌握配送的概念。
2. 了解配送的功能及类型。
3. 掌握配送中心的概念和类型。
4. 了解配送中心的作用和业务流程。
5. 掌握合理配送的标志和配送合理化的措施。

5.1 物流配送概述

5.1.1 配送产生的背景

新中国成立后,各种资源的配置均按照相应的计划进行。当时为了提高流通效率,降低流通成本,我国采取的主要策略是合理运输。20世纪70~80年代是我国配送发展的初级阶段;20世纪80年代中期,这一阶段是我国从自发配送阶段向自觉配送阶段转变的过渡时期;20世纪90年代以后,随着我国市场经济体制的逐步建立,我国的配送进入了发展阶段;20世纪90年代以来的实践证明,配送是一种非常优秀的物流方式,它彻底改变了传统的流通方式。

配送作为一种新型的物流手段,是在变革和发展仓库业的基础上开展起来的。传统的仓库业是以储存和保管货物作为其主要职能的,其基本功能是保持储存货物的使用价值,为生产的连续运转和生活的正常进行提供物资保障。然而在生产节奏加快、社会分工不断扩大的情况下,急需社会流通组织提供系列化、一体化、多项目的后勤服务。许多老式仓库变成了商品流通中心,其功能由货物"静态储存"转变成"动态储存",其业务活动由单纯保管和储存货物转变成向社会提供多种服务,并且把保管、储存、加工、分类、挑选和输送等连成一个整体。总而言之,配送的产生既是社会化分工进一步细化的结果,又是社会化大生产发展的客观要求。

5.1.2 物流配送的含义

配送一词原本是从日语中直接引用来的,用最通俗的话说就是既"配"又"送",即按用户的订货要求，在物流结点进行分货、配货工作并将配好的货物送交至收货人。"配"包括货物的分拣和配货活动；"送"则包括各种送货方式和送货行为。我国发布的国家标准"物流术语"中关于配送的解释为：在经济合理区域范围内，根据用户的要求，对物品进行拣选、加工、包装、分割、组配等行为，并按时送达指定地点的物流活动。目前较为科学、全面的界定是：配送是整个物流过程的一部分，包括输送、送达、验货等以送货上门为目的的商业活动，它是商流与物流紧密结合的一种综合的、特殊的环节，同时也是物流过程中的关键环节，配送的相关示意图如图 5.1 所示。

根据上述可知，有关配送的概念反映出了如下信息。

（1）配送不仅仅是送货，它是配送、分货、送货等活动的有机结合体。

（2）配送是一种"中转"形式。

（3）配送的产生和发展既是社会化分工进一步细化的结果，又是社会大生产发展的要求。

（4）配送是最终的资源配置，属于经济体制的一种形式，最接近顾客。

（5）配送以客户要求为出发点。

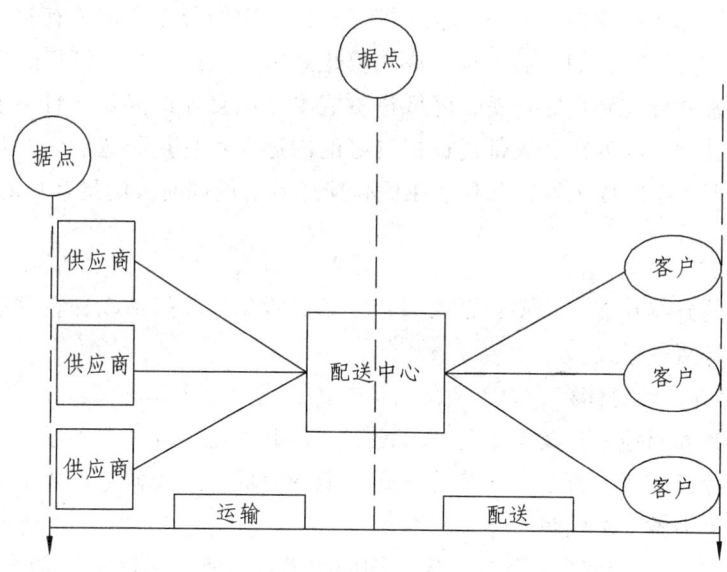

图 5.1 配送模式示意图

5.1.3 物流配送的基本特征

（1）配送不仅仅是送货，它是配送，分货，送货等活动的有机结合体。

配送是以分拣和配送为主要手段、以送货和抵达为目的的一种特殊的综合的物流活动。其特殊性表现在它包含了某一段的装卸、包装、流通加工、保管等活动，但又不是这些活动的全部或全过程。因此，配送不能简单地等同于运输或其他物流活动的全部。

（2）配送的概念描述了接近用户资源配置的全过程。

配送不仅是在恰当的时间、通过恰当的方式、恰当的费用将商品最终传递给需求者，还要将最优质的服务传递给需求者。因此，配送既连接着物流系统的业务环节又连接着消费者，且直接面对服务对象的各种服务要求。配送功能完成的质量及其达到的服务水准,最直接而又具体地反映了物流系统对需求的满足程度。

(3)配送是一种专业化的分工方式,是大生产、专业化分工在流通领域的体现。

以往送货形式的目的仅仅在于多销售一些商品,而配送则已经上升为营销活动的重要手段。准确而又稳定的配送活动可以在保证供给的同时,最大限度地降低生产或者流通企业的商品库存,从而降低了总的销售成本。

5.1.4 物流配送的功能

配送是集合多种物流功能的综合服务活动,主要功能包括备货、储存、理货、配装、送货、流通加工等。

1. 备货

备货是为了满足客户的特定配送要求,把客户订单中的分散需求(有时涉及将用户从几家甚至几十家供应商处预订的物品)集合成规模化需求,利用大批量订货的折扣及规模运输优势,将规模化货物分配到指定场所,降低进货成本。而且配送需要针对市场供求变化,能够及时调整备货计划,与客户相关部门保持良好的沟通。备货是配送活动的基础工作,通常包括指定进货计划,组织货源等,有利于在提高配送效益的同时,满足客户的需求。

2. 储存

储存是备货的延续功能,主要包括入库、上架、货物保养等活动,在配送活动中包括临时储存和长期储备两种形式。

(1)临时储存。临时储存是为了满足后续分拣、配装等工作的需求,在理货场地所完成的少量货物储存,相对应配送类型中的"日配","即时配送"等,在不影响储存整体效益的情况下,方便后续的理货、配装、送货等配送功能的完成。这类储存形式更多的是受收货方的限制,在数量上不做严格控制。

(2)长期储备。长期储备是依据一定时期的配送经营要求和货源到货情况而设置的,是配送活动持续运作的资源保障。相对于临时储存,长期储备的数量规模较大,储备设备较为完善,而且可以根据货源到货情况,有计划地设定周转储备及安全储备比例,保障配送企业的整体经济效益。长期储备货物的储存空间可以设置在配送企业内部,也可以在权衡整体成本的基础上,设置在租赁的仓库中。

3. 理货

理货并非简单地整理货物,其中涉及货物的分拣、包装、粘贴货运标志等工作,将货物按品种、规格、数量、出入库顺序等进行分门别类的堆放,是不同配送企业在送货时进行竞争和提高自身经济效益的必然延伸,由此提高配送的服务水平、服务效率及附加效益。

4. 配装

配装是送货的前奏,是为了弥补单个客户所需的配送数量无法达到运输工具有效运载量的不足，依据运输工具的类型、运能，将不同客户需要配送的货物进行搭配装载，充分利用有限的运力来提高运送效率、降低配送成本，从而在一定程度上能够有效缓解交通压力、减少对环境的污染。

5. 送货

送货功能是人们最初对配送功能的理解，随着配送功能的逐渐丰富，送货成为配送的主要功能之一，送货也是配送的最终环节。送货功能涉及计划和选择运输方式、运输工具、运输路线，而且为了实现货物的完好递交，还应考虑卸货地点、卸货方式、卸货流程等。一般地，城市或区域快递，因其距离短、规模小、效率高等送货特点常采用汽车、专用车等作为运输工具，但路线制定时需要考虑的交通限制、路况等约束条件较多。

6. 流通加工

为了更好地完成上述的配送功能，有时需要按配送客户的要求进行一些流通加工，如对货物进行简单组装、分拣、重新包装、贴标等活动。大多数情况是为了促进商品销售，有时也是为了提高配送效率，加工形式主要有切割加工、分装加工（按生产或销售要求重新包装）、分拣加工（以人工或机械方式对产品质量等级、规格、花色等进行分组）。但流通加工在配送活动中并不具备普遍性，往往取决于客户的要求，从而提高客户的满意度。

5.1.5 物流配送中心的概述

配送中心为了能更好地做好送货的准备，必然需要采取零星进货、批量进货等种种资源的搜集工作，还需进行货物的分整、配备等工作，因此也具有集货中心、分货中心的职能。为了更有效地、更高水平地配送，配送中心往往还应具备比较强的流通加工能力。此外，配送中心还必须执行货物配备后的送达到户的使命，这是和分货中心只管分货不管运达的最不同之处。由此可见，如果说集货中心、分货中心、加工中心的职能较为单一的话，那么，配送中心功能则较为全面、完整，也可以说，配送中心实际上是集货中心、分货中心、加工中心功能的综合，并有了"配"与"送"的更高水平，我国某知名企业的配送中心示意图如图5.2所示。

图 5.2　某配送中心示意图

1. 配送中心简介

配送中心是物流领域中社会分工、专业化分工进一步细化之后产生的。在新型配送中心没有建设起来之前，配送中心承担的有些职能是在转运型结点中完成的，之后，一部分这类职能单位向纯粹的转运站发展，以衔接不同的运输方式和不同规模的运输；一部分则增强了"送"的职能，而后又向更高级的"配"的方向发展。

2. 配送中心的定义

现代的物流中心与普通的仓库和传统的批发、储运企业相比，已经存在质的不同。仓库仅仅是储存商品，而配送中心不仅是被动地接受委托存放的商品，它还起到了一定的集配作用，具有多样化的功能。和传统的批发、储运企业相比，配送中心在服务内容上由商流、物流分离发展到商流、物流、信息流的有机结合，在流通环节上由经过多个流通环节发展到由一个中心完成流通全过程，在经销方式上由层层买断发展到代理制，在工商关系上由临时的、随机的关系发展到长期、固定的关系，这些特点在社会化的共同配送中心上表现得尤为突出。

我们将配送中心定义为："配送中心是从事货物配备（集货、加工、分货、拣选、配货）和组织对用户的送货，以高水平实现销售或供应的现代流通设施。配送中心是一种末端物流的结点设施，通过有效地组织配货和送货，使资源的最终端配置得以完成"。

其要点有：

（1）配送中心的"货物配备"工作全部由配送中心完成，是其主要的、独特的工作。

（2）配送中心有的是完全承担送货，有的是利用社会运输企业完成送货，从我国国情来看，在开展配送的初期，用户自提的可能性是较大的，所以，对于送货而言，配送中心主要是组织者而不是承担者。

（3）定义中强调了配送活动和销售或供应等经营活动的结合，是经营的一种手段，以此排除了配送只是单纯的物流活动的看法。

（4）定义中强调了配送中心是"现代流通设施"，着意于和以前的诸如商场、贸易中心、仓库等流通设施相区别。现代流通设施以现代装备和工艺为基础，不但处理商流而且处理物流，是兼有商流、物流全功能的流通设施。

3. 配送中心的功能

配送中心的功能，是通过配货和送货来完成资源的最终配置。配送中心的主要功能也是围绕配货和送货来确定的。配送中心是一种末端物流结点设施，通过有效地组织配货和送货，使资源的最终端配置得以完成。一般而言，配送中心的功能主要有以下八个方面。

（1）获取配送商品。

配送中心首先必须获得供应配送的商品，才能够及时准确地为其用户供应物资。通常获取商品的形式可以是采购，也可以是其他生产企业、配送中心所转运过来的物资。

（2）存储配送商品。

配送中心的服务对象通常是生产企业和商业网点，例如连锁店和超市，其主要职能就是按照用户的要求及时将各种配装好的货物送交到用户手中，满足生产和消费的需要，为了顺利有序地完成向用户配送商品（或货物）的任务，更好地发挥保障生产和消费需要的作用，通常，配送中心都建有现代化的仓储设施，例如仓库、堆场等，以存储一定量的商品，从而形成对配送的资源保证。

（3）配组商品。

由于每个用户企业对商品的品种、型号、数量、质量、规格、送达时间和地点等的要求不同，因此，配送中心就必须按用户的要求对商品进行分拣和配组。这一功能是物流配送中心与传统仓储企业之间的明显区别之一，同时，这也是配送中心的最重要的特征之一。

（4）分拣配送商品。

分拣功能是配送中心的重要功能之一，配送中心作为物流结点，其客户是为数众多的企业或零售商。需要指出的是，这些众多的客户之间存在着很大的差别，它们不仅经营性质、产业性质不同，而且经营规模和经营管理水平也不一样。面对这样一个复杂的用户群，为了满足不同用户的不同需求和有效组织配送活动，配送中心必须采取适当的方式对组织来的货物进行分拣，然后按照配送计划组织配货和分装。强大的分拣能力是配送中心实现按客户要求组织送货的基础，也是配送中心发挥其分拣中心作用的重要保证。

（5）分装配送商品。

一般而言，配送中心往往希望采用大批量的进货来降低进货价格和进货费用。但是与此同时，用户企业为了降低库存、加快资金周转、减少资金的占用，往往要采用小批量进货的方法。因此，为了满足用户的要求，即用户的小批量、多批次进货，配送中心就必须进行分装。

（6）商品集散功能。

在一个大的物流系统中，配送中心凭借其特殊的地位和拥有的各种先进设备、完善的物流管理系统，能够将分散在各个生产企业的产品集中在一起，通关分拣、配货以及配装等环节向多家用户进行发送。与此同时，配送中心也可以把各个用户所需要的多种货物进行有效的组合或配装，形成经济、合理的批量，以此来实现高效率、低成本的商品流通。

（7）配送加工功能。

配送加工虽然不是普遍存在的，但通常是有着重要作用的功能要素，它可以大大提高客户的满意程度。目前，国内外许多配送中心都很重视提升自己的配送加工能力，通过按照客户的要求开展配送加工可以使配送的效率和满意程度提高，配送加工有别于一般的流通加工，一般来说，它取决于客户的要求，销售型配送中心有时也根据市场需求来进行简单的配送加工。

（8）信息提供功能。

配送中心除了具有上述功能之外，还能为配送中心本身及上下游企业提供各式各样的信息情报，以供配送中心营运管理策略制定、商品路线开放、商品销售推广策略制定的参考。一般来说，配送中心应当具有功能完备的仓库管理系统，并能与各供应商、各客户的ERP或其他信息系统实施实时的链接。

4. 配送中心的类型

配送中心是专门从事货物配送活动的经济实体。随着市场经济的不断发展，随着商品流通规模的日益扩大，配送中心的数量也在不断地增加。对配送中心的适当划分，是深化和细化认识配送中心的必然。在众多的配送组织中，由于各自的服务对象、组织形式和服务功能不尽一致，因而，从理论上可以把配送中心分成若干类型。

（1）实际转运中的配送中心类型。

① 专业配送中心。

专业配送中心大体上有两个含义，一是配送对象、配送技术是属于某一专业范畴，在某一专业范畴有一定的综合性，综合这一专业的多种物资进行配送，例如多数制造业的销售配送中心。专业配送中心第二个含义是指以配送为专业化职能，基本不从事经营的服务型配送中心。

② 柔性配送中心。

这种配送中心不向固定化、专业化方向发展，而是向能随时变化，对用户要求有很强适应性、不固定供需关系、不断向发展和改变配送用户的方向拓展。

③ 供应配送中心。

专门为某个或某些用户组织供应的配送中心。

④ 销售配送中心。

国内外的发展趋向都是以销售配送中心为主，发展以销售经营为目的，以配送为手段的配送中心。销售配送中心又有三种不同的类型：第一种是生产企业将本身产品直接销售给消费者的配送中心，在国外，这类配送中心颇多；第二种是流通企业建立配送中心作为自身经营的一种方式，以期扩大销售，我国目前建的配送中心大多属于这种类型；第三，是流通企业和生产企业联合的协作型配送中心。

⑤ 城市配送中心。

以城市作为配送范围的配送中心，由于城市范围一般处于汽车运输的经济里程内，这种配送中心可直接配送到最终用户，且采用汽车进行配送。所以，这种配送中心往往和零售经营相结合。

⑥ 区域配送中心。

以较强的辐射能力和库存准备、向省（州）际、全国乃至国际范围的用户进行配送的配送中心。这种配送中心配送规模较大，一般而言，用户规模也大，配送批量也大，而且，通常主要是配送给下一级的城市配送中心，也配送给营业所、商店、批发商和企业用户，虽然也从事零星配送，但不是主体形式。

⑦ 储存型配送中心。

有很强储存功能的配送中心，一般来讲，在买方市场下，企业成品销售需要有较大库存支持，其配送中心有较强储存功能；在卖方市场下，企业原材料，零部件供应需要有较大库存支持，这种供应配送中心也有较强的储存功能。

⑧ 流通型配送中心。

基本上没有长期储存功能，仅以暂存或随进随出方式进行配货、送货的配送中心。这种配送中心的典型方式是：大量货物整进，并按一定批量零出，采用大型分货机，进货时直接进入分货机传送带，分送到各用户货位或直接分送到配送汽车上，货物在配送中心里仅做少许停滞。

⑨ 加工型配送中心。

许多材料都指出配送中心的加工职能，但是加工配送中心的实例目前所见不多。我国上海市和其他城市已开展的配煤配送，配送中心进行了配煤加工，上海六家造船厂联建的船板处理配送中心、原物资部北京剪板厂都属于这一类型的配送中心。

（2）按配送中心的经济功能分类。

① 销售型配送中心。

销售型配送中心是体现以销售商品为目的，借助配送者以服务手段来开展经营活动的配送中心。该类型配送中心是典型的配销经营模式，目前国内外的配送中心都在向以销售配送中心为主的方向发展。

② 供应型配送中心。

供应型配送中心是以向客户供应商品，提供后勤保障为主要特点的配送中心。目前，许多配送中心与生产企业或大型商业组织建立起相对稳定的供需关系，专门为其供应原材料、零配件和其他商品，这类配送中心即属于供应型配送中心。

③ 储存型配送中心。

储存型配送中心是指具有很强储存功能，并且在充分发挥储存作用的基础上开展配送活动的配送中心。这类配送中心通常具有较大规模的仓库和储物场地，在资源紧缺的条件下，能形成储备丰富的资源优势。我国目前建设的配送中心，多为储存型配送中心，其库存量较大。

④ 加工型配送中心。

加工型配送中心是以流通加工为主要业务的配送中心，如食品加工配送中心、生产资源加工配送中心等。因此，在其配送作业流程中，储存作用和加工作用居主导地位。由于流通加工多为单品种、大批量产品的加工作业，而且是按照用户的要求安排的，因此，对于加工型配送中心来说，虽然进货量比较大，但是分类、分拣工作量不太大。此外，因为加工的产品品种较少，一般都不单独设立拣选和配货等环节。通常，加工好的产品可直接运到按用户户头划定的货位区内进行包装和配货。

⑤ 流通型配送中心。

流通型配送中心包括通过型或转运型配送中心，一般来说，这种配送中心基本上没有长期储存的功能，仅以暂存或随进随出的方式进行配货和送货。典型的方式为：大量货物整批进入，按一定批量零出。一般采用大型分货机，其进货直接进入分货机传送带，分送到各用户货位或直接分送到配送汽车上，货物在配送中心里仅作短暂停滞。

完备的设施，这些设施包括基础设施（用于仓储运输服务的设施）、公共设施（用于工商、税务、海关、商检、银行等服务的设施）以及相关设施（用于办公、住宿、饮食等服务的设施）。

（3）按配送中心的经营主体分类。

① 制造商型配送中心。

制造商型配送中心是生产企业为了把自身产品直接销售给消费者所建的配送中心。这种配送中心里的商品全部都是由企业自己生产制造，用以降低流通费用、提高售后服务质量和及时地将预先配齐的成组元器件运送到规定的加工及装配工位。从商品制造到条码和包装环节等多方面都较容易进行控制，所以按照现代化、自动化的配送中心设计比较容易。

② 批发商型配送中心。

批发商型配送中心是由批发商或代理商建立的，它是以批发商为主体的配送中心。批发是商品从制造者到消费者手中的传统流通环节之一，一般是按照部门或商品类别的不同，将每个制造厂的商品集中起来，然后以单一品种或不同品种搭配向消费地的零售商进行配送。

③ 零售商型配送中心。

一般来说，零售商发展到一定规模后就可以考虑建立自己的配送中心，为专业商品零售店、超级市场、百货商店、建材商场、粮油食品商店、宾馆饭店等提供服务。社会化程度介于前两者之间。

④ 专业物流配送中心。

专业物流配送中心是以第三方物流企业为主体的配送中心。这种配送中心有很强的运输配送能力，地理位置优越，可迅速将到达的货物配送给用户。这种配送中心的现代化程度往往较高，它为制造商或供应商提供物流服务，而配送中心的货物属于制造商或供应商所有，配送中心只是提供仓储管理和运输配送服务。

（4）按配送中心的辐射范围分类。

① 城市配送中心。

城市配送中心是向城市范围内众多用户提供配送服务的物流组织。通常在城市范围内，货物的运距相对较短，因此，这种配送中心可直接配送到最终用户，一般都使用载货汽车。实际中，这种配送中心往往和零售经营相结合，由于运距短、反应能力强，因而从事多品种、少批量、多用户的配送是较有优势的，同时，也可以开展"门到门"式的送货业务。

② 区域配送中心。

区域配送中心库存商品准备充分，辐射能力较强，因而其配送范围很广，可以跨省、市，甚至跨国开展配送业务。一般而言，它的配送规模较大，配送批量也较大，其配送用户通常是下一级的城市配送中心，有时也零星地配送给商店、营业所、批发商和企业用户。

（5）按配送中心的归属及服务范围分类。

① 自用型配送中心。

自用型配送中心是指隶属于某一个企业或企业集团，通常只为本企业服务，而不对本企业或企业集团外的企业开展配送业务的配送中心。

② 公用型配送中心。

公用型配送中心是指以盈利为目的，面向社会开展后勤服务的配送组织。其主要特点是服务范围不局限于某一企业或企业集团内部。目前，随着物流业的发展，物流服务逐步从其他行业中分化独立出来，向社会化方向发展，公用型配送中心作为社会化物流的一种组织形式，在国内外正迅速普及起来。

（6）按服务对象范围分类。

① 专业配送中心。

专业配送中心通常有两层含义：第一层含义是指配送对象及配送技术属于某一专业范畴，在某一专业范畴有一定的综合性，综合这一专业的多种物资进行配送；专业配送中心的第二层含义是，以配送为专业化职能，基本上不从事经营活动的服务型配送中心。

② 柔性配送中心。

一般而言，这种配送中心和第二种专业配送中心相对立，它不向固定化、专业化方向发展，而是能随时变化，对用户要求有很强的适应性，不固定供需关系，不断发展配送用户并向改变配送用户的方向开拓。

5.2 物流配送流程和方法

5.2.1 配送中心的业务流程

配送中心是否能够达到计划的配送效率和运营效率，是由配送流程决定的；同时，不同类型的配送中心的业务流程由于功能侧重点不同而有所变化。无论如何，配送中心的运营目的就是不断提高服务质量、提高作业效率、降低配送成本、帮助企业获取更多的利润，因此配送中心的业务流程需要合理构成，一般包括收货作业、搬运作业、储存作业、盘点作业、订单处理作业、拣货作业、补货作业、出货作业等，如图5.3所示。

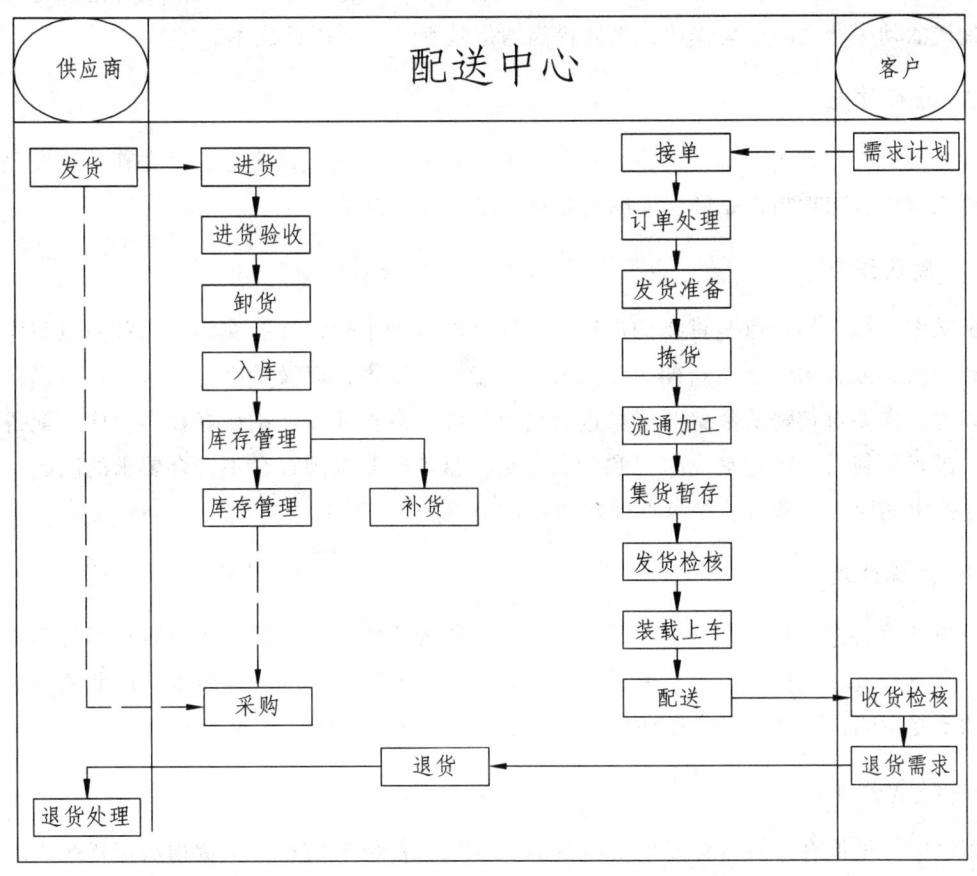

图5.3 配送中心作业流程示意图

1. 收货作业

收货作业是实施配送过程的前提工作，一旦收货作业完成，则商品的所有权将发生转移，配送中心需要保证所收商品完好无损。收货作业一般流程是首先完成货品实际的接收，即将货物从货车上卸下，然后核对货物的品名、数量、质量等，有时需当场开箱检查，并将必要的收货检查信息形成书面报告或记录，具体如下。

卸货：一般发生在配送中心的收货站台上。送货方将货物卸到指定卸货点，交验送货凭证、增值税发票，卸货方式主要有人工卸货、输送机卸货和码托盘叉车卸货等。

货物标识：并不是对所有的货物都需要完成这个工作，主要是针对未经货物分区标识的货物。依据不同货物的性质、保管条件等进行分类存放，有利于提高后续作业的工作效率。

验收：主要是指对货物数量和品质的检验。

2. 搬运作业

在规划配送流程和功能区域时，应考虑到搬运作业的合理程度，毕竟搬运是物流活动中不增值反而增加成本的活动，应依据距离最短原则和单次搬运数量最大原则进行计划。现代配送中心常采用布局配送中心功能区、减少货物总重量和总体积、利用大型搬运设备等方式优化配送活动中产生的搬运作业，由此提高搬运效率、降低搬运成本。

3. 储存作业

并不是所有配送中心都需要设置储存作业，针对常见的配送中心，储存作业主要是储存待使用或待出货的货物，在储存周期内对货物进行检查控制。

4. 盘点作业

配送中心最大的特点是货物的进出频率非常高，为了保证库存实际品名和数量与库存记录资料一致，或者为了预防长期储存的货物质量受到损害，以及检查部分货物是否仍在保质期限内等，需要对货物的数量和质量进行清点，即盘点作业。在确认好盘点程序、配备盘点人员、准备资料后，决定盘点时间和盘点方法，盘点时若发现存在不符合要求的问题，应追查问题产生的原因，最后总结盘点处理意见。

5. 订单处理

订单处理是指从收到客户订单开始，直至拣货为止的作业过程，包括客户和订单资料的确认、存货查询、单据处理等。配送中心需要对客户的信用状况进行核查，以此来保证后一起收款不受影响，而且与退货处理相关的数据也需要在订单处理作业中进行。

6. 拣货作业

配送中心根据客户订单涉及的货物品名、数量、货位等信息，将货物从存货区取出并搬运至理货场地。拣货方法常见的是播种式和摘果式，两种方式在首次处理订单量、拣货成本、拣货时间等方面有所差别。

7. 补货作业

补货作业是将保管区域的货品移到进行订单拣取的拣货区域，此迁移作业应做出记录，其目的是保证拣货区有货可拣。为了补货作业能够顺利完成，需要满足"有货可配"和"商品放置在存取方便的位置"这两个要求，主要有两种补货方式：一种是由储存货架区和流动货架所组成的存货、拣货、补货系统；另一种是将货架进行分层划区，即货架上层为储存区，下层为拣货区，当商品从下层以拣货方式搬走后，需要从上层货架向下层货架补货。至于什么时间补货，需要依据拣货区货物储存量是否符合需求，避免拣货时才发现货物储存量不足的问题，影响整个配送流程的运作。以补货时间划分的补货方式主要有定时补货、随机补货、批次补货。

8. 出货作业

将按照客户订单拣取好的货物进行出货检查，做好标识，根据计划好的车辆调度安排，将货物搬运至出货待运区，最后进行装车配送。所谓的出货检查，在打印相关检查资料（出货调度计划、出货批次报表、出货核对表等）的基础上，按照客户名、货品名、货物数量、对应车辆等信息逐一检查，并检查货物包装是否完好。根据配送中心的运作方式不同，出货检查有人工检查和物流条码扫描两种方式。

5.2.2 配货及配装方法

1. 配货作业方法

配货作业是将保管中的物资，按照发货的要求分拣出来放到发货场所指定的位置。配货作业可采用全机械化的分拣、使用配货设备，也可以采用人工分拣或用搬运车运到发货货位上的半机械化方法。配货作业一般有两种基本方法即摘果方式和播种方式。

（1）摘果方式。

摘果方式又称挑选方式，作业人员拉着集货箱在排列整齐的货架间巡回走动，按照配送单上所列的品种、数量、规格等将客户所需要的货物拣出并且装入集货箱内。

（2）播种方式。

播种方式是将需要配送的数量较多的同种物资集中搬运到发货场所，然后将每一货位所需要的数量取出，分放到每一货位处，直至配货完毕。

2. 车载货物的配装

配送的主要特点之一是所送的货物一般品种多，但每种货物的数量不大，而总数量较大（单品种、大数量的物资，往往干线直送），常常需要安排许多车辆才能满足对用户的配送。因此，充分利用车辆的容积和载重量，做到满载满装，是降低成本的重要手段。

简单的配装可采用手算的方式来计算，但在配装货物比较多、车辆种类又较多的情况下，每次都采用手算会有很大的困难，在这种情况下可以利用计算机，先将经常配送货物的数据、车辆的数据输入计算机储存，将计算的方法编程软件，每次只要输入需配送的各种货物总量，计算机就能自动输出配装结果。

5.2.3 配送路线的确定

配送路线合理与否对配送速度、成本、效益会有很大的影响，因此，采取科学合理的方法来确定配送路线是配送活动中一项十分重要的工作。确定配送路线可以采取数学方法以及在数学方法的基础上发展和演变来的经验方法，但不管采取哪种方法，首先应明确目标，再考虑实现目标的限制因素，在有约束的条件下寻找最佳方案。

1. 确定目标

目标的选择根据配送中心的具体要求、配送中心的水平、实力以及客观条件而定，可以有以下几种选择：效益最高、成本最低、路程最短、吨公里最低、准时性最高、运力利用最合理、劳动消耗最低。

2. 确定约束条件

以上目标在实现的过程中都要受到许多条件的约束，必须在满足这些约束条件的前提下取得成本最低或者吨公里最小的结果。一般的配送约束条件有以下几种：满足所有收货人对货物发出时间范围的要求；在交通管制允许通行的时间进行配送；满足所有收货人对货物品种、数量、规格的要求；各配送路线的货物量不能超过车辆容积以及载重量的限制；在配送中心现有的运力范围之内。

3. 确定配送路线的方法

确定配送路线的方法有数学计算法、方案评价法。

（1）数学计算法。

利用经济数学模型进行数量分析。主要有精确算法和启发式算法，精确算法主要包括动态规划法、分支定界法和切平面法；启发式算法主要有节约里程法、遗传算法和蚁群算法等，常用的是节约里程法。节约里程法是在实际工作中只需求近似解，不一定求得最优解的情况下采用的。主要适用于需求稳定的客户，要充分考虑交通和道路情况，并要充分考虑收货站的停留时间，当需求量大时，可以利用计算机系统实现。

（2）方案评价法。

当配送路线的影响因素比较多，难以用某种确定的数学关系表达时，或难以用某种单项依据评定时，可以采取对配送方案进行综合评定的方法，步骤如下。

① 模拟配送路线方案。首先以某一项比较突出和明确的要求作为依据，制订出模拟配送路线方案。例如，以某几个点的配送准时性等模拟出几个不同的方案，方案要求提出线路发、经地点以及车型等具体参数。

② 对各方案生成的数据进行计算。如配送的距离、配送成本、配送行车时间等数据计算，并作为评价依据。

③ 确定评价项目。决定从哪些方面对方案进行评价，如动用车辆数、司机数、油耗、总成本、行车难易等方面，都可作为评价依据。

④ 对方案进行综合评价。

5.3 配送合理化

配送本身并不是只具有单一功能的、由单一要素所构成的活动,在实际运作中会出现很多不合理的表现形式。配送合理化的目的就是在分析不合理配送的产生原因基础上,促进配送活动的成本、时间、流程等方面的优化。

5.3.1 不合理配送的表现形式

1. 库存决策不合理

由配送活动的类型介绍可知,部分类型的配送活动需要涉及库存决策问题。有些配送中心只是把配送中心当作库存的转移地点,没有从总体去衡量集中库存量与客户分散库存量的关系,造成了库存量过多或者不足。无论是哪种情况,都在很大程度上影响配送的功能效果,利用配送能够实现集中库存总量降低的优势,节约社会共同资源,同时也能使客户减少在库存管理方面的负担。

2. 配送与直达运输的决策不合理

虽然直达运输能够减少很多环节,使客户在最短时间内、以最少的货物损伤获得配送服务,但配送和直达运输所面对的客户群体、货物规模有较大不同。若客户需求货物批量很大,可以采取直达运输,这不仅可以获得较优的单个配送价格,而且可以充分利用运输工具的实载率和运能、减少装卸搬运成本,大幅度降低总成本。若客户需求货物批量不大,有一定的随机性,即使增加了中间环节,也更适合选用普通的配送方式,因为获得的收益要大于这些中间环节所增加的费用。

3. 配送价格不合理

配送价格有一部分是由配送市场竞争所驱动的,另一部分需要保障配送价格应低于客户自己单独完成配送活动所耗费的成本,这样才会对双方都有利。若价格过高,则会损害客户的利益,长期运营之后,容易引起客户订单的流失;若价格过低,则会导致配送企业处于亏损状态,国内配送市场在价格竞争方面比较激烈,甚至容易产生非理性低价格的现象,不仅使配送企业受损,而且客户享受不到原有的配送服务水平,最后由于各配送企业的长期亏损,不得不放弃这种竞争方式。

4. 资源筹措不合理

配送企业的资源筹措方式主要是利用规模效益来降低资源筹措成本,从而使配送资源筹措成本低于客户自己筹措资源的成本。例如,没有与资源供应者建立长期、稳定的供需关系,仅仅为少数客户服务,反而使客户增加了在代筹代办方面的费用;或者配送计划不准确,导致资源筹措量过多或过少。

5. 经营观念不合理

配送企业在经营中考虑的并不是如何实现配送企业与客户的双赢，而是更多地关注如何增加自己的收益，将成本转移到客户身上。例如，配送企业的库存规模增加时，强迫客户接收货物来缓解配送企业的库存压力；配送企业资金紧张时，长期占用客户资金；配送企业在资源短缺时，将客户所委托的资源挪作他用，使配送的形象被扭曲，更谈不上长期的发展。

5.3.2 合理配送的标志

1. 库存标志

库存标志是判断配送合理与否的重要标志，包括以下两个具体指标。

库存总量。库存总量是指"配送中心库存量加上各客户在实行配送后的库存量之和"，而不是简单地把各个分散的客户所拥有的库存转移给配送中心。从客户角度判断的方式是比较实施配送前后的库存量，由于库存量本身是个动态变化的数量，应在一定经营量发生的基础上进行比较。这里需要注意一点，由于客户发展速度加快及市场需求增加所导致的客户库存量增长的情况，不属于配送不合理范畴。

库存周转。库存周转是指在配送企业的配合之下，能够使客户以高于原来的库存周转速度实现以低库存保持高供应能力的目的。即各客户在实施配送后，库存周转速度得以加快（为了使比较基准同一化，库存标志采用的是库存储备资金，而不是库存数量）。

2. 资金标志

合理的配送应表现为有利于资金占用率的降低和实现资金利用率的科学化，具体如下。

资金总量：即随着储备总量的下降及供应方式的改变，资源筹措所占用的流动资金总量有了很大程度的改善。

资金周转：这个指标是衡量企业运营状况的重要指标，由于实施了配送，企业资金周转速度加快，以同等数量的资金换取了更多的收益，因此把资金周转列为配送合理的标志之一。

资金投向的改变：即以资金集中投入方式还是分散投入方式来实现资金调控能力。通过实施配送，企业是否可以通过资金集中投入方式来提高调控作用强度。

3. 成本和效益标志

资源筹措成本、总效益、宏观效益、微观效益等都是判断配送合理化的重要标志。实施配送的主体不同，则判断侧重点不同。例如，客户集团自己组织配送，强调保证能力和服务性，效益主要从总效益、宏观效益和客户集团企业的微观效益来判断，不必过多顾及配送企业微观效益；若交由配送企业实施配送，配送企业以企业利润反映配送合理化程度，客户则以供应水平的提高与供应成本的降低反映配送的合理化程度，以及需要综合衡量配送总效益、社会宏观效益、配送企业和客户双方的微观效益。

4. 供应保证标志

供应保证是能够反映配送风险程度的标志，实施配送后，必须提高对客户的供应保证能力，这才能被称为实施了合理的配送。供应保证能力可以从以下几方面判断。

缺货次数。实施配送后，对各客户来讲，该到货而未到货以致影响客户生产及经营的次数，而缺货次数有显著下降才算合理。

配送企业集中库存量。对每个客户来说，集中库存量所形成的保证供应能力应高于配送前单个企业的保证能力，这才属于合理配送。

即时配送的能力及进度。在客户出现特殊情况时，对客户的配送能力及反应速度必须高于未实施配送前客户紧急进货的能力及速度才算合理。

尽管上述提到需要提高配送企业的供应保证能力，但供应保证能力是一个科学的、合理的概念，需要有一定的标准来控制其无限的提升。如果供应保障能力过高，超过实际需要，则会在成本、客户服务等方面造成负担，因此追求供应保障能力的合理化也是有限度的。

5. 社会运力节约标志

社会运力的节约，是依靠配送运力的规划和整个配送系统流程的优化及社会运输系统的合理衔接实现的。配送运力规划是任何配送中心都需要解决的问题，而其他问题有赖于配送物流系统的合理化，判断起来比较复杂，可以简化判断如下：社会车辆总数减少，而承运量增加为合理；社会车辆空驶减少为合理；一家一户自提、自运减少，社会化运输增加为合理。

6. 物流合理化标志

配送必须有利于物流合理化，可以从是否降低了物流费用、减少了物流损失、加快了物流速度、发挥各种物流方式的最优效果、有效衔接干线运输和末端运输、未增加实际的物流中转次数、采用了先进的技术手段等方面来判断。

5.3.3 配送合理化的措施

要实现配送合理化，需要以物流系统总效益为基础，运用系统理论、系统工程原理和方法，组织好货物的配送活动流程、路线、配置等，避免不合理配送问题的出现。

1. 掌握客户的需求情况，有利于推行即时配送

配送企业应对配送覆盖范围的客户需求进行全面调查，了解和掌握客户的销售情况及所需配送服务的物料的品种、规格、承受服务价格、供应周期等信息，在此基础上进行科学预测，并建立配送档案，有针对性地为客户服务。一旦客户产生即时配送的需求，可以以尽可能低的成本完成服务，从而提高配送企业的反应能力，解决客户对供应保证能力的担忧。

2. 加强配送的计划管理

配送是生产和销售活动的衔接和延伸，生产和销售的连续性和计划性决定了配送需要具备很强的计划性。配送活动本身是由收货、储存、配装、流通加工等一系列环节所组成的，需要这些环节密切地协调配合，因此更需要有计划地管理配送活动才能获得效益。在掌握客户需求情况的基础上，指定目标框架下的实施步骤和措施，有计划地实施配送活动中的各环节任务。

3. 推行专业化配送

专业化配送的实施不只是需要有专业的设备、专业设施，同时需要专业的操作程序和人员配备，为特定需求的客户提供较好的配送服务，并且通过降低配送综合化复杂度和难度，追求实现配送合理化。

4. 推行加工配送

这种加工配送是针对以"中转"为主要功能的配送企业来讲的，通过将流通加工和配送相结合，在中转过程中合理地辅助以流通加工，能避免增加新的中转环节。另外，由于有计划地在加工完成后衔接配送，流通加工的目的更为明确。流通加工与配送的结合，相对于单独建立流通加工中心或单独建立配送中心，不需要增加那么多的投入，而且可以同时发挥两者的优势，获得更高的效益，这是近几年很多配送中心的发展趋势。

5. 推行共同配送

共同配送的内涵和优点在前面已经讲述过了，利用共同配送，能以最近的路线、最低的配送成本完成配送，从而追求合理化。

6. 实行送取结合

实行送取结合是充分利用运力的有效途径，更好地发挥了配送企业的综合服务能力。配送企业与客户建立稳定、密切的协作关系使配送企业不仅是客户的供应代理人，而且有些配送企业还是客户的储存点，甚至成为客户产品的代销人。常见的送取结合措施是，配送企业在配送时将客户需要的货物送到客户指定地点，再将客户生产的产品利用同一运输工具运回至协议地点，这个产品也成为配送企业的配送产品之一，甚至还需要配送企业代存，客户免去了库存的负担。

7. 推行准时配送系统

推行准时配送系统是现代配送企业追求配送合理化的重要手段，配送做到了准时，用户才能准确地掌握资源的情况，可以放心地实施低库存或零库存，可以有效地安排接货的人力、物力，通过时间的衔接完善来追求最高效率的工作。

5.3.4 配送路线的优化

配送路线的合理程度对配送速度、成本、效益等这些结果的影响较大，因此需要以科学合理的方法优化配送线路。而配送路线的优化与运输路线的优化内容相近，常采用方案评价法、线性规划法等运筹学模型方法及节约里程法等。而无论采用何种方法对配送路线进行优化，都需要先确定优化达到的目标，才能确定影响这个目标的各种约束条件，尝试获取能够满足各种约束条件的最佳方案。

结合客户对配送服务的具体要求、配送企业的服务水平、实力及客观条件，配送路线优化的目标主要有以下几项：

效益最高：即配送企业当前效益为主要考虑因素，并兼顾企业的长远效益。配送企业当前效益可以通过利润来体现配送经营活动的整体效益。但由于效益是综合性指标，很难与配送路线建立函数关系，因此这个指标较少被采用。

成本最低：配送成本与配送路线密切关联，而且成本对整体效益有重要的影响，因此可以理解为成本最低近似于效益最高的目标，由于成本的构成相对容易界定，因此比较实用。

路程最短：当成本与路线相关性较强，且受其他因素的影响较小时，可以采用路程最短的目标。此目标可以大大简化计算过程，而且可以避免许多较难界定的影响因素。但在实际分析中，路程最短并不一定等同于成本最低，如配送路线的道路条件、道路收费、交通拥堵等成本因素，有时需要附加其他条件与路程最短相结合。

吨公里最低：这是在配送距离较远时常采用的目标，也是物流统计数据常采用的指标（货物周转量）。在需要在多个发货点和多个收货点间进行配送时，而且是实行整车配送方式，选择吨公里最低的目标是有利于获得最优配送路线的，而且比较适用于共同配送方式。

运力利用最优：这个目标比较适合于运力紧张的情况，运力本身与成本具有一定关联，为了节约优先的运力、充分利用现有运力，而且不采取外租运输工具或采购运输工具，可以以运力安排作为配送路线优化的依据。

以上这些目标在实施时都受到许多条件的约束，必须在满足这些约束条件的前提下实现目标。一般的配送活动，需要满足以下要求：① 所有收货人对货物品种、规格、数量的要求；② 收货人对货物到达的时间范围要求；③ 交通管制运行时的通行时间；④ 各配送路线的货物量不得超过车辆容积及载重量的限制；⑤ 在配送中心现有运力允许的范围之内。

案例分析：如风达——凡客的自配送实验

凡客由卓越网创始人陈年创办于2007年，产品覆盖男装、女装、童装、鞋、家居、配饰、化妆品等类，支持全国1 100座城市的货到付款、当面试穿、30天无条件退换货，已成为网民购买服装服饰的主要选择对象。凡客的迅速发展，最好的印证是如风达职员规模的快速增长。如风达的发展和凡客是同步的，而且是属于战略性的布局，正如如风达总经理所言的"凡客的商品不见得是最好的，但凡客的配送服务却是最好的"。

2000年卓越在创办时，市场上还没有成熟的专业快递公司，卓越因此选择自建配送。凡客成立后，创业元老之一的李红义被委以了自建配送的重任，因李红义在卓越和红孩子时期做的就是物流配送。2007年10月18日，他们迎来了凡客的第一笔订单，当时的如风达加起来只有16个人，而如风达当时也只是凡客的一个配送部门。

最初凡客的配送网络只覆盖了北京和上海，而且在北京也只有海淀、丰台、国贸三个配送站点，五环内所有的订单都要送，直到2008年早些时候，凡客的订单量都很少，每天大概在几十单左右。但2008年的4月，凡客却决定把如风达注册成独立公司，此后如风达迅速布点于杭州、无锡、山东、广州、深圳、江苏、浙江等10个地区。在其进驻的城市中，如风达的配送量平均占到凡客总配送量的50%以上，北京和上海的比例则高达90%。

李红义把其中原因归结为"凡客订单量的快速增加"，在公司运营8个月后，凡客的衬衫日销量已经达到了1万件，日销售额超过了100万元人民币。当时公司内部发现：绝大部分顾客对于凡客的配送服务很满意，"而这促成了再次消费"。另一家也选择自建物流的B2C公司人士解释说：配送员还是B2C公司的销售、导购、促销，与消费者接触程度高，他们的形象和服务很大程度上决定了消费者对品牌的认知和定位。以武汉为例，在如风达进驻后，凡客在当地的订单增长了1000%，这又形成了一个循环，如风达会优先选择在"订单增加又快又稳"的区域，例如之前的江浙，后来的长沙、武汉、成都以及沈阳等。

凡客起步时，市场上还没有能够提供相应服务的快递公司，这是如风达能发展起来的关键原因。如风达实行一日双配制：上午12点之前的货，18点前送到；下午下的单，第二天12点前送到。而且还要求每单货品配送前，具体负责的配送员在公司系统通知之外，还要一对一地通知客户预计到达的时间。与传统快递员求快、求量不同，如风达的配送员每天的送单上限是30单，"要给客户试穿、犹豫甚至提出疑义等留出时间"。能这么做的前提，则是如风达只送凡客货物，其所有的配送站点、配送员都直属如风达。如风达配送员的收入也不只挂钩于单数，其内部把收入分为A、B、C、D四级，最高的提成是每单4元，最低每单2.5元，能拿到最高提成的是那些"没有投诉，拒签率和延时记录都在一定比例内"的派送员。例如，如风达国贸站的配送员黄济民，过去9个月每个月的收入都在四五千元，前提是"没有一次投诉只有一次延时查询，每个月的拒收记录在2%以下"。但如风达并非凡客唯一依赖的，即便是如风达已入驻的区域，凡客也和第三方的配送公司合作，目前后者占凡客总配送量的50%。如风达在这种配置中扮演的角色为"是最后的保障"，尤其是促销期或假期订单爆炸式增长时，如果全靠第三方物流，因为他们会爆仓，从而导致凡客的货也送不出去。

从外部来看，如风达截至年底近万人的配送团队的成本将是一笔巨大的支出。如风达估算"即使给第三方的配送团队，也是需要付费的"，这块的成本基本可以持平。早期的成本相对偏高，当时只有几十人的配送队伍哪里都得去，碰到地址偏远的订单，一个配送员大半天的时间都耗在路上。然而毫无疑问，自建物流的人力成本显然要高于把配送外包。以如风达为例，其不仅要给配送员缴纳社保，还有针对每个人的入职、轮换以及在职培训，培训期间每天补贴30块钱。此外每个配送员的服装、车辆等也都是如风达购置的，租用地点也需要资金。而且每个配送员配置GPS以及手持GDA，其站点也要购置自动分拣系统，这些都需要成本，同时也需要考虑快递员在外面可能发生的交通安全问题所引发的成本。

● **根据案例，思考下列问题：**

1. 凡客为什么选择自建配送团队？
2. 凡客在选择第三方物流公司服务后，为什么配送比例一直在控制？
3. 你认为配送和企业的销售之间存在怎样的关系？

● 问题思考与训练

1. 我国对于配送概念的具体定义是什么?
2. 配送的功能有哪些?
3. 配送中心的业务流程是怎样的?
4. 不合理的配送有哪些表现形式?
5. 配送路线的优化具体在哪些方面进行?

6 物流系统规划分析方法

本章学习目标

1. 了解物流系统的概念。
2. 了解物流系统分析的方法、理论。
3. 掌握数学规划方法、物流选址优化方法、物流配送优化方法的模型建立过程。
4. 掌握主要的物流仿真软件。

6.1 物流系统规划分析概述

6.1.1 物流系统特征分析

1. 整体性特征

物流系统的整体性表现为:准确地按期将商品送交顾客;尽可能减少对顾客商品供给的断档,最大限度地创造"时间价值"和"场所价值"。物流系统的"时间价值"和"场所价值"是各物流要素(储存保管、运输配送、装卸搬运、包装、流通加工、信息服务)按照特定方式相互联系形成的一个整体,产生出它的组成部分累加总和所没有的系统性与整体性。

2. 关联性特征

物流系统内部各要素不是相互独立的,而是相互联系、相互制约,此消彼长,广泛地存在效益悖反关系的。为了降低库存成本,企业可以采取减少每次收货的数量、增加收货次数、缩短存货周期等策略,这样既可以保证企业销售需要的商品不脱销,又降低企业的库存水平,从而降低储存保管成本。与此同时,它要求运输配送采用"小批量、多批次、短周期"的及时配送策略,使运输配送活动无法实现规模经济,导致运输配送成本的提高。

3. 目的性特征

物流系统关联性特征表明,各项物流活动之间存在成本冲突。因此,物流管理是以成本为核心,按照最低总成本的要求,寻求悖反曲线的合成曲线的最优范围,使整个物流活动系统化。也就是要整合物流活动各要素之间的矛盾,把它们有机地联系起来成为一个整体,实现总成本最小化和整体效益最大化,即物流活动最基本的努力方向或目的。

4. 环境适应性特征

物流活动是物资从供给者到需求者的物理性运动，通过创造时间价值和空间价值（有时也创造形态价值）的活动，达到某种军事、经济和社会要求，是一个同外界物质和信息有着密切联系的高度开放的系统，同时，它是一个非线性系统。因此，根据耗散结构理论和协同学理论，物流系统会不断形成新的秩序，具有很明显的环境适应特征。

6.1.2 物流系统分析

1. 分析要点

物流系统分析是一种仍在不断发展的现代科学方法，虽然已在很多领域采用并取得显著成效，但是实际情况下，并不是任何物流系统都可用系统分析的方法来研究，因为要考虑到经济与时效等因素。为此，在采用物流系统分析前，要注意以下几个方面的问题：

（1）物流系统分析是一个长期的工作，它贯穿在物流系统规划、运行评价、优化改善的全过程中。因为物流系统分析的总目标就是寻找物流系统的最优途径，而物流系统在运行过程中，它所处的外界环境及其内部构成都在不断地变化和运动，系统分析就要抓住这些信息，总结和归纳出这些特征，找到系统达到效益最优的途径和方法。可以说，只是要物流系统存在运行，物流系统分析工作就在时时刻刻地进行。总之，物流系统分析需要有高度能力的分析人员辛勤而漫长的工作。

（2）物流系统分析虽然对制定决策有很大的帮助，但是它不能完成代替想象力、经验和判断力的任务。物流系统分析只能是将研究问题运用数学的方法或模型，推解出优化的备选方案。在将现实问题归纳成数字模型的过程中，必然舍去了一些无法运用数学方法进行分析的因素，而这些因素可能对系统的实际运行产生影响，因此当管理者进行选择或决策时，必然要运用自己的经验、想象或直觉进行综合判断。

（3）物流系统分析基本上是考虑经济、效益等目标，或者说是以经济学的方法来解决问题。对任何问题，通常均有不同的解决方案，应用物流系统分析研究问题，应对各种解决问题的方案，计算出全部费用，然后再进行比较。但在决策时又要注意：费用最少的方案，不一定是最佳选择，因为选择最佳方案的着眼点，不在"省钱"，而是"有效"。

2. 分析原则

一个物流系统由许多要素组成，要素之间相互作用，物流系统与环境互相影响，这些问题涉及面广而又错综复杂，因此进行物流系统分析时，应认真考虑以下一些原则：

（1）物流系统内部与物流系统环境相结合。

一个企业的物流系统，不仅受到企业内部各种因素，如企业生产规模、产品技术特征、职工文化技术水平、管理制度与管理组织等的作用，而且还受到社会经济动向及市场状况等环境因素的影响。

例如，美国的杜邦公司是世界历史最老的公司之一，公司的文化就是创造奇迹，公司内部利润空间丰富的原因之一就在于物流系统能适应环境变化。又如，百胜集团包括肯德基与必胜客,它依靠中国市场力压麦当劳就在于能因地制宜地分析设计物流系统。

(2)局部效益与整体效益相结合。

物流系统分析与设计时也是一样,在分析物流系统时常常会出现物流子系统的效益与物流系统整体的效益不一致的现象。例如,我国的海尔公司依订单生产对物流系统的改造使生产系统不能批量化,但却提高了整体的利益。

(3)当前利益与长远利益相结合。

只有兼顾当前利益和长远利益的物流系统才是好的物流系统。物流管理信息系统改造时,就必须因地制宜地考虑这一原则。

(4)定量分析与定性分析相结合。

物流系统分析总是遵循"定性—定量—定性"这一循环往复的过程,只有将定性与定量两者结合起来综合分析,才能达到优化的目标。这也是管理的科学性与艺术性结合的体现。

6.1.3 物流系统分析方法

1. 数学规划法

这是一种对系统进行统筹规划,寻求最优方案的数学方法。其具体理论与方法包括线性规划、动态规划、整数规划、排队规划和库存论等。这些理论和方法都是为了解决物流系统中物流设施选址、物流作业的资源配置、货物配载、物料储存的时间与数量的问题。

2. 统筹法

统筹法,是指运用网络来统筹安排,合理规划系统的各个环节。它用网络图来描述活动流程的线路,把事件作为结点,在保证关键线路的前提下安排其他活动,调整相互关系,以保证按期完成整个计划。该项技术可用于物流作业的合理安排。

3. 系统优化法

在一定约束条件下,求出使目标函数最优的解。物流系统包括许多参数,这些参数相互制约,互为条件,同时受外界环境的影响。系统优化研究,就是在不可控参数变化时,根据系统的目标,如何来确定可控参数的值,以使系统达到最优状况。

4. 系统仿真

利用模型对实际系统进行仿真实验研究。

上述不同的方法各有特点,在实际中都得到广泛的应用,其中系统仿真技术近年来应用的最为普遍。系统仿真技术的发展及应用依赖于计算机软件技术的飞速发展。今天,随着计算机科学与技术的巨大发展,系统仿真技术的研究也不断完善,应用不断扩大。

5. 其他方法

(1)主因素分析法。

主成分分析法是一种降维的统计方法,它借助于一个正交变换,将其分量相关的原随机向量转化成其分量不相关的新随机向量，这在代数上表现为将原随机向量的协方差阵变换成对角形阵，在几何上表现为将原坐标系变换成新的正交坐标系，使之指向样本点散布最开的 p 个正交方向，然后对多维变量系统进行降维处理，使之能以一个较高的精度转换成低维变量系统，再通过构造适当的价值函数，进一步把低维系统转化成一维系统。

（2）层次分析法。

层次分析法（Analytic Hierarchy Process，AHP）是将与决策总是有关的元素分解成目标、准则、方案等层次，在此基础之上进行定性和定量分析的决策方法。该方法是美国运筹学家匹茨堡大学教授萨蒂于 20 世纪 70 年代初，在为美国国防部研究"根据各个工业部门对国家福利的贡献大小而进行电力分配"课题时，应用网络系统理论和多目标综合评价方法，提出的一种层次权重决策分析方法。

（3）聚类分析法。

聚类分析法是指研究的样品（网点）或指标（变量）之间存在程度不同的相似性（亲疏关系——以样品间距离衡量）。根据一批样品的多个观测指标，具体找出一些能够度量样品或指标之间相似程度的统计量，以这些统计量作为划分类型的依据，把一些相似程度较大的样品（或指标）聚合为一类，把另外一些彼此之间相似程度较大的样品（或指标）又聚合为另一类，直到把所有的样品（或指标）聚合完毕，这就是分类的基本思想。

（4）遗传算法。

遗传算法（Genetic Algorithm）是一类借鉴生物界的进化规律（适者生存，优胜劣汰遗传机制）演化而来的随机化搜索方法。它是由美国的 J.Holland 教授 1975 年首先提出，其主要特点是直接对结构对象进行操作，不存在求导和函数连续性的限定；具有内在的隐并行性和更好的全局寻优能力；采用概率化的寻优方法，能自动获取和指导优化的搜索空间，自适应地调整搜索方向，不需要确定的规则。遗传算法的这些性质，已被人们广泛地应用于组合优化、机器学习、信号处理、自适应控制和人工生命等领域。它是现代有关智能计算中的关键技术。

6.2 物流系统规划优化方法

6.2.1 数学规划方法

以下是运输问题的一般解法。

某种物资有若干产地和销地，现在需要把这种物资从各个产地运到各个销地，产量总数等于销量总数。一直各产地的产量和各销地的销量以及各产地到各销地的单位运价（或运距）。问应如何组织调运，才能使总运费（或总运输量最省）。

模型如下所示：

$$\min z = \sum_{i=1}^{m}\sum_{j=1}^{n} c_{ij} x_{ij}$$

$$\sum_{i=1}^{m} x_{ij} = b_j; j=1,2,\ldots,n$$

$$\sum_{j=1}^{n} x_{ij} = a_i; i=1,2,\ldots,m$$

$$x_{ij} \geqslant 0$$

产销平衡的条件：$\sum_{i=1}^{m} a_i = \sum_{j=1}^{n} b_j$。

例题：某汽车零件制造商，在不同地方开设了 3 个工厂，从这些工厂出发将汽车零件运至设在全国各地的 4 个仓库，并希望运费最小。表 6.1 列出了运价以及 3 个厂的供应量和 4 个仓库的需求量。请求出运费最小的运输方案。

表 6.1　某汽车零件制造商供需表

	1	2	3	4	供应量
1	2	1	3	4	50
2	2	2	4	1	30
3	1	4	3	2	70
需求量	40	50	25	35	150

解：（1）用最小元素法给出初始运输方案，如表 6-2 所示。

表 6.2　最小元素法初始运输方案

	1	2	3	4	供应量
1	2				50
2	2				30
3	40 1	4	25 3	5 2	70
需求量	40	50	25	35	150

上表中 40、25、5 表示运输量。

（2）用位势法求空格检验数。

解：

① 对基格，令 $u_i + v_j = c_{ij}$，得 $\begin{cases} u_1 + v_2 = c_{12} = 2 \\ u_1 + v_3 = c_{13} = 3 \\ u_2 + v_4 = c_{24} = 1 \\ u_3 + v_1 = c_{31} = 1 \\ u_3 + v_3 = c_{33} = 3 \\ u_3 + v_4 = c_{34} = 2 \end{cases} \Rightarrow u_1 = 0 \begin{cases} u_1 = 0 \\ u_2 = -1 \\ u_3 = 0 \\ v_1 = 1 \\ v_2 = 2 \\ v_3 = 3 \\ v_4 = 2 \end{cases}$

② 对空格，令 $\sigma_{ij} = c_{ij} - (u_i + v_j)$，得 $\begin{cases} \sigma_{11} = c_{11} - (u_1 + v_1) = 2 - (0+1) = 1 \\ \sigma_{14} = c_{14} - (u_1 + v_4) = 5 - (0+2) = 3 \\ \sigma_{21} = c_{21} - (u_2 + v_1) = 2 - (-1+1) = 2 \\ \sigma_{22} = c_{22} - (u_2 + v_2) = 2 - (-1+2) = 1 \\ \sigma_{23} = c_{23} - (u_2 + v_3) = 4 - (-1+3) = 2 \\ \sigma_{32} = c_{32} - (u_3 + v_2) = 4 - (0+2) = 2 \end{cases}$

检验数均为非负，故当前方案为最优方案。

$x_{12}^* = 50, x_{24}^* = 30, x_{31}^* = 40, x_{33}^* = 25$ 其余全为 0。

$Z^* = 50 \times 1 + 30 \times 1 + 40 \times 1 + 25 \times 3 + 5 \times 2 = 205$。

6.2.2 物流选址优化方法

1. 单设施选址模型

在所有设施选址问题中，新设施选址是最简单的模型。问题定义如下：给出现有设施位置、新设施和现有设施之间的运输量，确定使总运输费用最小的最优选址方案。下文的运输费用是以运输距离乘以运输量来确定的。为现有的工厂或市场建一新的仓储中心为当前市场服务；在工厂内确定机器器具位置；建立一个区域性机场为几个城市服务等都是单设施选址的例子。

（1）直角选址模型。

当解空间是一个工厂、仓库或城市时，根据线路结构，物质移动以直角进行时此模型间最合适。现有设施 A 坐标 (x, y) 和新设施 p 坐标 (a, b)，它们之间的直角距离为 $d(A, p)$，定义如下：

$$d = (A, p) = |x - a| + |y - b| \tag{6.1}$$

当有 m 个现有设施（$A_1, A_2, \cdots, A_M$）时，设施 A_j 与新设施之间有一流量 w_j，使总位移最小的新设施选址问题可表示如下：

$$\min \sum_{j=1}^{m} w_j = (|x_j - a| + |y_j - b|) \tag{6.2}$$

式（6.2）可重写为式（6.3），即将问题分解成两个单独最小化问题得式（6.4）和（6.5）：

$$\min \sum_{j=1}^{m} w_j (|x_j - a| + \sum_{j=1}^{m} w_j |y_j - b|) \tag{6.3}$$

$$\min f(x) = \sum_{j=1}^{m} w_j (|x_j - a|) \tag{6.4}$$

$$\min f(y) = \sum_{j=1}^{m} w_j |y_j - b| \tag{6.5}$$

为了能够简易地确定新设施的坐标，可假设式（6.4）和（6.5）的最优解满足下面两个特性（Francis 和 White）：

① 新设施的 x 坐标将和某一现有设施的 x 坐标相同。新设施的 y 坐标也和某一现有设施的 y 坐标相同，但新设施的 (x,y) 坐标与现有设施的 (x,y) 坐标不完全一致。

② 新设施的 x 坐标（y 坐标）的最优位置是一个中间位置，不超过一半的运输量在新设施位置左边（y 坐标的下边），同时不超过一半的流量在新设施的右边（y 坐标的上边）。

一般情况下，这两个假设可以满足。对于特殊情况，如三点一线问题、处于圆周上的点等不一定按上述方法来确定，可以具体问题具体分析。

例：现有设施车床、钻床、磨床在一生产车间内的坐标分别为（5,2）、（8,3）、（6,5），现需一台新钻床放在此车间来满足加工要求，新增的钻床和三台现有机器之间的流量分别为 50，25，30，假定物流移动按直线距离进行，求使总运行距离最小的钻床的位置。

解：将现有机器的 x 坐标按从小到大的顺序排列，并根据新钻床与三台机器之间的流量写出其累积流量值。根据累积流量值及前述的特性①和②选出中间坐标值，当 x 坐标等于 6 时，累积流量值第一次等于或超过总流量值的一半。那么 6 即为新钻床的 x 坐标，如表 6.3 所示。依据同样方法确定新钻床 y 坐标值，其最优值为 3，见表 6.4。

表 6.3 按 x 坐标排列的现有机器的流量

现有机器	X 坐标值	流量	累积流量
车床	5	50	50
磨床	6	30	80（中间值）
钻床	8	25	105

表 6.4 按 y 坐标排列的现有机器的流量

现有机器	Y 坐标值	流量	累积流量
车床	2	50	50
钻床	3	25	75（中间值）
磨床	5	30	105

因此，新机器的最优位置坐标为（6,3）。

（2）对单位施选址问题的评述。

求解单设施选址问题的方法有很多，除重心法模型外，还有图表法、近似法、搜索法等。

这些方法对现实情况的模拟程度，最优解的收敛快慢程度等都各不相同。显然，没有任何模型具有某一选址问题所希望的所有特点，也不可能由模型的解能够直接导出最终决策，在具体的选址分析中，需要定性分析和定量分析相结合。

单设施选址模型一般具有一些简化的假设条件。

① 模型常常假设需求集中在某一点，而实际需求来自分散的多个消费点。市场的重心通常被当作需求的聚集地。这会导致某些计算出现误差，因为计算出的运输成本是需求聚集地而非到单点的消费点。

② 模型主要根据可变成本来进行选址，没有区分在不同地点建设仓库所需的资本成本，以及在不同地点经营有关的其他成本（如劳动力成本、仓库持有成本）之间的差别。

③ 总运输成本通常假设运价随运距成比例地增加，然而，大多数运价是由不随运距变化

的固定的部分和随运价变化的可变部分组成。

④ 模型中仓库与其他网络节点之间的线路通常被假定为直线。实际上这样的情况很少，因为运输总是在一定的公路网络、铁路网络或城市街道网络内进行的。我们可以在模型中心中引入一个比例因子把直线距离转化为近似的公路、铁路或其他运输网络的里程。例如，计算出的直线距离加上 20%得到公路直达线里程，加上 25%得到铁路短程里程。如果是城市街道，则使用 40%的因子。

2. 零售与服务选址

零售店和服务中心通常是物流网络中的最后储存点，例如百货商店、超市、维修中心等，对这些点的选址分析通常会对收入、便利性等因素高度敏感。下面是决定零售与服务中心选址的几种比较常见的方法。

（1）加权清单。

通常，影响选址的因素总是难以量化或者量化成本很高的。定性判断仍然是选址决策中不可分割的一部分，但是若分析中没有在一定程度上进行量化，也很难对不同选址进行比较。一种可能的方法是建立一个选址因素的加权矩阵，如表 6.5 所示。然后，对各备选点的每个因素打分。各因素的权重乘以各因素得分后加总就得到选址点总得分，即一定指数，选址时将优先考虑指数值高的点，再考虑指数低的点。

表 6.5 影响零售服务选址的因素

零售业结构	区域竞争者数量	位置特征	可使用的停车场数量
	区内商店的数量和类型		街道上该位置的可视性
	相邻商店的互补性		店面的大小和形状
	接近商业区的程度		入口和出口的状况
	当地商家的联合促销		已有建筑物的条件
交通流量与可达性	交通工具的数量	成本和法律因素	地区类型
	交通工具的类型		租赁期限
	步行人数		地方税
	公共交通的可及性		运营和维修保养
	街道拥挤的程度	当地人口统计特征	本地区的人口基数
	通行街道的状况		本地区的收入潜力

（2）吸引力模型。

关于零售商圈的吸引力分析主要是采用引力模型，它是根据物理学上的万有引力定律的原理提出来的。早期版本就是赖利于 1929 年提出的零售引力的赖利法则。

顾客在确定去两个城镇（或购物中心）之一时会考虑路程的远近，购物中心对消费者的吸引力随着可用的销售面积的平方根的增加而增加，每个城镇（或购物中心）的相对吸引力等于销售面积的平方根除以顾客到商店的距离。

$$A = \frac{\sqrt{S}}{T} \quad (6.6)$$

式中 A——购物中心对消费者的吸引力；

S——商店的对于某类商品的总销售面积；

T——顾客到商店的距离。

赖利法则有如下假设：一是，两个竞争性的零售店（区域）的交通同样便利即单位交通成本一致。

赫夫对重量概念进行了修正，并带入到更有效的实用模型中去。赫夫概率法则的最大特点是更接近于实际，他将过去以都市为单位的商圈理论具体到以商店街、百货店、超级市场为单位，综合考虑人口、距离、零售面积规模等多种因素，将各个商圈地带间的引力强弱、购物比率发展成为概率模型的理论。其内容是"在整个商业聚集区集中于一定的场合，居民利用哪一个商业聚集区的概率，系由商业聚集区的规模和居民到商业聚集区的距离决定的"。该空间互相作用的模型就发展成为一个经验基础，解决消费者如何权衡备选零售店的吸引力与可达性的问题。该模型可表示为

$$E_{ij} = P_{ij} C_i = \frac{S_j^a / T_{ij}^d}{\sum_{j=1}^n S_j^a / T_{ij}^d} C_i \quad (6.7)$$

式中 E_{ij}——从人口中心被吸引到零售点的预期需求；

P_{ij}——顾客从人口中心出行到零售地点的概率；

C_i——人口中心的客户需求；

T_{ij}——从人口中心到零售点的出行时间；

a——零售点的规模对消费者选择影响的参变量；

d——到卖场的时间对消费者选择影响的参变量。

应注意，规模可能包括吸引顾客到零售店去的变量（商店的吸引力、库存的可得性、价格、停车场地等）。零售店可能是单个店面或者是一组店面组成的服务中心，譬如购物中心。出行时间可能包括所有排斥顾客的变量（距离、交通堵塞、进入限制、绕道等）。模型的目的是估计不同零售与服务中心将获得的整个市场份额。

一个消费者有机会在同一区域内 3 个超市中任何一个超市购物，已知这 3 个超市的规模和 3 个超市与消费者居住点的时间距离，如表 6.6 所示。

表 6.6 超市与消费者居住点的时间距离表

商店	时间距离（min）	超市距离（m）
A	40	50 000
B	60	70 000
C	30	40 000

问：如果 $a=1, d=1$，每个超市对这个消费者的吸引力是多少？

解：如果 $b=1$，每个超市对这个消费者的吸引力是：

A 的吸引力是：50 000÷40=1 250

B 的吸引力是：70 000÷60=1 166.67

C 的吸引力是：40 000÷30=1 333.33

该消费者到每个超市购物的概率分别是：

到 A 的概率=1 250÷（1 250+1 166.67+1 333.33）=33.3%

到 B 的概率=1 166.67÷（1 250+1 166.67+1 333.33）=31.1%

到 C 的概率=1 333.33÷（1 250+1 166.67+1 333.33）=35.6%

赫夫模型是空间相互作用模型的一个基础模型。多年来，研究者提高了模型的表述能力，将其重新表示成更复杂的模型，并通过对变量提出不同的定义来提高模型的预测能力。

6.2.3 物流配送优化方法

1. 背景

能源与环境问题已经成为世界各国关注的焦点。物流本身是主要能源消耗的产业之一，也是碳排放大户，因此低碳物流已成为国内外理论研究的新热点。通过对车辆路径进行优化，减少运输过程中的迂回、对流等不合理的运输，能够极大地减少物流过程中的能源消耗和碳排放。

车辆路径优化问题是一类求解较难的组合优化问题。研究的目标主要包括行驶路径最短、运费最小、时间最短、使用的车辆数量最少等。随着能源短缺和环境污染等问题日趋严重，减少碳排放成为研究配送车辆路线优化问题的新视角。

本书从碳排放最小的角度研究车辆路径问题，实现降低车辆配送能耗、减少车辆排放的目的，将物流业可持续发展与节能减排和建设节约型社会的全新理念有效衔接。

2. 模型构建

（1）问题描述。

本节研究的碳排放最小的车辆路径优化问题可描述为：一个物流配送中心，有效装载为 w 的车辆若干辆，负责对 n 个客户进行配送，客户的需求量为 g，求满足二氧化碳排放量最低的车辆行驶路径，并使用最少的车辆。

（2）假设前提。

① 只有一个物流配送中心；

② 物流配送中心和配个客户的位置已知；

③ 每个客户的需求量已知；

④ 车辆在对客户进行配送是不得超过其装载量；

⑤ 每个客户的需求必须得到满足；

⑥ 车辆为一种车型，且装载量已知；

⑦ 每个客户只能且必须访问一次；

⑧ CO_2 排放量与车辆的燃油消耗量成正比，车辆燃油消耗量与车辆行驶距离和载货量有关，随着载货量的变化，单位吨位的货物燃油消耗也不同。

以下是参数变量：

m：物流配送中心车辆数量；

n：物流配送中心服务的客户数量；

w:车辆的装载量;

g_i:第 i 个客户的需求量;

d_{ij}:从客户 i 到客户 j 的配送距离;

t_{ij}:车辆由客户 i 驶向客户 j 过程中单位千米 CO_2 排放量;

$$y_{ijk} = \begin{cases} 1 & (若车辆k经过客户i驶向j) \\ 0 & (其他情况) \end{cases}$$

$$x_{ik} = \begin{cases} 1 & (若客户i需求车辆k满足) \\ 0 & (其他情况) \end{cases}$$

以下是优化模型。

将物流配送中心编号为 0,将客户依次编号为 $i(i=1,2,\ldots,n)$,则该优化问题的数学模型如下:

$$\min Z = \sum_{i=0}^{n}\sum_{j=1}^{n}\sum_{k=1}^{m} d_{ij} y_{ijk} t_{ij} \tag{6.8}$$

s.t.

$$\sum_{i=1}^{n} g_i x_{ik} \leqslant w ; \quad k=1,2,\cdots,m \tag{6.9}$$

$$\sum_{k=1}^{m} x_{ik} = 1 ; \quad i=1,2,\cdots,n \tag{6.10}$$

$$\sum_{i=1}^{n} y_{ijk} = x_{jk} ; \quad j=1,2,\cdots,n; k=1,2,\cdots,m \tag{6.11}$$

$$\sum_{j=1}^{n} y_{ijk} = x_{ik} ; \quad j=1,2,\cdots,n; k=1,2,\cdots,m \tag{6.12}$$

$$\sum_{i=0}^{n}\sum_{k=1}^{m} y_{0ik} = \sum_{j=1}^{n}\sum_{k=1}^{m} y_{j0k} ; \quad k=1,2,\cdots,m \tag{6.13}$$

$$y_{ijk} = 0 或者 1; \quad i=0,1,\ldots,n; j=0,1,\ldots,n; k=1,2,\ldots,m \tag{6.14}$$

$$x_{ik} = 0 或者 1; \quad i=0,1,\ldots,n; k=1,2,\ldots,m \tag{6.15}$$

在模型中,式(6.8)为目标函数,式(6.9)为车辆载重量约束,式(6.10)限制每个客户只能且必须访问一次,式(6.11)和式(6.12)表示到达和离开每个客户的车辆只有一辆,式(6.13)表示每一辆车都是从物流配送中心出发,最后回到物流配送中心。式(6.14)和(6.15)为整数约束。

6.3 物流系统规划仿真方法

6.3.1 物流系统仿真

1. 仿真方法

(1)连续型仿真法。

连续系统是指系统的状态在时间上是平滑变化的系统。为了反映连续系统的特征，仿真模型建立一组由状态变量组成的状态方程，可以是代数方程、微分方程、函数方程、差分方程等。这些方程描述了各状态变量与主要变量——仿真时间的关系。在此基础上，按一定的规则将仿真时间一步一步向前推移，对方程的求解与评价、计算和记录各个状态变量在各个时间点的具体数值，通过连续系统的仿真模型，对系统状态在整个时间序列中的连续型变化进行动态的描述。

（2）离散型仿真方法。

离散系统是指系统状态在某些随机时间点上发生离散变化的系统。这种引起状态变化的行为被称为"事件"，因而这类系统是由事件驱动的。事件发生是随机的，因而离散系统一般都具有随机特征。系统的状态变量往往是离散变化的。离散模型仿真方法主要分为以事件为基础、以活动为基础和以过程为基础的仿真方法。以事件为基础的仿真模型是通过定义系统在事件发生时间的变化来实现的；以活动为基础的仿真模型是通过描述系统的实体所进行的活动，以及预先设置导致活动开始或结束的条件，这种仿真模型适用于活动时间延续不定，并且由满足一定条件的系统状态而决定的情况；以过程为基础的仿真模型综合了以事件为基础的仿真模型和以活动为基础的仿真模型两者的特点，描述了作为仿真对象的实体在仿真时间内经历的过程。

2. 仿真技术的作用

系统仿真具有如下作用：

（1）仿真的过程既是实验过程，也是系统地收集和积累信息的过程。尤其是对一些复杂的随机问题，应用仿真技术是提供所需信息令人满意的办法。

（2）对一些难以建立物理模型和数学模型的对象系统，通过仿真模型可以解决预测、分析和评价等系统问题。

（3）通过系统仿真，可以把一个复杂系统降价成若干子系统，以便于分析。

（4）通过系统仿真，不仅能启发新的思想或产生新的策略，还能暴露出原系统中隐藏着的一些问题，以便及时解决。

6.3.2 物流仿真软件

1. 仿真软件的发展与概括

系统仿真技术在汽车、烟草、医药、化工、军事配送、机械、第三方物流、视频、电器、电子等各个行业取得了广泛的应用，且应用贯穿于产品设计、生产过程、销售配送，直到产品寿命结束废弃以及回收阶段，离散事件系统仿真在各行各业的物流管理技术与手段中已取得了不可替代的地位。随着日益增长的技术需求，提供功能强大、方便、灵活、可靠的决策支持工具成为物流软件商的时代使命。自1995年第一个仿真软件问世以来，目前市面已经涌现了多样化的仿真软件。

按照技术出现的时间顺序，可将仿真软件的发展分为六个阶段，即通过程序设计语言、仿真程序包及初级仿真语言、一体化（局部智能化）建模与仿真环境、智能化建模与仿真环境以及支持分布交互仿真的综合仿真环境。

根据动画表现形式，可分为 2D 类（如：ARENA、eM-Plant、WITNESS、EXTEND）和 3D 类（Flexsim、AutoMod、RaLC、WITNESS），2D 是指动画通过二维平面形式来表现，3D 是指动画通过三维立体形式来表现。大多数 3D 类仿真软件也能在 2D 形式下表现，例如 Flexsim，建模可在 2D 环境下进行，在 2D 环境下的建模过程中，自动生成了 3D 模型，建立 3D 模型不需另外花费时间。有些 2D 类仿真软件通过其他的工具辅助也可表现为 3D 形式，比如 EXTEND、WITNESS。根据建模方法，物流仿真软件可分为部件固定类（如：ARENA、WITNESS、EXTEND、AutoMod、RaLC 等）和部件开放类（如：Flexsim、eM-Plant 等）。本质上，物流仿真软件的建模方法大同小异，都是通过组合预先准备好的部件来建模。其中用户不能够定制部件的软件为部件固定类，用户能够定制部件的软件为部件开放类。部件开放类的仿真软件更具有通用性和扩展性，由于用户定制的部件可被其他用户利用，部件库将会越来越大，从而加快建模速度。

根据仿真软件的来源，可分为普适性类和物流专业类。普适性类仿真软件指该软件不但可以用于物流仿真，而且可以应用到其他行业，EXTEND 仿真软件既可用于政府流程、公共事业管理、认知建模和环境保护等仿真模拟，也可以用于工厂设计和布局、供应链管理、物流、生产制造、运营管理等物流行业应用。而专业物流仿真软件则专门针对物流行业应用开发，如 Flexsim 和 Automod。

随着技术的发展进步，物流仿真软件的性能也得到不断地完善和提升。其发展趋势主要体现在以下几个方面：一是动画功能强化趋势。随着计算机处理速度的提高，各仿真软件制造商都在不断提高模型的动画表演功能。特别是 20 世纪 90 年代后研制的仿真软件，更是将现代的图像处理技术融入了仿真模型中，可直接将大众化的 3D 图形文件（如*.3DS、*.VRML、*.DXF 和*.STL）调到模型中，进行更直观的 3D 动画表演。二是附加优化功能的趋势。供需链管理目前正朝着优化和协同两个方向发展，由此带动了供需链系统建模技术的日益完善。建模手段和模型的求解方法愈加丰富，引入了各种新的和改进的优化技术。仿真不是优化工具，它是对提出的方案进行评估的工具。但是仿真和优化相结合的情况越来越多。在仿真系统中，可以利用优化功能求出最佳的参数或逻辑。应用于仿真软件中的优化工具有 OptQuest，许多仿真软件把 OptQuest 作为可选项，但也有个别的仿真软件（如 Flexsim）将 OptQuest 同捆于软件之中。三是与其他工具（系统）的连接趋势。最新的仿真软件可与 ERP 系统、仓库管理系统、实时数据管理系统等相连接。在 ERP 系统、仓库管理系统、实时数据管理系统中设置若干个数据采集点，这些数据实时地被提供给仿真系统，达到实时仿真的效果。四是网络化趋势。随着物流供需链的发展，使得物理上供应链的分布越来越分散，越来越网络化，这使得仿真建模不能仅仅局限在定点、静态的方式下，需要网络化的发展，Internet 条件下的供需链建模和仿真的研究已经迫在眉睫。

随着计算机技术的发展和新的建模方法、建模手段的产生，物流仿真软件也将逐渐完善并更广泛地应用到物流系统设计、规划当中，取得更多的成果。

2. Flexsim 仿真软件

Flexsim 是由美国的 Flexsim Software Production 公司出品的一款商业化离散事件系统仿真软件。Flexsim 是目前最新的采用了 VR 技术的三维仿真软件，不仅带有强大的数据统计分析功能，还有强大的三维显示功能。

它的实际应用非常广泛，主要适用于：

（1）服务问题。

客户至上是当今商家最为重要的准则，但是企业的运作还必须考虑成本。满足客户服务和降低服务成本这两个相互矛盾的目标往往使人们无所适从。为了寻求最佳的解决方案，可以考虑运用系统仿真技术。通过系统仿真建立客户服务模型，然后为系统制定各种不同的服务水平和成本指标，运行仿真模型比较不同指标的输出，从中找到最佳方案。

（2）制造问题。

制造过程最为关注的是，要在恰当的时间制造出恰当的产品，同时又要力求成本最低。这三个目标之间同样是相互矛盾的。为了解决这一难题，也可以运用系统仿真的方法，通过建立制造系统的模型，运行不同参数下的各种系统方案，进行比较。

（3）物流问题。

现代物流要求在规定时间内把适当的产品送至指定的地点，同时尽可能降低运送成本。这也是一个复杂的多目标系统问题，需要通过系统仿真来分析解决。

归结起来，凡是属于排队系统问题、库存系统问题和网络系统问题的都可以用 Flexsim 通过建模仿真来进行分析解决。Flexsim 所研究的对象多是复杂的多目标系统。Flexsim 将众多目标的不同参数组合的运行结果输出后供分析者比较，选取较优的参数组合。由于 Flexsim 提供了逼真的图形动画显示、完整的运作绩效报告，因此可以在比较短的时间内对各种方案的优劣进行比较，同时对预选的各种方案进行评估。

Flexsim 仿真模型的基本组成。

（1）Objects 实体。

Flexsim 实体包括资源类实体（Fixed Resource）、执行类实体（Task Executer）、网络类实体（Node）、图示类实体（Visual Object）。

资源类实体：资源类对象一般是仿真模型中的主干对象，此类对象决定了模型的流程。

执行类实体：执行类对象可从固定资源对象中获取并执行任务。一个执行类对象可以向其他执行类对象指派任务，或者管理模型中所有的执行类对象。

网络类实体：网络类对象一般用来设定 Task Executer 对象的行动路线。

图示类实体：图示类对象可用在仿真模型中显示各种信息、标识、图片或图表等。

临时实体：临时实体是那些在模型系统中移动通过的实体。临时实体可以代表零件、托盘、组装部件、纸张、集装箱、人、电话呼叫、订单或任何移动通过你正在仿真的过程的对象。临时实体可以被加工，也可以被物料运输资源携带通过系统。在 Flexsim 中，临时实体产生于一个发生器实体。一旦临时实体从模型系统中通过，它们就被送至吸收器实体。

（2）Connection 实体。

Flexsim 中通过对象之间的连接定义仿真模型的流程，模型中对象之间是通过端口来连接的，每个对象通过端口与其他对象进行通信。每个 Flexsim 的对象都可有多个端口，没有数量限制。端口可分为输入端口、输出端口和中心端口三种类型。

输入端口（input ports）：用于完成资源类实体之间的连接。

输出端口（output ports）：用于完成资源类实体之间的连接。

中间端口（center ports）：用于完成执行类实体与资源类实体之间的连接。

（3）Methods 方法集。

每个对象都具有不同的功能，这些功能确定对象的运行方式，这些不同的功能在 Flexsim 中被称为方法，方法集是完成一项任务的一系列规则集。Flexsim 采用一系列方法集来完成所建模型的作业。

Arrival Method：决定迁移实体的产生和到达模式。

Trigger Method：确定迁移实体的流动的信息内容，信息传递目标对象和传递时间等。

Flow Method：决定迁移实体的流向、流动方式和流动时间。

Navigation Method：决定 3D 视图的导航以及空间飞行模式。

Flow Item Bin Method：定义迁移实体的属性。

Task Executer Move Method：决定迁移实体如何从一个固定资源流向另一固定资源。

以下是 Flexsim 仿真平台建模特点。

Flexsim 具有如下特点：

（1）面向对象。

Flexsim 应用深层开发对象，这些对象代表着一定的活动和排序过程。要想利用模板里的某个对象，只需要用鼠标把该对象从库里拖出来放在模型视窗即可。每一个对象都有一个坐标、速度、旋转以及一个动态行为。对象可以创建、删除，而且可以彼此嵌套移动，它们都有自己的功能或继承来自其他对象的功能。这些对象的参数可以把任何制造业、物料处理和业务流程中的快速、轻易、高效建模的主要特征描述出来。

Flexsim 中的对象参数可以表示几乎所有存在的实物对象。像机器、操作员、传送带、叉车、仓库、交通灯、储罐、箱子、托盘、集装箱等等都可以用 Flexsim 中的模型表示，同时数据信息也可以轻松地用 Flexsim 丰富的模型库表示出来。

Flexsim 也允许用户建立自己的模拟对象，用户可以自行建立自己特殊的对象，一旦建立完成，其他用户便可以共享这些对象而无须重新建立。

（2）层次结构。

运用 Flexsim 所建立的仿真模型具有层次结构。在组建客户对象的时候，每一组件都使用继承的方法，在建模中使用继承结构可以有效地节省开发时间，建模时可以充分利用 Microsoft Visual C++ 的层次体系特性。

（3）可重用性。

由于 Flexsim 中的对象都是开放的，因此这些对象可以在不同的用户、库和模型之间进行交换，可以在对象中根据自己的想法改变已经存在的代码，删除不需要的代码，甚至还可以创建全新的对象。不论是已设定的还是新创建的对象都可以放入库中，而且可以应用在别的模型中。由于对象的高度可自定义性，可以大大提高建模的速度。当用户自定义的对象加入库中时，就可以非常方便地在别的模型中使用该对象。可定制化和可重用性可以显著扩展对象和模型的生命周期。

（4）可视化。

Flexsim 的虚拟现实动画以及模型浏览窗口可以把所有实时的虚拟现实图形整合在模型输出窗口。其内置的虚拟现实浏览窗口，可以添加光源、雾以及虚拟现实立体技术。为方便实际演示还可定义"Fly-Through"（三维视角的空间路径）可以将不同视角的模型运行状态实时显示出来，并且可以通过内置的 AVI 录制器快速生成 AVI 文件来记录仿真过程。

以下是 Flexsim 仿真建模的基本步骤。

Flexsim 仿真建模的基本步骤为五大步：

（1）设置布局：根据建模前设计好的物理系统，将对象从"对象库"中拖到仿真视图窗口中的适当位置。

（2）定义"流"：根据对象之间的逻辑关系，连接相应端口，构建仿真模型的逻辑流程。

（3）参数设定：根据每个对象所要描述的物理系统的特征，设定对象的参数。

（4）运行模型：先编译模型，然后重新设置并运行此模型。

（5）仿真结果分析：Flexsim 是一个实时的仿真软件，在仿真过程中，用户可以对每个对象进行操作，检测其当前的状态。

3. Automod 仿真软件

Automod 是目前市面上比较成熟的三维物流仿真软件，由美国 Autosimulation 公司的 Brooks 软件部门开发，主要特点：基于发展策略运算法则的最优化分析，用户为得到更好的模型来定义输出审核，多 CPU 并行计算等。主要包括了三大模块：AutoMod、AutoStat 和 AutoView。AutoMod 模块提供给用户一系列的物流系统模块来仿真现实世界中的物流自动化系统。主要包括输送机模块（辊道、链式），自动化存取系统（立体仓库、堆垛机），基于路径的移动设备（AGV 等），起重机模块等。AutoStat 模块为仿真项目提供增强的统计分析工具，由用户定义测量和实验的标准，自动在 AutoMod 的模型上执行统计分析。AutoView 可以允许用户通过 AutoMod 模型定义场景和摄像机的移动，产生高质量的 AVI 格式的动画。用户可以缩放或者平移视图，或使摄像机跟踪一个物体的移动，如叉车或托盘的运动。AutoView 可以提供动态的场景描述和灵活的显示方式。

4. eM-Plant 仿真软件

eM-Plant（原名 SIMPLE++）是美国 Tecnomatix 公司的一个生产过程仿真软件系统，可以对各种规模的工厂和生产线，包括大规模的跨国企业，建模、仿真和优化生产系统，分析和优化生产布局、资源利用率、产能和效率、物流和供需链，以便于承接不同大小的订单与混合产品的生产错误。

在规划阶段可通过 eM-Plant 分析全厂的设施规划方案选择、设备投资评估、暂存区、生产线平衡、瓶颈分析、派工模拟及产能分析模拟及企业再造等模拟分析。基本上与 Witness 和 Factor/AIM 一样，同样属于平面离散系统生产线仿真器。eM-Plant 具有周边的机器人仿真器群，可与 CAD、CAPE、ERP、DB 等软件之间实时通信。与周边的机器人仿真器群之间产生强有力的关联，面向大型制造业领域的仿真群中，和 Delmia 公司实力相当。其主要目的是整体系统的优化等，主要与周边系统联合起来灵活使用。但是价格昂贵，从周边工具群的联合中脱离出来单独使用时，缺乏魅力。

eM-Plant 使用面向对象的技术和可以自定义的目标库来创建具有良好结构的层次化仿真模型，这种模型包括供应链、生产资源、控制策略、生产过程、商务过程。用户通过扩展的分析工具、统计数据和图表来评估不同解决方案并在生产计划的早期阶段做出迅速而可靠的决策。

主要特点：可裁剪工厂模块；与 CAD、CAPE、ERP 和数据库系统实时通信和集成；客户化用户接口；使用遗传算法（genetic algorithms）对系统参数进行自动优化；适合于专用加工应用如白车身车间、喷漆车间、工作车间的应用对象库；在面向对象的用户环境中建立、更新和维护模型；可重复使用的工程模型等。

5. Witness 仿真软件

Witness 是英国 Lanner 集团（LannerGroup）集数十年系统 witness 仿真经验开发出的面向工业系统、商业系统流程的动态系统建模，是世界上在该领域上的主流 witness 仿真软件，也是当今世界上可视化交互型仿真软件中的佼佼者，主要是针对离散事件系统。Witness 仿真技术作为一门独立的学科已经有 50 多年的历史，它不仅用于航天、航空、各种武器系统的研制部门，而且已经广泛应用于电力、交通运输、通信、化工、核能等各个领域。

6.3.3 仿真软件的比较

以上介绍的物流系统仿真软件都是市场上比较常见的，都具有虚拟现实、动态反映物流现实状况的显著优势，应用表现形式灵活多样，有些在某一国家或者某一领域得到了深入的应用，有些则应用比较广泛。这些仿真软件有各自的特色和优势。现将主流的仿真软件简单比较分析如下。

Flexsim、Arena、Promodel、Witness 和 Automod 是市场上常见的模拟软件。

Arena、Promodel、Witness 和 Automod 的模拟技术都开发自 80 年代中至 90 年代后期。Arena，Witness，Promodel 都没有三元虚拟的技术，而 Automod 三元虚拟技术只限于线框模型（WIREFRAME）的代表，非实质模拟技术。有的软件只能代表性地而不能实质地反映实际的情况。Flexsim 是一个完整的 3D 模拟软件，反映实质上确实存在的情形。Flexsim 的虚拟技术不比其他软件逊色，无论在模拟驱动器（ENGINE），统计数字分析，还是图形代表上都能反映实际的情况。在 Flexsim 的 3D 虚拟中，用户可以使用鼠标器（右点、左点和左右同时点）来放大，缩小和改变视像的角度，在别的软件里是做不到的。

相对而言，Automod，Witness，Em-Plant 等注重数据的统计分析，而忽略模型的可视性。虽然这些软件也带有三维显示功能，但是功能不强，而且该方面的功能模块过于昂贵，所以实际应用并不是很多。

除了 Arena 和 Supply chain guru，其他都为三维软件，其中 Flexsim 和 RaLC 等有很好的面向对象性，Supply chain guru 是专门的供应链仿真软件，Classwarehouse 是专门的仓库仿真软件，Arena 是一种管理系统模拟软件。

Flexsim、Supply chain guru 等仿真软件的资料、图像和结果都可以与其他的软件实现无缝联接，这是其他软件不能做到的。因此 Flexsim、Supply chain guru 等可以从 EXCEL 读取资料和输出资料（或任意 ODBC DATABASE），可以从生产线上读取现时资料以做分析。Flexsim、Quest 等也允许用户建立自己的模拟对象（Objects），所以一些跨国际的大公司，可以共用这些对象而无须重新建立。

模拟方法方面，在 Flexsim 中，逻辑和资料是输入每一个对象中的，而不是在产品中。例如作业的资料是在乎制造的过程，不是经过的产品中。在建立模拟作业时，用户只需要把对象拖到所要的位置，然后放下。用户接下来把对象连接起来，最后把逻辑和资料输入对象，便完成整个建立的过程。用户也可以用 C++ 建立自己的逻辑，并输入对象中。

仿真运行速度方面，在最近的比较中，同一个铁路系统的模拟，Flexsim 比 Arena 快好几倍。在另一个实验当中，同一个半导体的物料管理系统，Flexsim 比 Automod 快上 3~4 倍。对于其他仿真软件，因使用的硬件配置、仿真环境不一样，仿真运行的速度也有差异，尚未见相关报道。

查询系统（QUERY SYSTEM）方面，Flexsim 允许用户在虚拟当中，同时做出任何的询问。而在其他仿真软件里，用户需要暂停或结束虚拟，才可以做出询问。

相比之下，参数化建模是 SIMAnimation 相较于其他软件的独特优势，它可以通过多元非线性参数设置，建立精确度较高的三维实体。

大多数仿真软件在运行结束后可根据统计数据生成仿真报告，仿真报告以表格、直方图、饼状图等形式表示，显示各个物流设备的利用率、空闲率、阻塞率等数据。用户可根据仿真报告提供的数据对物流系统的优缺点进行判断，做出科学的决策。主流仿真软件的比较见表 6.7。

表 6.7 主流仿真软件比较

仿真软件	应用行业	动画功能	操作容易性	价格
Flexsim	几乎能为所有的产业定制特定的模型	3D	可用 C++ 创建和修改对象	一般
RaLC	专业面向物流、物流行业和工业工程领域	3D	建模简单直观，短时间内可熟练掌握	较低
Em-Plant	面向大型制造业领域的仿真群	2D	比较复杂	一般
Witness	平面离散系统生产线仿真器	2D	一般	一般
SIMAnimation	集成化物流仿真软件	3D	基于图像的仿真语言，建模简单	一般
ShowFlow	制造业和物流业	3D	功能简练，操作简单	较低
Delmia	汽车、航空、结构组装、电子电力、家用消费品、造船等行业	3D	可 3D 协同工作	较低

续表

仿真软件	应用行业	动画功能	操作容易性	价格
Quest	大型制造业生产线,对物流生产线不太适用	3D	快速有效地建模	昂贵
Automod	比较成熟的三维物流仿真软件	3D	需要编制程序才能做出作业流程	昂贵
Promodel	小型化工厂、大型工厂生产及现金的弹性制造系统	3D	不需要撰写任何程序	较贵
Arena	制造业、物流及供应链、服务、医疗、军事、日常生产作业、各类资源的配置、业务过程的规划、系统性能和计划结果的评价、风险预测	2D	用户容易得到的免费参考资料以及服务	一般
Stream	物流生产线的仿真、单个机械设备的仿真	3D	技术支持较差	一般
Incontrol	交通仿真、物流配送、产能管理、政策分析和系统控制等	3D	技术支持较好	较贵
Supply chain guru	专门的供应链仿真软件	3D	一般	较贵
Classwarehouse	专门用于仓库设计	3D	一般	一般
Extend	政府流程、工厂设计和布局、供应链管理、物流、公共事业管理、生产制造、认知建模、运营管理、环境保护	2D	用户需有行业经验,具备编程知识	一般

案例分析:海尔生命线——高效物流系统

作为世界著名的家电跨国企业,海尔的产品每天要通过全球 5.8 万个营销网点,销往世界 160 多个国家和地区,每月采购 26 万种物料、制造 1 万多种产品,每月接到 6 万个销售订单。对于海尔集团来说,高效率的现代物流系统就意味着企业内部运作的生命线,为此海尔开始了与 SAP 的合作。

根据海尔的实际情况,SAP 先与其合作伙伴 EDS 为海尔物流本部完成了家用空调事业部的 MM(物料管理)模块和 WM(仓库管理)模块的硬件实施。2000 年 3 月开始为海尔设计实施基于协同化电子商务解决方案 mySAP.com 的 BBP(电子采购平台)项目。经过双方 7 个月的艰苦工作,使 mySAP.com 系统下的 MM(物料管理)、PP(生产计划与控制)、FI(财务管理)和 BBP(电子采购平台)正式上线运营。

至此,海尔的后台 ERP 系统已经覆盖了整个集团原材料的集中采购、原材料库存及立体仓库的管理与 19 个事业部 PP 模块中的生产计划、事业部生产线上工位的原材料配送、事业部成品下线的原材料消耗以及物流本部零部件采购公司的财务等业务,构建了海尔集团的内部供应链。由于海尔物流管理系统的成功实施和完善,构建和理顺了企业内部的供应链,为海尔集团带来了显著的经济效益:采购成本大幅降低,仓储面积减少一半,降低库存资金约7亿元,库存资金周转日期从30天降低到了12天以下。

实施和完善后的海尔物流管理系统,可以用"一流三网"来概括。"一流"是指以订单信息流为中心;"三网"分别是全球供应链资源网络、全球用户资源网络和计算机信息网络。围绕订单信息流这一中心,将海尔遍布全球的分支机构整合在统一的物流平台上,从而使供应商和客户、企业内部信息网络这"三网"同时开始执行,为订单信息流的增值提供支持。

"一流三网"的同步模式实现了四个目标:为订单而采购,消灭库存;通过整合内部资源、优化外部资源,使原来的2 336家供应商优化到了840家,建立了更加强大的全球供应链网络,有力地保障了海尔产品的质量和交货期;实现了三个即时(JIT),即JIT采购、JIT配送和JIT分拨物流的同步流程;实现了与用户的零距离。目前,海尔100%的采购订单通过网上下达,使采购周期由原来的平均10天降低到3天;网上支付已达到总支付额的20%。

- **根据案例,思考下列问题:**

1. 为什么说高效率的现代物流系统意味着企业内部运作的生命线?
2. 通过本案例,请谈谈你对物流系统的看法。

- **问题思考与训练**

1. 物流系统分析有哪些常用的方法和理论?
2. 有哪些选址的影响因素?
3. 常用的物流仿真软件有哪些?
4. Flexsim仿真建模的基本步骤是什么?
5. 常用的仿真软件的易通是什么?

7 现代运输与物流系统发展动态

本章学习目标

1. 理解现代运输与物流系统发展趋势。
2. 掌握地下物流系统组成和分类，熟悉地下物流规划布局。
3. 掌握第四方物流概念、功能及其运作模式。
4. 熟悉绿色物流系统结构及其管理措施。
5. 了解电子商务物流配送中的问题及其应对措施。

7.1 现代运输与物流系统发展趋势

7.1.1 现代运输业发展趋势

运输业是国民经济的重要组成部分，对国民经济和社会的发展起着尤为重要的作用。几十年来，中国运输业从过去的封闭和垄断走向了开放和竞争，百姓对交通工具、运输方式有了更大的选择余地，运输服务质量明显提高。货物运输走向规模化、专业化、快速化，旅客运输更加高速、舒适、便捷。根据对我国不同的城市地区交通运输体系的调查，经过二十多年的改革与建设，我国已经建立起一条符合国情的现代交通发展道路，交通运输发展迅速，至 2008 年，我国在交通设施总量、运输能力供给以及运输质量等方面取得了巨大成就，构成了一个合理的运输体系，有效的支撑起了国民经济快速、平稳发展。

未来交通运输产业发展总趋势：产业技术电子化，服务设施网络化，经营管理信息化，车辆装备专用化，生产经营集约化，服务质量规范化；以提高经济效益为目标，以崭新的服务方式和内容满足运输市场的多元需求，提高运输企业和全社会的经济效益。

1. 积极向现代物流业融入与拓展

交通运输业要适应全球经济一体化的发展需要，加速向现代物流融合，确立在现代物流体系中的地位和作用，交通运输业自身实现可持续发展需解决许多现实问题。中国内地要加快实现现代物流的跨越式发展，交通运输业加快实施向现代物流业的产业升级和战略转变，是十分有效的重要途径。现代物流是对运输组织方式的革新，交通运输系统要适应现代物流的发展必须对现有的资源进行整合，才能使各种运输方式内部、不同运输方式之间、交通运输业与生产者、消费者以及物流系统的其他部门之间相互协调、协作发展，达到总体社会效益最大化。

2. 综合运输协调发展

国家关于发展以综合运输体系为主轴的交通运输体系，客观要求各种运输方式协调发展。统筹城乡经济社会发展，推进城乡经济一体化的战略实施，客观要求城乡交通一体化，即构筑城乡交通与经济结构的和谐、城乡交通与外部环境的和谐、城乡交通与工总需求的和谐。

3. 运输结构更加合理化发展

结构调整的企业取向由传统的经营管理向科学管理与市场机制相结合转变，追求利益与社会效益最大化。使得现代运输业的各种方式的运输能够和谐发展，达到运输业产业结构最优化、更合理化。

4. 交通安全、环境向预防为主发展

交通安全和环境保护是现代运输业发展的两大主要问题。未来发展趋势必须走防范为主的道路，建立完善的交通应急机制和预案，保障交通安全的核心。在当今社会，资源相对短缺是一个必然会面对的问题，可持续发展对运输业有积极的作用，交通运输对资源的利用必须向资源节约型方向发展。

5. 运输业向高新技术方向发展

科学技术是第一生产力，在运输业中也不例外。技术创新是科技转化为生产力的主要源泉。在运输业中，各种方式的运输都经历了不同时期的改革，才发展成为现代运输业。从运输业的发展历程中可以看出，技术创新始终是运输业向前发展的原动力。

7.1.2 现代物流系统的发展趋势

现代物流的发展趋势呈现出全球化、多功能化、系统化、信息化和标准化的特征，其中信息化是现代物流的核心。现代物流充分利用现代信息技术，打破了运输环节独立于生产环节之外的行业界限，通过供应链建立起对企业产供销全过程的计划和控制，从而实现物流信息化，即采用信息技术对传统物流业务进行优化整合，达到降低成本、提高水平的目的。

1. 第三方物流日益成为物流服务的主导方式

从欧美的发展来看，生产加工企业不再拥有自己的仓库，而让另外的配送中心为自己服务，已经成为一种趋势。1998年美国某机构对制造业500家大公司的调查显示，将物流业务交给第三方物流企业的货主占69%（包括部分委托）。同时有研究表明，美国33%和欧洲24%的非第三方物流服务用户正积极考虑使用第三方物流服务。

2. 信息技术、网络技术广泛应用

信息技术、网络技术日益广泛应用于物流领域，物流与电子商务日益融合。20世纪70年代电子数据交换技术（EDI）在物流领域的应用中曾简化了物流过程中繁琐、耗时的订单处理过程，使得供需双方的物流信息得以及时沟通，物流过程中的各个环节得以精确衔接，极大地提高了物流效率。

而互联网的出现则促使物流行业发生革命性的变化，基于互联网的及时准确的信息传递满足了物流系统高度集约化管理的信息需求，保证了物流网络各点和总部之间以及各网点之间信息的充分共享。信息收集采用条形码技术，通过 EDI（Electronic Data Interchange）和互联网进行数据交换，在 GPS（Global Positioning System）、GIS（Geographic Information System）技术的基础上实现产品跟踪，利用计算机管理系统来处理和控制物流信息，为客户提供全方位的信息服务，减少物流环节，提高物流服务系统的快速反应性能。

3. 物流全球化

互联网技术的出现以及电子商务的发展，加速了全球经济的一体化进程，使企业的发展趋向多国化、全球化，促进了国际物流的发展，使得物流网络的规模越来越大，运营越来越复杂。为了实现资源和商品在国际间的高效流动与交换，各国物流系统相互"接轨"，促进区域经济的发展和产生全球资源优化配置的要求，物流运作必须向全球化的方向发展，以最低的费用和最小的风险，最佳的方式与路径为国际贸易和跨国经营提供服务。

物流全球化包含两层含义，一是指经济全球化使世界越来越成为一个整体，大型公司特别是跨国公司从全球的角度来构建生产和营销网络，原材料、零部件的采购和产品销售的全球化相应地带来了物流活动的全球化。另一层含义是指现代物流业正在全球范围内加速集中，并通过国际兼并与联盟，形成愈来愈多的物流"巨无霸"。

4. 物流运作系统化

大规模的、系统性的生产作业要求物流作为生产销售供应链条上的一个系统环节，将生产、销售、配送、运输、物流信息处理等分散的跨越各部门的活动有机结合起来，作为一个系统来管理，使物流活动各作业环节统筹协调、整体规划、有效运行，促使生产、采购与市场保持同步，形成以服务客户为主的综合能力，节约流通费用，提高流通的效率，实现整个系统的最优化。

5. 物流服务网络化

完善的物流网络是现代高效物流系统的基础条件，地区性物流网络、全国性物流网络、全球性物流网络是现代物流系统不可缺少的资源。物流信息已经从"点"发展到"面"，以网络方式将各物流企业、物流企业的各部门、物流企业与生产企业等连在一起，实现了社会性的各部门、各企业之间低成本的数据高速共享；从平面应用发展到立体应用，企业物流不仅以较低的成本提供高质量的物流服务，而且还要求物流服务向多样化、综合化、网络化发展。

7.2 地下物流运输系统规划

7.2.1 地下物流运输系统概述

1. 概念

当前各国关于城市地下物流系统的概念并不统一,美国称地下物流系统为地下管道货运系统(freight transport by underground pipeline or tube transport),荷兰称其为城市地下物流系统(underground logistic system),德国以运载工具将其命名为 Cargocap 系统,而在日本则将其称为地下货运系统(underground freight transport system)。

地下物流系统是指运用自动导向车(AGV)和两用卡车(DMT)等承载工具,通过大直径地下管道、隧道等对固体货物实行输送的一种全新概念的运输和供应系统。20世纪90年代以来,利用地下物流系统进行货物运输的研究受到了西方发达国家的高度重视,并作为未来可持续发展的高新技术领域。地下物流系统是一种新兴的运输和供应系统,是相对于公路、铁路、航空及水路这些传统的运输和供应系统外的另一种更加便利的运输方式,并逐渐显示出自身的优越性。

从目前的信息化时代看,传统运输方式早已超过了它所能承受的最大极限,甚至已经阻碍了社会的发展。发展地下物流系统,从长远来说,投资建造的成本会不断降低,系统不仅能带来不可限量的生态和社会效益,而且对实现可持续发展,建设资源节约型、环境友好型社会大有裨益,因此建设地下物流迫在眉睫。早期地下物流系统应用情况见表7.1。

表7.1 早期地下物流系统应用情况

国家	城市	应用情况
法国	巴黎	1832 年,建造的大型地下排水系统,经过后来不断的改进,至今已延伸到 1 500 km
英国	伦敦	1863—1869 年间,建设了多条地下运输系统,以气力为推动力量,运输管线尺寸为 30×33 英寸,轨道规格达 24 英寸,运输速度可达每小时 40 英里。1897 年,该系统停止运行。1927 年,建成一个被称为"Mail Rail"的地下运输系统,用于伦敦市区的邮局之间的邮件传送,每天处理 400 多万件的急件和包裹。后来该系统升级为新的自动化地下管道运输系统,管道的内径为 2.74 m,每辆运输车的运输能力为 1 吨,行驶速度可达 60 km/h
美国	芝加哥	1906 年,美国芝加哥建成一个长达 60 英里的地下货物运输网络,以电力为驱动,运输城市垃圾和煤
日本	东京	早在 1915 年,日本的东京车站与中央邮局之间的地下邮件系统就已建成并且投入使用

2. 重要意义及作用

地下物流系统最终的发展目标是形成一个连接城市各居民楼或生活小区的地下管道物流运输网络,并达到高度智能化。人们购买任何商品都只需点一下鼠标,所购商品就像自来水一样通过地下管道很快地"流入"家中,这是最理想的状况。地下物流系统因其自身的独特性能而具有无可比拟的优越性,尤其是在人口密度大、可用地面积小的国家和地区。发展地下物流系统有非常重要的现实意义。

发达国家纷纷投入巨资开展地下物流系统研究以顺应可持续发展的需要。当城市规模发展到一定阶段,经济活动频繁发生,随之而来的各类社会问题也日益严重起来。在人口众多的城市每平方公里人口密度达到 8 000 人左右,地面道路供给的能力受到严重削弱,不可能持续地大幅度扩充道路设施,这就给市区内新项目的建设带来诸多限制。

而地下物流系统能在很大程度上缓解甚至解决这些问题,其作用主要表现如下。

(1) 缓解城市交通压力。

交通拥挤困扰着城市生活,交通不畅给社会经济生活带来诸多不便。据统计,地面上 60%的车辆从事货物运输。若能使用地下物流系统,成功地将物流部分从地面交通中分离开来,必将极大地缓解城市地面交通的拥挤状况。同时地下物流系统使货物直接从地下走,减少了城市机动车的流量,从而降低了城市交通事故率。

(2) 优化城市经济结构。

物流被视为企业"第三方利润的源泉",运输费用和库存费用是物流成本的重要组成部分。地下物流系统自成一体,它与其他地面运输互不影响,也不受气候和天气的影响,可实现高效化、智能化、无中断物流运输,同时它也在实现零库存方面起着积极的作用。地下物流是提高城市货物运输通达性和质量的有效途径,它能带动其他相关经济领域的发展,实现整个城市经济结构的优化。

(3) 改善城市生态环境。

市区内的物流运输多采用大吨位卡车作为运输工具,燃料不完全燃烧所产生的碳、硫、磷的氧化物是"酸雨"形成的罪魁祸首;此外,车辆运行过程中的噪音、粉尘也破坏了城市生态环境。地下物流系统可以实现污染物零排放,没有噪声污染,还能将原用于交通运输的部分地表还原成城市绿化带,采用该系统能大大改善城市生态环境。

(4) 保护文化遗产。

为缓解交通拥挤需对现有地表交通网络进行扩张,很多时候摧毁了原本应受到保护的古建筑。地下物流系统能很好地解决这个问题,因此引入地下物流概念的城市规划必将大大促进文化遗产保护工作的进行。

(5) 提高城市物流效率。

随着电子商务的出现,人们对于交易速度的要求也越来越高,地下物流系统具备快速、安全、准时等特点,能提供高效的物流系统,提高城市物流效率和物流服务水平,解决了由于电子商务发展带来的"物流瓶颈"问题。地下物流系统也极大地支持了电子商务对物流的要求,特别是给一些如生鲜食品、冷冻商品等对时间要求较高的货物运输提供了一个很好的解决方案。

3. 系统构成和分类

近年来,随着计算机科学和信息技术的发展和完善,发展具有高度智能化、自动化、高效率的信息控制系统来有效管理和控制物流运输成为必然的选择,也是当前城市地下物流系统极其重要的组成部分。因此根据构成功能的不同,城市地下物流系统可以划分为实体部分和控制部分，实体部分主要包括城市地下物流系统的运输网络、运载工具、动力设施、运输终端、网络节点等具体实物，控制部分主要包括城市地下物流系统的信息管理、信息控制、导航系统、维护管理等软件。如图 7.1 所示。

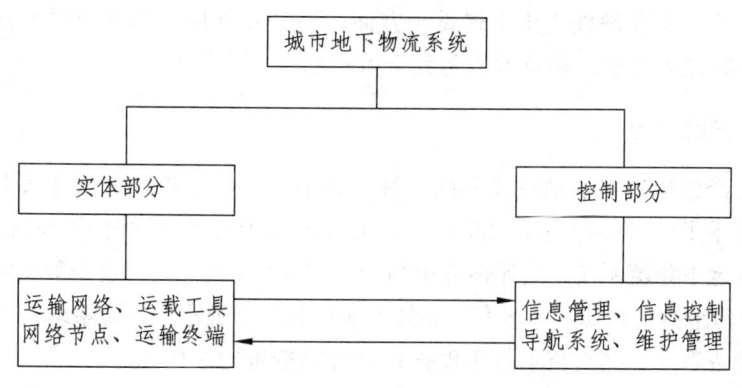

图 7.1 地下物流系统构成示意图

城市地下物流系统分为：管道形式地下物流系统和隧道形式地下物流系统。

管道运输出现的时间较早，可以追溯到 19 世纪的城市地下排水管道，现在城市里的煤气、暖气、天然气、排污管道、自来水等也可以看作管道形式地下物流的雏形，这些管道运输共同的特点是只能输送连续介质的气体或液体，而本节所研究的城市地下物流系统是能够输送大件固体货物的运输管道。根据输送动力和运载工具的异同可以将管道式地下物流系统分为三种：气力输送管道、水力输送管道和仓体输送管道。

目前研究开发的隧道形式的地下物流系统，多为轨道形式，运输工具有自动导向车、两用卡车等，主要以电力驱动，并具有自动导航功能，最高时速可达 100 km/h，能够运送固、液、气各种形态的货物，如美国休斯敦地下物流系统项目和日本东京地下货物运输系统项目。隧道式地下物流是目前城市地下物流系统研究的热点，也是未来城市地下物流系统发展的方向。

7.2.2 建设地下物流运输系统的可行性分析

1. 技术可行性分析

目前，我国正在大力建设发展城市地铁工程，很多城市都已经建好或正在修建地铁。以北京为例，北京的地铁项目已经发展几十年并且现在依然处于扩建中，其完善和成熟的修建技术不仅为城市地下物流系统的建设提供了借鉴经验，也奠定了坚实的技术基础。因此，在建设技术上不存在重大的障碍。

我国信息行业迅猛发展，操控地下货物运输的信息和光电控制系统等技术也已发展成熟。特别是武汉市，有"中国光之谷"之称，其信息技术方面领先，光电子企业发展规模庞大。特别在激光、通信、遥感控制、信息导航等技术领域已经接近或达到国际先进水准。

此外，在工程施工可行性方面，我国早有专家从城市地形地貌、地层、岩石层、地质构造、地震活动层和地下水等方面将城市地质按工程施工难易程度划分为四大类区，并针对不同的地质给出了明挖法、盖挖逆筑法、浅埋暗挖法、水域施工法和辅助施工法等多种施工方法。在城市地下物流系统的建设施工过程中，根据工程性质、规模、土岩层条件、环境条件、施工设备、工期要求等要素，选用安全、适用、技术上可行、经济上合理的施工方法，并且市内施工由于道路拥挤和市内建筑的影响，应尽量采用暗挖法进行施工。

由此可见，不论是在硬件（土工建设）方面，还是在软件（信息控制）方面，城市地下物流系统由理论转化为现实，在技术上是完全可行的。

2. 经济可行性分析

对于中国已经建成的多条地铁线和江河隧道的地下工程界来说，修建城市地下物流在工程技术和信息技术上已经不存在重大障碍。有关方面由于对地下物流系统的造价评估较高而不支持修建城市地下物流系统，其评估造价约为4亿~5亿元，显而这个数据明显过高，偏离实际。以中国目前地铁造价每千米5亿~6亿元来计算，由于地下物流系统不需要修建复杂的车站和通信、设备系统，其造价远低于地铁，每公里造价约3亿元。

此外，中国在地下物流系统的造价计算方法也存在一些问题，没有将修建地面路网的土地费和拆迁费计算在内。以上海地面高架快速路为例，计入拆迁费后，远远高于地下物流系统的建设费用。

3. 建设风险分析

利用层次分析法和综合评分法建立了城市地下物流系统的评价模型，确立评价指标和评价矩阵，从技术风险、运行风险、人力资源风险和环境风险四个方面进行综合评价，得出建设地下物流系统处于较低风险阶段，在工程实施风险上是可行的。

以服务于城市内部物流节点之间的地下物流系统，依托城市内现有的物流节点构架地下物流系统网络，不用再去大量建设地下仓储中心。因此，也在很大程度上降低了城市地下物流系统的初期投入资本金。同时，随着中国经济的高速发展，生态环境却在不断的恶化，生态效应对经济效益形成了巨大的冲击，甚至使经济效益转为负值。我国工程建设方案指标体系也从"技术、经济比较"逐渐转向"技术、经济、环境比较"。地下物流系统由于拥有不占用地面资源，无噪音、空气污染等优点，有利于提高城市空气质量，故在工程方案的"技术、经济、环境比较"综合评价中处于领先地位，应当优先考虑。

7.2.3 地下物流系统网络规划布局

1. 地下物流网络结构

城市地下物流网络的基本构成元素是网络节点和网络线路，根据工程项目开发的强度和规模不同，会形成网络节点和网络线路不同的连接方式，从而形成不同形态的城市地下物流网络结构，根据其复杂程度可以分为三种结构。如图7.2所示。

（1）点状结构。

城市地下物流项目建设初期，在不同地区开发单独的网络节点，这些网络节点是分散的、孤立的，节点与节点之间缺乏有效的连接，基本没有网络线路连接成网，但是可以与周围的地面物流系统互相联系，互为补充，能够克服城市地面空间不足、开发困难等一系列不利因素，此时物流节点服务对象比较单一，服务范围比较狭小，还未形成真正意义上的城市地下物流网络。

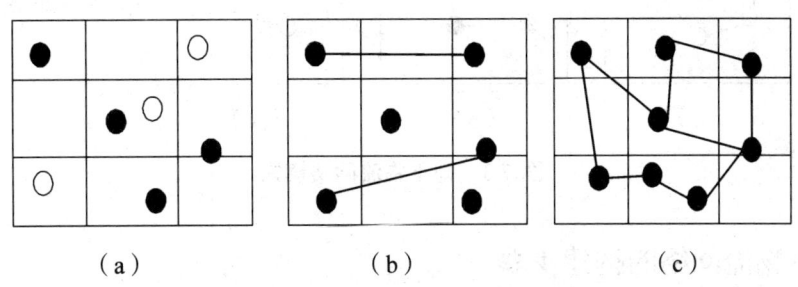

图 7.2　地下物流系统开发模式示意图

（2）线状结构。

该阶段各网络节点由网络线路连接成线状，实现了网络节点与网络线路的有效连接，但是线路较单一，而且网络节点之间还没有联通形成网络，此时组成城市地下物流网络的要素之间的连接方式简单，便于管理，可以将部分城市地面物流输送路线移至地下，作为地下物流运输专用线路，可直接与地面物流运输系统相衔接。例如在闹市区、文物保护区、交通拥堵地段，可以进入地下物流运输专用线路，以实现城市物流运输的顺畅和高效，在某些路段可以替代地面物流运输线路。但是该结构中有一个节点出现问题就会影响整条地下物流线路的运作。

（3）网状结构。

该阶段以"网络节点"为依托的城市地下物流系统，经过扩散作用和辐射作用，连"点"成"线"，连"线"成"网"，各网络节点和网络线路以比较随机的方式连接成网，通过网络线路各网络节点之间实现了点与点的连接。该种结构通过完整的城市地下物流系统网络，连接城市的机场、车站、超市、商店、工厂、仓库、货运中心等，能够提供独立的物流运输系统，网络运行的可靠性更高。一个或几个网络节点出现问题不会影响整个地下物流系统的运作，系统内的专用运载工具、专业装卸设备、专用通信设施等可以在网状结构中进一步完善和运用，网状结构代表着城市地下物流系统未来发展的方向。

2. 网络布局的模式

城市地下物流网络模式，按照网络节点是否分级可以分为两种。

（1）分级模式：在城市地下物流系统中，网络节点分为物流中心和配送中心，物流中心与配送中心相结合，有一个或几个物流中心，通过地下网络路线与若干配送中心相连接，如图 7.3（a）所示。

（2）不分级模式：在城市地下物流系统中，网络节点不分级，完全由单一的网络节点模式通过城市地下物流网络路线互相连接，如图 7.3（b）和 7.3（c）所示。

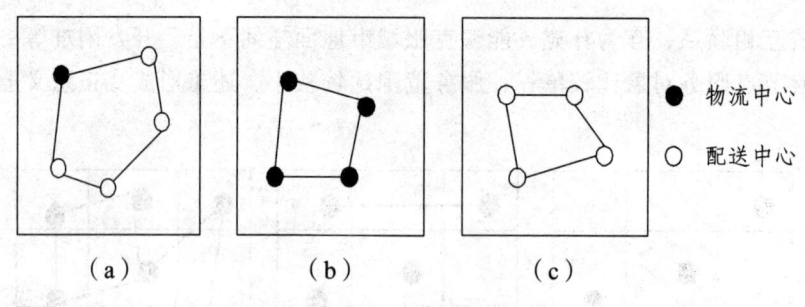

图 7.3 地下物流网络模式

7.2.4 地下物流网络的构建步骤

规划地下物流网络之前，需要通过实地调查、网络查询、资料收集等方法，深入调查和分析城市地理信息状况，得出城市中对地下物流有需求的区域。着重分析这些区域中生产用地和商业用地情况，并进一步划分用地类型，得出适宜城市地下物流网络的区域。在上述工作的基础上，把规划用地转化为网络节点的形式，即生产用地、仓储用地、居民区、商业中心区等，通过分析选择出具有代表性的地区作为节点，得出城市地下物流网络的节点分布图。接下来就可以确定城市地下物流网络模式，根据城市实际情况和实际需要，最终得出城市地下物流系统网络布局结构。

综上得出城市地下物流系统网络规划的主要步骤如下。

（1）对城市地理信息进行调查分析。
（2）确定有物流需求的区域。
（3）建立网络节点。
（4）合理确定城市地下物流网络布局模式。
（5）评估选择最佳方案。

7.3 第四方物流

7.3.1 第四方物流系统概述

现代物流中有第一方物流、第二方物流和第三方物流之分。所谓第一方物流（1PL），是指生产企业自身做仓储、货运；第二方物流（2PL）是指生产企业聘请车队、仓库来做仓储、货运，属于功能性的服务；第三方物流（3PL）则是为整个供应链提供整体管理服务。

1. 第四方物流概念

供应商由于自身的运作能力、专业素质、对客户需求的理解等原因，更缺乏综合技能、集成技术、战略和全球扩展能力，导致其难以满足物流客户的需求，此时一种集成式的物流供应链运作模式——第四方物流（4PL）应运而生。

关于第四方物流（4PL），一种定义是："指集成商们利用分包商来控制与管理客户公司的点到点式供应链运作"；另一种定义是"一个集中管理自身资源、能力和技术并提供互补服务的供应链综合解决办法的供应者"；安盛公司提出的第四方物流概念为："4PL 是一个供应链集成商，他调集和管理组织自己的以及具有互补性的服务提供商的资源、能力和技术，以提供一个综合的供应链解决方案"。目前，安盛公司提出的这一定义因为更为贴切而被广泛使用。

2. 第四方物流的基本特征

第四方物流不仅控制和管理特定的物流服务，而且对整个物流过程提出方案，并通过电子商务将这个程序集成起来，因此第四方物流商的种类很多，变化程度亦可以十分大。第四方物流的关键在于为顾客提供最佳的增值服务，即迅速、高效、低成本和个性化服务等。而发展第四方物流需平衡第三方物流的能力、技术及贸易流畅管理等，但亦能扩大本身营运的自主性。

第四方物流还包括以下几个特点：供应链再建、功能转化、业务流程再造、开展多功能多流程的供应链管理。第四方物流为客户带来的效益包括利润增长和降低营运成本，即通过整条供应链外判功能得到提高运作效率、降低采购成本，从而达到流程一体化的目的。它可以通过整个供应链的影响力，提供综合的供应链解决方案，也为顾客带来更大的价值。显然，第四方物流是在解决企业物流的基础上，整合社会资源，解决物流信息充分共享、社会物流资源充分利用问题。

第四方物流提供了一个综合性供应链解决方案，以有效地适应需方多样化和复杂的需求，集中所有的资源为客户完善地解决问题。综合供应链解决方案包括：

（1）供应链再建。供应链的参与者将供应链规划与实施同步进行，或利用独立的供应链参与者之间的合作提高规模和总量。供应链再建改变了供应链管理的传统模式，将商贸战略与供应链战略连成一线，创造性地重新设计了参与者之间的供应链，使之达到一体化标准。

（2）功能转化。主要是销售和操作规划、配送管理、物资采购、客房响应以及供应链技术等，通过战略调整、流程再造、整体性改变管理和技术，使客户间的供应链运作一体化。

（3）业务流程再造。将客户与供应商信息和技术系统一体化，把人的因素和业务规范有机结合起来，使整个供应链规划和业务流程能够有效地贯彻实施。

（4）实施第四方物流。开展多功能、多流程的供应链业务，其范围远远超出传统外包运输管理和仓储运作的物流服务。企业可以把整条供应链全权交给第四方物流运作，第四方物流可为供应链功能或流程提供完整的服务。

第四方物流通过影响整个供应链来获得价值，即其能够为整条供应链的客户带来利益。为客户带来的利益包括：

（1）利润增长。第四方物流的利润增长将取决于服务质量的提高、实用性的增加和物流成本的降低。由于第四方物流关注的是整条供应链，而非仓储或运输单方面的效益，因此其为客户及自身带来的综合效益会展现惊人的进展。

（2）运营成本降低。即通过整条供应链外包功能达到提高运作效率、降低采购成本的目的。流程一体化、供应链规划的改善和实施将使运营成本和产品销售成本降低。

（3）工作成本。采用现代信息技术、科学的管理流程和标准化管理，使存货和现金流转次数减少，工作成本大幅度降低。

（4）提高资产利用率。客户通过第四方物流减少了固定资产占用和提高了资产利用率，使得客户通过投资研究设计、产品开发、销售与市场拓展等获得经济效益的提高。

7.3.2 第四方物流功能及其运作模式

第四方物流（4PL）的基本功能有三个方面：

（1）供应链管理功能，即管理从货主到顾客的供应全过程；

（2）运输一体化功能，即负责管理运输公司、物流公司之间在业务操作上的衔接与协调问题；

（3）供应链再造功能，即根据货主在供应链战略上的要求，及时改变或调整战略战术，使其能高效率地运作。

按照国外的概念，第四方物流是一个提供全面供应链解决方案的供应链集成商，存在 3 种可能的第四方物流模式：

（1）协同运作模式：第四方物流和第三方物流共同开发市场，第四方物流向第三方物流提供一系列的服务，包括技术、供应链策略、进入市场的能力和项目管理的能力。第四方物流将在第三方物流的组织内部工作，其思想和策略通过第三方物流这样一个具体实施者来实现，以达到为客户服务的目的。第四方物流和第三方物流之间的关系由合同绑定或者以联盟的形式构建。在很多的第三方物流中，已经有很多类似的工作小组或项目小组，尽管他们不是以独立的第四方物流的形式出现，如图 7.4 所示。

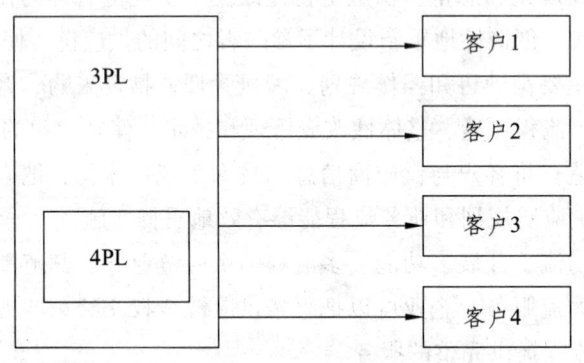

图 7.4 第四方物流的协同运作模型

（2）方案集成商模式：在这种模式中，第四方物流为客户提供运作和管理整个供应链的解决方案。第四方物流对自身和第三方物流的资源、能力和技术进行综合管理，借助第三方物流为客户提供全面的、集成的供应链方案。第三方物流通过第四方物流的方案为客户提供服务，第四方物流作为一个枢纽，可以集成多个服务供应商的能力和客户的能力。如图 7.5 所示。

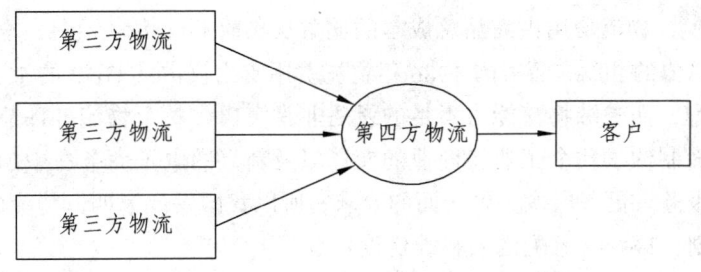

图 7.5　第四方物流的方案集成运作模型

（3）行业创新者模式：在行业创新者模型中，第四方物流为多个行业的客户开发提供供应链解决方案，以整合整个供应链的职能为重点，第四方物流将第三方物流加以集成，向下游的客户提供解决方案。在这里，第四方物流的责任非常重要，因为它是上游第三方物流的集群和下游客户集群的纽带。如图 7.6 所示。

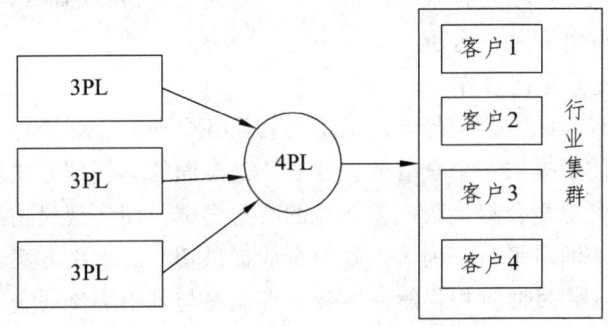

图 7.6　第四方物流的行业创新模型

第四方物流无论采取哪一种模式，都突破了单纯发展第三方物流的局限性，能真正的低成本运作，实现最大范围的资源整合。因为第三方物流缺乏跨越整个供应链运作以及真正整合供应链流程所需的战略专业技术，第四方物流则可以不受约束地将每一个领域的最佳物流提供商组合起来，为客户提供最佳物流服务，进而形成最优物流方案或供应链管理方案。而第三方物流是独自通过与自己有密切关系的转包商来为客户提供服务的，它不太可能提供技术、仓储与运输服务的最佳结合。

4PL 的成功关键是以"行业最佳"的方案为客户提供服务与技术。4PL 方案的开发对 3PL 提供商、技术服务提供商和业务流程管理者的能力进行了平衡，通过一个集中的接触点，提供了全面的供应链解决方案。4PL 将客户的供应链活动和贯穿于这些"行业最佳"的服务商中的支持技术，以及他们自己的组织能力集成到一起。随着联盟与团队关系不断发展壮大，一种新的外包选择开始出现。企业正在让单一的组织外包其整个供应链流程，由它们评估、设计、制定及运作全面的供应链集成方案，这正是第四方物流，它是我国物流业发展和提升的助力器。

7.3.3　第四方物流理论的创新与发展

我国物流业的发展十分缓慢。有数据表明，我国工业生产中物流所占用的时间几乎为整个生产过程的 90%，物流费用占商品总成本的比重从账面上反映为 40%，全社会物流费用支出约占国民生产总值的 20%；而美国 1986 年物流费用支出仅占其 GDP 的 11.1%。我国物流业干线物流能力过剩，而末端物流能力不足的矛盾非常突出，整个物流各环节的贯通存在严重的脱节现象，从而制约了整个工业、商业的变革以及新兴的电子商务在中国的发展。由于第四方物流对物流服务有更深层次、更全面的要求，所以我国发展第四方物流的任务任重道远。

（1）统筹规划，搞好物流配送的基础建设。

现代化物流配送是社会化大生产的客观要求，它的发展状况对经济发展、商品流通和大众消费起着重要的促进或制约作用。政府加强统筹规划，注重物流设施的投资建设，打好物流配送基础，是第四方物流成长的必要条件。搞好物流配送基地的建设，是指在大中城市、港口、主要公路枢纽对物流设施用地进行规划建设，形成大大小小比较集中的物流团地。在这些物流团地，可集中多个物流企业，便于物流配送业的发展。许多物流企业已经开始应用了数码分拣系统，大大提高了工作效率和准确性，物流配送科技的应用与发展为物流配送上水平、上台阶提供了重要手段和途径。

（2）资源整合，竞争走向合作。

国内物流业资源较为庞大，但传统意义上的物流各个环节（如仓储、运输、包装等）之间缺乏有效的整合，需要提供一个全套的（或者称是全面的）管理方式。上市公司"华北高速"的做法可谓通过资源整合提供第四方物流的有益尝试，即将现代物流管理信息系统软件借助于中国交通网这一网络平台，为国内物流企业提供切实的解决方案。主要以提供第四方物流为突破口，今后还将过渡到提供第三方物流即向参与其中的流通企业提供物流业务的整合服务。

目前，国内物流业的成本大约占总成本的 1/3，可压缩的空间很大，提供物流服务有非常广阔的市场前景。从交通运输行业来看，国内大大小小上百万家的运输企业组成的干线物流资源利用率不高，电子商务配送能力及物流末段配送能力不足的矛盾十分严峻，因此通过对现有物流资源及电子商务的整合，由竞争走向合作是加速我国第四方物流进程的捷径。

（3）有效贯通全程。

许多物流企业正在按照传统的物流模式建立自身的物流体系，包揽了干线物流—配送—投递到户的全过程，这样势必会造成资源配置的不合理，最后只会造成浪费和失败。

例如亚洲物流科技宣布与中国铁道部直属公司中铁集装运输中心（中铁集运中心）签订合作备忘录，同意提供铁路集装箱运输的数据及资料，与亚洲物流科技共同发展集装箱运输信息技术。双方通过交流合作，为亚洲物流科技的第四方物流服务提供即时在线的数据及资料。同时，中铁集运中心提供的铁路集装箱运输数据及资料包括行驶线路、车次、运价、集装箱站点等。这一组合，显然也体现了双方通过优势互补，建立一个全新的贯通物流全程的集装箱运输体系的愿景。

（4）物流服务标准化、规范化。

将中国物流重新组合，是现代物流的一个新转变，而物流整合的黏合剂就是标准化和规范化。行业规范和标准，就是要对有关细节做出明确的规定。这些事情虽然细小，但无论是对整个物流行业、物流企业还是消费者而言，其作用是不容低估的。对物流行业来说，尤其是信息技术普遍应用于物流企业的今天，其物流接口没有相适应的标准，很难想象其链接的难度和成本；标准化是提高内部管理、降低成本、提高服务质量的有效措施；对于消费者而言，享受标准化的物流服务是消费者享受权益的体现。第四方物流最大的难点在于，制造商依据什么将其对物流的控制权交给物流服务商。解决难点的首要前提是物流服务必须标准化和规范化。

（5）企业革新，适应现代物流发展新趋势。

第四方物流对物流企业提出了更高的要求，因此物流企业的革新是必然的。首先是观念的更新和对现代物流的正确理解。其次是应注重研究开发物流配送技术和装备，要降低物流成本，提高物流配送效率。最后要重视物流理论的研究与交流，加快推动物流的合理化、现代化进程。

第四方物流具有突破现行供应链模式的潜能，它能通过优异的运营计划、技能及其实施，与各企业建立一种长期进步、互惠互利的伙伴关系，第四方物流具有极其诱人的发展前景。

7.3.4 第四方物流系统中的管理协调

1. 发展第三方物流，为第四方物流提供基础

只有大力发展第三方物流企业，第四方物流才有发展的基础，中国还处在发展第三方物流的初始期。国际上第三方物流公司在中国尚未被允许经营真正的第三方物流业务。国有的以物流为主体的公司尚未完成经营机制的转换，同时制造企业把物流外包给第三方也尚未形成。因此，大力发展第三方物流是当前提高中国物流产业发展水平最重要的措施，也是发展第四方物流的必要前提。

2. 建立全国性的物流公共信息平台

中国目前正在推进信息化进程，同时物流业在中国经济中占重要的地位，把当前蓬勃发展的电子商务和现代物流产业结合起来的最佳途径就是建立全国物流行业的公共平台，通过国际互联网形式整合物流企业（包括第三方物流企业）的资源，使中国物流产业真正有质的提高，也只有这样才能从容应对加入世贸组织后跨国物流公司的竞争。目前的任务是重点培育已经具有第四方物流的雏形、在整合物流资源方面有一定基础的物流信息平台，使其发展成为第四方物流。

3. 要加快物流人才培养和加大物流人才的引进力度

中国目前通晓第四方物流的人才匮乏，因没有对物流资源进行有效管理而使其利用率低下已经成为中国物流业发展的一大问题。为此，有必要改变当前物流系统中的人才机制，大力引进和培育掌握第四方物流知识的物流人才，形成一支适应现代物流产业发展的企业家队伍和物流经营骨干队伍，以促进和保障未来第四方物流在中国的顺利实施，提升中国物流产业整体水平。

4. 政府统筹规划，搞好物流基础建设

中国物流产业真正提升，必须通过第四方物流来完成。政府加强统筹规划、注重物流设施的投资建设、打好物流配送基础，是第四方物流成长的必要条件。第四方物流对整合社会资源、物流产业的提升具有极其重要的作用，它的发展状况对经济发展、商品流通和大众消费起着重要的促进或制约作用。为此，在物流产业政策上，应重点放在物流基础建设方面。

5. 推广第四方物流的概念，取得客户的认可和信任

在中国，第三方物流还未普及，作为物流新兴概念的第四方物流，很多企业可能还不清楚，也就根本就谈不上认可和信任。因此现阶段推广第四方物流的概念是首要任务，让国内企业了解第四方物流，以便取得他们的认可与信任。

7.4 绿色物流

7.4.1 绿色物流发展历程

1. 人类环境保护意识的觉醒

随着世界经济的不断发展，人类的生存环境也在不断恶化。具体表现是：能源危机，资源枯竭，臭氧层空洞扩大，环境遭受污染，生态系统失衡。以环境污染为例，全球20多个特大城市的空气污染超过世界卫生组织规定的标准。人类的认识往往滞后于客观自然界的发展，当前生态环境保护的意义逐渐被人类所认识。20世纪60年代以来，人类环境保护意识开始觉醒，十分关心和重视环境问题，认识到地球只有一个，不能破坏人类的家园。

于是，绿色消费运动在世界各国兴起。消费者不仅关心自身的安全和健康，还关心地球环境的改善，拒绝接受不利于环境保护的产品、服务及相应的消费方式，进而促进绿色物流的发展。与此同时，绿色和平运动在世界范围内展开，环保勇士以不屈不挠的奋斗精神，给各种各样危害环境的行为以沉重打击，这对于激励人们的环保热情、推动绿色物流的发展，也起到了极其重要的作用。

2. 各国政府和国际组织的倡导

绿色物流的发展与政府行为密切相关。凡是绿色物流发展较快的国家，都得益于政府的积极倡导。各国政府在推动绿色物流发展方面所起的作用主要表现在：一是追加投入以促进环保事业的发展；二是组织力量监督环保工作的开展；三是制定专门政策和法令来引导企业的环保行为。

环保事业是关系到人类生存与发展的伟大事业，国际组织为此做出了极大的努力并取得了显著成效。1992年，第27届联大决议通过把每年的6月5日作为世界环境日，每年的世界环境日都规定有专门的活动主题，以推动世界环境保护工作的开展。联合国环境署、世贸组织环境委员会等国际组织展开了许多环保方面的国际会议，签订了许多环保方面的国际公约

与协定，也在一定程度上为绿色物流的发展铺平了道路。

3. 经济全球化潮流的推动

随着经济全球化的发展，ISO14000成为众多企业进入国际市场的通行证。ISO14000的两个基本思想是预防污染和持续改进，它要求建立环境管理体系，使其经营活动、产品和服务的每一个环节对环境的影响最小化。ISO14000不仅适用于第一、二产业，也适用于第三产业，更适用于物流业。物流企业要想在国际市场上占一席之地，发展绿色物流是其理性选择。尤其是中国加入WTO后，将逐渐取消大部分外国股权限制，外国物流业将进入中国市场，势必给国内物流业带来巨大冲击，也意味着未来的物流业会有一场激烈的竞争。

4. 现代物流业可持续发展的需要

绿色物流是现代物流可持续发展的必然。物流业作为现代新兴产业，有赖于社会化大生产的专业分工和经济的高速发展。而物流要发展，一定要与绿色生产、绿色营销、绿色消费等绿色经济活动紧密衔接。人类的经济活动不能因物流而过分地消耗资源、破坏环境，以致造成重复污染。此外，绿色物流还是企业最大限度降低经营成本的必由之路。一般认为，产品从投产到销出，制造加工时间仅占10%，而几乎90%的时间花在仓储、运输、装卸、分装、流通加工、信息处理等物流过程。因此，物流专业化无疑为降低成本奠定了基础。

7.4.2 绿色物流概述

绿色物流是一个新兴的名词，随着全球对于环保的重视程度越来越高，环保融入人们生活的各个方面，运输物流行业亦是如此，由此诞生了绿色物流这一说法。绿色物流（Environmental logistics）是指在物流过程中抑制物流对环境造成危害的同时，实现对物流环境的净化，使物流资源得到最充分利用。它包括物流作业环节和物流管理全过程的绿色化。从物流作业环节来看，包括绿色运输、绿色包装、绿色流通加工等。从物流管理过程来看，主要是从环境保护和节约资源的目标出发，改进物流体系，既要考虑正向物流环节的绿色化，又要考虑供应链上的逆向物流体系的绿色化。绿色物流的最终目标是可持续性发展，实现该目标的准则是经济利益、社会利益和环境利益的统一。

（1）可持续发展是绿色物流的最终目标。可持续发展是指既满足当代人的需求，又不对后代人满足其发展需要的能力造成威胁。绿色物流的目标除了实现企业的赢利、满足客户需求外，还追求节约能源、保护环境的经济属性和社会属性相一致的目标。

（2）绿色物流活动的范围涵盖产品的整个生命周期。物流活动是从采购原材料开始到消费直至报废的物流过程。从生命周期的不同阶段看，绿色物流活动分别表现为物资供应物流的绿色化、生产物流的绿色化、销售物流的绿色化、产品回收及废弃物处理的绿色化。因此，绿色物流的活动范围涵盖产品的整个生命过程。

（3）绿色物流的行为主体多样化。绿色物流的行为主体包括了政府、广大的消费者和具有物流活动的各行各业。这些行为主体的环境意识和战略对他们所在的供应链物流的绿色化将产生重要的推动作用或抑制作用。因此，与物流系统相关的政策法规、消费者督导、企业自律等也是实施绿色物流战略的宏观管理策略。

绿色物流是对物流过程的优化，实现资源的更高效率利用，实现环保和节能，绿色物流的应用是国家经济利益、社会利益和环境利益的必然需要。绿色物流强调对环保的全方位全过程关注，既包括企业的绿色物流活动，也包括社会对绿色物流活动的监督、规范与控制，绿色物流追求企业经济效益、消费者权益、环境效益及社会效益的统一，有利于社会经济可持续发展，是可持续发展战略的要求与21世纪物流发展的新趋势。

特别是随着经济全球化和世界一体化的发展，以及我国参与国际分工程度的不断加深，发展绿色物流日益成为我国物流业参与国际竞争的前提和基础。为更好地建立适应我国社会主义市场经济大生产、大市场、大消费理念的绿色物流体系，必须从现状入手，充分发挥政府部门的主导作用，加强基础设施建设，组建绿色知识团队，发展逆向物流，推动绿色供应链战略，进行绿色税费改革。

7.4.3 绿色物流的管理措施

1. 绿色供应商管理

供应商的原材料、半成品的质量的优劣直接决定着最终产成品的性能，所以要实施绿色物流还要从源头上加以控制。由于政府对企业的环境行为的严格管制，并且供应商的成本绩效和运行状况对企业经济活动构成直接影响。因此在绿色供应物流中，有必要增加供应商选择和评价的环境指标，即要对供应商的环境绩效进行考察。

2. 绿色生产管理

绿色生产又包括绿色原材料的供应、绿色设计与制造以及绿色包装。绿色产品的生产首先要求构成产品的原材料具有绿色特性，绿色原材料应符合以下要求：环境友好性；不加任何涂镀，废弃后能自然分解并能为自然界吸收的材料；易加工且加工中无污染或污染最小；易回收、易处理、可重用的材料，并尽量减少材料的种类，这样有利于原材料的循环使用。

绿色制造则追求两个目标，即通过可再生资源、二次能源的利用及节能降耗措施缓解资源枯竭，实施持续利用；减少废料和污染物的生成排放，提高工业品在生产过程和消费过程中与环境的相容程度，降低整个生产活动给人类和环境带来的风险，最终实现经济和环境效益的最优化。

包装是商品营销的一个重要手段，但大量的包装材料在使用一次以后就被消费者遗弃，从而造成环境问题。例如现在中国比较严重的白色污染问题，就是不可降解的塑料包装随地遗弃引起的。绿色包装是指采用节约资源、保护环境的包装，其特点是材料最省，废弃最少且节约资源和能源；易于回收利用和再循环；包装材料可自然降解并且降解周期短；包装材料对人的身体和生态无害。

3. 绿色运输管理

交通运输工具的大量能源消耗；运输过程中排放大量的有害气体，产生噪音污染；运输易燃、易爆、化学品等危险原材料或产品可能引起的爆炸、泄露等事故。这都会对环境造成很大的影响。因此构建企业绿色物流体系就显得至关重要。

（1）合理配置配送中心，制定配送计划，提高运输效率以降低货损量和货运量。开展共同配送，减少污染。共同配送是以城市一定区域内的配送需求为对象，人为地进行有目的、集约化地配送。它是由同一行业或同一区域的中小企业协同进行配送。共同配送统一集货、统一送货可以明显地减少货流；有效地消除交错运输缓解交通拥挤状况，可以提高市内货物运输效率，减少空载率；有利于提高配送服务水平，使企业库存水平大大降低，甚至实现"零"库存，降低物流成本。

（2）实施联合一贯制运输。联合一贯制运输是指以件杂货为对象，以单元装载系统为媒介，有效地巧妙组合各种运输工具，从发货方到收货方始终保持单元货物状态而进行的系统化运输方式。通过运输方式的转换可削减总行车量，包括转向铁路、海上和航空运输。联合一贯制运输是物流现代化的支柱之一。

（3）评价运输者的环境绩效。对于危险品的运输，有专门运输企业使用专门运输工具负责危险品的运输，并制定应急保护措施。企业如果没有绿色运输，将会加大经济成本和社会环境成本，影响企业经济运行和社会形象。

4. 绿色储存管理

储存在物流系统中起着缓冲、调节和平衡的作用，是物流的一个中心环节。储存的主要设施是仓库。现代化的仓库是促进绿色物流运转的物资集散中心。绿色仓储要求仓库布局合理，以节约运输成本。

布局过于密集，会增加运输的次数，从而增加资源消耗；布局过于松散，则会降低运输的效率，增加空载率。仓库建设前还应当进行相应的环境影响评价，充分考虑仓库建设对所在地的环境影响。例如，易燃易爆商品仓库不应设置在居民区，有害物质仓库不应设置在重要水源地附近。采用现代储存保养技术是实现绿色储存的重要方面，如使用气幕隔潮、气调储存和塑料薄膜封闭等技术。

5. 绿色流通加工管理

流通加工是指在流通过程中继续对流通中的商品进行生产性加工，以使其成为更加适合消费者需求的最终产品。流通加工具有较强的生产性，也是流通部门对环境保护大有作为的领域。

绿色流通加工的途径主要分两个方面：一方面是使消费者分散加工转变为专业集中加工，以规模作业方式提高资源利用效率，以减少环境污染；另一方面是集中处理消费品加工中产生的边角废料，以减少消费者分散加工所造成的废弃物污染。

6. 绿色装卸管理

装卸是跨越运输和物流设施而进行的，发生在输送、储存、包装前后的商品取放活动。实施绿色装卸要求企业在装卸过程中进行正当装卸，避免商品体的损坏，从而避免资源浪费以及废弃物对环境造成污染。另外，绿色装卸还要求企业消除无效搬运，提高搬运的活性，合理利用现代化机械，保持物流的均衡顺畅。

7. 产品绿色设计、绿色包装和标识

绿色物流建设应该起自于产品设计阶段，以产品生命周期分析等技术提高产品整个生命周期环境绩效，在推动绿色物流建设上发挥先锋作用。包装是绿色物流管理的一个重要方面，乳白色塑料的污染已经引起社会的广泛关注，过度的包装造成了资源的浪费。

在日本，经营食品的商人已放弃塑料包装，在食品界掀起"绿色革命"，取得了较大的成效。他们的食品包装已不只是要好和实用，照顾环境需要也成为包装业的重要课题。在给食品包装时尽量采用不污染环境的原料，用纸袋包装取代塑料容器，这也减少了将用过后的包装收集到工厂再循环所面对的技术和成本困难，绿色包装设计在这方面发挥了很大作用。

7.4.4 绿色物流系统的设计目标和原则

绿色物流应当是由政府、企业和社会公众共同参与并推动发展的，它几乎涉及了社会的方方面面。而目前的绿色物流系统大都只是从减污减排、抑制环境污染的角度来论述与构建的，因此所构建的绿色物流系统往往只是物流系统中的某些环节的绿色化，是一种平面的、线性的系统。

循环经济理论中要求以避免废物产生为经济活动的有效目标，其基本思路是由3R原则即"减量化（Reduce）、再利用（Reuse）和循环（Recycle）"构成的，其每一原则对循环经济的成功实施都是必不可少的。但事实上，只有减量化原则才具有循环经济第一法则的意义。减量化原则意味着对物流各个环节进行资源控制和环境关注。减量化原则也意味着绿色物流并不是物流的一个组成部分，而是贯穿于物流的整个过程中的，所有高效、节能、减排的物流系统都是绿色物流。所以，要求物流系统必须运用系统工程原理来进行构建和运营。

因此，绿色物流系统设计的目标是：根据社会经济发展情况、物流行业的现状和存在的问题，以降低污染物排放、减少资源消耗为目标，实现物流资源的有效配置和充分利用，实现物流管理和服务过程的优化、协调，在统一建立的基础上对各个子系统进行统一建设和实现，建立一个完整统一、管理先进、技术高效的绿色物流系统，从而健康地完成物流发展目标，提升物流的现代化管理水平和服务工作的效率和效益，全面实现经济的可持续发展。

由此，绿色物流系统的设计有以下原则。

1. 整体性原则

整体性原则要求从整体出发，来分析绿色物流系统中的各个要素及他们之间的相互关系，从而达到对物流系统的整体性认识。绿色物流中的各要素之间存在着特定的关系，从而使整个系统具有一定结构和功能。在设计绿色物流系统时，要对整个地区的经济结构、物流节点数量与分布，以及物质流、能量流及其输送系统等全面进行考虑。

2. 层次性原则

层次性原则就是要认识到系统因为其行为主体、功能目标的层次不同而相应具备一定的

层次性，对每一层次的建设都要有相应的内容。

3. 目标性原则

系统的设计要以地区的性质、功能和总的建设目标为依据，同时要考虑到技术经济水平，全面分析经济效益。

4. 适宜性原则

绿色物流系统的设计要与地区的总体布局、经济发展及生产力布局相结合，适宜地方经济的发展。

5. 动态性原则

动态性即系统的过程性或历史性。由于系统的开放性使之能从外界吸收能量、信息、物质，成为动态的活结构，从而处于运动变化之中，并随时间的流动而变化。系统总是动态的，永远处于运动变化之中。绿色物流系统也是动态的，随着时代的变化而发展。

7.4.5 绿色物流的系统模型

绿色物流的发展应该以系统的观念来看待，它不仅是物流经营主体面对的发展问题，同样也是政府与社会公众所面对的问题。绿色物流的完成，需要多个部分的密切配合，如果只是片面强调整个系统中的部分主体，绿色物流就不可能实现。

1. 绿色物流系统结构

所谓系统结构，是指系统的外部环境、内部组成部分的集合。绿色物流系统不是一个孤立的系统，它包括绿色正向物流和回收逆向物流等，同时还需要和外界发生信息与能量交换。由于绿色物流包括各种在物流过程中抑制对环境的危害，实现物流环境净化，充分利用物流资源，因此绿色物流系统建设是一个能够支持多种应用，并需要社会广泛支持的系统工程。这项工程既包括物流基础设施建设，又需要搭建与之密切相关的其他基础服务平台。同时，也有利于公共政策、法律规范和技术标准等软环境的不断完善。绿色物流系统、结构如表7.2所示。

表7.2 绿色物流系统结构

公共政策	企业内部正向绿色物流	企业绿色供应链管理	企业逆向回收物流	物流企业绿色管理	个体消费者正向绿色消费物流	个体消费者逆向回收物流	技术标准与协议
法律规范	物流应用平台						
	物流基础服务平台（物流信息平台、综合运输体系）						
	物流基础设施（交通网络、物流园区）						

（1）物流基础设施建设是绿色物流系统中最基本的、必须具备的组成部分，是实现绿色物流的最底层的硬件基础设施，包括各级公路、铁路、水路、航空和管道等交通网，高效率、低排放的物流运输装备，以及各种配套设施齐全、功能完善的物流园区。它们在不同程度上提供物流所需的运输线路和中转配送集散地，其质量的高低影响着绿色物流的发展前景。其主要功能是解决绿色物流活动的基础平台问题，为车辆通行提供基础保障，为各种物流活动提供基础环境。物流基础设施的建设一般都需要较大的建设用地和资金投资。同时，物流基础设施又具有一定的公共性，是社会经济进一步发展的基础平台，因而需要政府部门的大力支持。在充分利用企业资金、民间资金的同时，政府的初期参与是必不可少的。

（2）物流基础服务平台综合利用了先进的信息通信、网络、自动控制以及交通工程技术，改善交通运输系统的运行情况，提高运输系统的效率和安全性，减少交通事故，降低环境污染，从而建立起一个智能化、安全、便捷、高效、舒适、环保的综合运输体系。

在基础服务平台建设中的关键是要建立高效集成的物流信息平台，为物流参与主体提供统一高效的沟通界面，以整合资源，降低运营费用。这些不仅是技术问题，更重要的是社会相关部门的参与和支持。物流基础服务平台使城市物流管理进入智能化管理的阶段，加强了物流服务各方之间的联系，使物流信息流动更准确、及时，同时又进一步促进物流企业提高物流效率、降低成本、缓解城市环境污染与交通拥挤。

（3）物流应用平台是在物流基础设施和物流基础服务平台的支持下，逐渐出现的各种绿色物流的具体应用。这种具体应用是在前面的基础上的最终目标，其范围较广，参与主体也呈多样性。这些具体应用主要包括面向各企业的内部的正向绿色物流管理、绿色供应链管理和逆向回收物流，面向物流专业企业的绿色管理，面向个体消费者的正向绿色消费物流和逆向回收物流等。

（4）整个绿色物流系统结构有两个支柱：社会人文性的公共政策法律规范和自然科技性的技术标准与协议。公共政策指政府围绕绿色物流的税收制度、排污许可证制度、环境补贴等问题制定的政策。法律规范维持绿色物流活动的正常运作，给环境带来严重污染的物流活动必须受到法律的制裁。相适应的政策与法律法规是物流绿色化发展的基本保障。技术标准和协议保证了物流操作、工具和容器等的通用性和兼容性，便于设备的重复利用和物流活动各环节接口之间的衔接，提高物流活动的效率和效益。

2. 绿色物流系统特征

（1）目的性。

绿色物流系统有一个明确的目的，那就是运用先进的物流技术和管理理念，以减少资源消耗，降低污染物排放，使物流不对环境造成危害。

（2）整体性。

绿色物流系统展示了在绿色物流的实现过程中，从技术到一般服务层应具备的完整的运作基础。传统的物流系统侧重于运输等具体的物流操作层面。而绿色物流系统则在其中强化了基础服务平台，同时又注重各个子系统之间的相互衔接、相互联系、相互依赖、相互作用和相互制约，从而构成一个有机的整体。这种变化使物流的实质并没有发生改变，但在物品流通传递过程的一些环节所依附的技术发生了变化，因此也相应地改变了物流的形式。

（3）效益背反性。

所谓效益背反是指一个部门的高成本会因另一个部门成本的降低或效益的提高而相互抵消的这种相关活动之间的相互作用关系。换言之，效益背反的原理体现的是一方利益的追求要以牺牲另一方的利益为代价的相互排斥的状态。比如，在绿色物流系统中，如果建立完整的物流信息平台，虽然这方面的成本升高，但运输费用会降低。

（4）可分性。

绿色物流系统由物流基础设施、物流基础服务平台、物流应用平台及公共政策法律规范和技术标准与协议构成，它们是相互联系的子系统，而各子系统又可进一步分解为更小的子系统。

7.5 电子商务物流

7.5.1 电子商务物流系统概述

随着网络技术和电子技术的发展，电子中介作为一种工具被引入了生产、交换和消费中，人类进入了电子商务时代。在这个时代，人们做贸易的顺序并没有改变，还是要有交易前、交易中和交易后几个阶段，但进行交流和联系的工具变了，如从以前的纸面单证变为现在的电子单证。这个阶段的一个重要特点就是信息流发生了变化（电子化），更多地表现为票据资料的流动。此时的信息流处于一个极为重要的地位，它贯穿于商品交易过程的始终，在一个更高的位置对商品流通的整个过程进行控制，记录整个商务活动的流程，是分析物流、导向资金流、进行经营决策的重要依据。

1. 概念

电子商务物流是一整套的电子物流解决方案，就是俗话说的 ERP 系统，它是指以电子信息技术为基础，注重服务、人员、技术、信息和管理的综合集成。它是现代生产方式、现代管理手段和电子信息技术相结合在物流领域中的体现。目前国内外的各种物流配送虽然大都跨越了简单送货上门的阶段，但仍是传统意义上的物流配送，因此在经营中存在着传统物流配送无法克服的种种弊端和问题，基本不具备信息化、现代化、社会化的新型物流配送的特征。

2. **电子商务环境下现代物流的特点**

随着科技水平的不断进步，企业规模与营销范围不断扩大，销售方式及消费者购买方式不断转变，送货上门等成为重要的服务业务，专门从事物流服务的企业开始出现。这类服务企业通过提供完整的物流机能服务，通过运输配送、仓储保管、分装包装、流通加工等来收取服务报酬。企业通过物流外包，将物流业务交由专业物流企业，把精力集中到产品生产与成本降低上，极大地提高了企业的竞争力。现代物流管理主要是从 20 世纪 90 年代开始迅速发展起来的，随着现代信息技术的迅猛发展，特别是网络技术为物流业发展提供了强有力的支撑,促进了物流业的兴起。电子商务的出现使现代物流的地位上升到了前所未有的高度。据商务部统计,2011年我国电子商务交易规模接近6万亿元,在GDP中所占的比重已经上升到13%。电子商务下的物流克服了传统物流管理模式的缺点,呈现出以下新特点。

(1) 信息化。

在电子商务时代,信息化是核心。信息化不仅体现在商品选择与电子支付方面,也充分体现在整个物流过程中。为了向客户提供最佳的物流服务,物流系统必须拥有良好的信息处理与传输系统。大型物流企业通常设立信息处理中心,接受来自全国各地的订单。有了信息处理中心,就可以做到客户需要什么就生产什么,而不是生产出来之后再等待客户购买。客户通过信息系统能够清楚了解货物到达的准确时间及位置,使收货人及各仓储公司、运输公司及早做好准备,在商品几乎不停留的情况下,及时、快速、准确地到达目的地。通过信息处理中心,还可以从零售商处得到销售的反馈信息。良好的信息系统实现了物流信息表达的数字化、信息处理的计算机化、信息搜索的自动化、信息管理的系统化、信息传递的网络化、信息查询的个性化等,能够节约货物流通中交接的停滞时间,改善传统物流模式信息流通速度慢的缺点,提高物流效率,且与传统物流相比取得了巨大的突破。

(2) 网络化。

物流网络化一方面表现为物流信息传送与储存的网络化,另一方面表现为订货、生产、运输等整个商务过程中物质流动的网络化。企业的内部网、外部网以及因特网等共同组成了物流信息网。物流信息网是将企业与上下游厂商和客户联系在一起的纽带,是物流信息化及物流过程网络化实现的基础。

(3) 多功能化。

随着电子商务的发展,现代物流不断向集约化发展。这就要求物流企业不仅仅要提供仓储、运输等服务,还必须开展配货、配送以及各种能够提高附加值的流通加工服务项目,并根据客户的需要提供其他相关服务。现代物流不断向多功能化方向发展,不断追求全面、系统的综合效果,以使物流服务达到最优化。

(4) 人性化。

物流管理的人性化是指:为适应电子商务生产、流通及消费方面的需求,现代物流根据顾客需求以及生产、流通、消费的特点,灵活地组织并实施物流作业。电子商务的发展,使需求由大批量向小批量、个性化及快速化方向转变。企业的生产活动需要根据客户与市场的实际需求来进行,在生产时间上也呈现出快速化的趋势。物流管理模式也不断向人性化方向发展,坚持以人为本使物流管理充满生机与活力。

(5) 科技化

电子商务时代,现代物流需要实时反映商品的状态信息,因此物流企业在其电子商务活动中需要借助现代高新技术进行大量的数据交换。通过可移动、便携式的数据终端或全球定位系统(GPS)信号接收机采集商品数据,并将所得数据存储或传输到物流电子商务服务器,使用地理信息系统(GIS)和全球定位系统(GPS)传递货物与进行运输。

7.5.2 电子商务物流的模式

1. 自营物流

企业自营物流模式意味着电子商务企业自行组建物流配送系统,经营管理企业的整个物流运作过程。目前,在中国,采取自营模式的电子商务企业主要有两类:一类是资金实力雄厚且业务规模较大的电子商务公司。第二类是传统的大型制造企业或批发企业经营的电子商务网站。

2. 第三方物流

第三方物流是指第一方"发货人"和第二方"收货人"之外的第三方,通过与第一方或第二方合作来提供专业化的综合物流服务的业务模式。从事第三方物流的企业,如:美国的联邦快递公司(Fed Ex)、美国联合包裹公司(UPS)、中国速递服务公司(EMS)、中外运集团、中海物流等。

3. 物流联盟

物流联盟(Logistics Alliance)是制造业、销售企业、物流企业在物流方面通过契约形成优势互补、共担风险、共享收益的物流伙伴关系。

4. 物流一体化

物流一体化是指以物流系统为核心,由生产企业、物流企业、销售企业直至消费者的供应链整体化和系统化。它是在第三方物流的基础上发展起来的新的物流模式。

5. 新型物流

(1)第四方物流的定义为:是一个供应链的整合者以及协调者,调配与治理组织本身与其他互补性服务所有的资源、能力和技术来提供综合的供应链解决方案。

(2)第五方物流是指基于电子商务的供应链信息服务。第五方物流提供的服务包括:在更大的地理区域内,对更多的行业、企业供应链物流信息进行收集、设计、整理、分析、开发、集成和推广等。

(3)绿色物流(Environmental Logistics)的定义是指在物流过程中利用先进物流技术实施运输、仓储、装卸、流通加工、配送、包装等物流活动,从而在抑制物流对环境造成危害的同时,使物流资源得到最充分合理的利用。

(4)精益物流就是运用精益的思想对企业的物流活动进行管理,通过消除生产和供应中的浪费,减少备货的时间,提高客户满意度。

(5)电子物流就是利用电子化的手段,尤其是利用互联网技术来完成物流全过程的协调、控制和管理,实现从网络前端到最终客户端的所有中间过程。

7.5.3 电子商务物流配送

1. 电子商务中物流配送存在的问题

在 21 世纪的当下，伴随着信息化浪潮不断高涨，电子商务也逐渐成为备受各方关注的热点话题，在电子商务活动中物流也越来越广泛地得到世界各国的重视。为了能使自己的国家在世界竞争的大局势下占据有利的地位，各个国家都不惜一切代价，倾注了大量人力、物力和财力来发展电子商务，试图利用电子商务活动来提升自身的竞争优势。电子商务与现代物流是相互关联相互依存的，如果没有现代物流的支持，任何商流活动都没法顺利进行下去，因此可以说电子商务的成功与失败是由物流所决定的。由于我国现代物流发展时间并不长，而且还存在很多的问题，短时间内难以满足电子商务下的市场需求。电子商务活动中物流配送存在以下一些问题。

（1）物流配送成本相对较高。这样就不得不迫使一些企业可能因为承受不了这么高的成本而选择退出电子商务活动领域或者退而求其次地选择将物流配送服务交由第三方专业物流公司来进行操作。

（2）物流配送人才的缺乏。近几年我国物流业蓬勃向上地发展，而专业化的物流配送人员却少之又少，因此急需专业人才来补充物流业空缺和带领物流行业前进，尤其是高级物流人才的缺乏现象十分严重，据资料显示，这些人才的需求比例还在以每年 15% 的速度不断地递增。

（3）未完善的现代化物流的法制环境。其中包括了法律、行政法规和中央各部委颁布的规章等。法制体系缺乏完善，物流的地位尚未得到法律承认等因素也是制约着我国电子商务物流发展的重要原因。

（4）物流配送市场化程度比较低。从目前情况看，造成我国物流配送企业的配送市场化程度比较低的原因如下：

① 配送企业数量和经营规模小。

② 市场配送份额、配送功能服务及物流增值少。

③ 由于物流企业将网络进行了分割，对于客户要求设计物流网络、对物流做预测、设计订货管理和存货管理系统等一系列的物流服务，他们都不能给予满足。

④ 企业之间的竞争力弱，专业化、信息化和标准化的进度跟不上市场变化速度。

2. 针对电子商务中物流配送问题采取的措施

（1）降低物流成本和配送服务的价格。

① 首先应想办法加快物流周转速度，使物流配送量不断扩大；其次如果想要加快物流的周转速度，就要相应地减少物流周转的环节；最后就是需要采取先进并且合理的物流技术。通过以上三种主要途径就可以使物流成本降低下来。

② 想要降低配送服务的价格有以下两种方法：一是使消费者在网站上点击和订货时，找到自己所需的商品是在电子商务公司与物流企业签订的协议规定的配送范围内，这就是电子商务公司在销售产品之前需要提前考虑和控制的，要让商品尽量相对集中并且可以形成一定的规模。二是电商企业应加强对物流配送企业的管理，通过开源节流来降低物流成本和配送

服务的价格。

（2）加大现代物流人才培养力度。

前面已经提到我国目前急需物流方面的人才，而人才也是使我国物流业能够更快更好地发展的关键所在。首先这个问题应得到政府部门的重视，使得这些政府机关、工商企业和物流企业加强与科研院校、咨询机构社团的沟通交流，相互合作，一起出谋划策想出可以尽快弥补物流人才缺乏、管理水平低的问题的办法。其次，由于我国现在缺乏的主要是高级物流人才，而我们现在已经有一部分相对专业的人员，因此可以考虑给这些专业人员进行再培训，将他们培养成高级物流人才。

另外，高校是培养高级物流人才的摇篮，因此他们应该积极结合自身的特点，不断探寻更多的物流方面的学科知识，考虑多设置一些与物流有关的学科，不断地加快高校物流教育速度。仅仅只靠高校的培养与教育是完全不够的，还可以考虑将电子商务物流培训和认证体系建立起来，并使它得到有效的完善，这样社会培训可以有效地对高校教育起到补充作用。

（3）在政策和资金上提倡国家多给予支持与帮助。

根据国内实际情况并结合国际标准，我国应该制订并通过一部在全国范围内适用的物流法，由国务院商务部具体实施，使得电子商务活动得以规范进行，并且物流企业可以在法律环境下平等竞争、有序经营、规范管理。这样也能打破行业垄断，使得物流配送的市场宏观调控得以加强。并且可给电子商务活动中的物流发展提供良好的外部环境。

（4）绿色物流的倡导。

绿色物流是目前所有国家都在提倡的一种行为方式。绿色物流顾名思义就是指通过有效的物流资源配置手段抑制对环境造成危害的因素，使我们的生活环境变为绿色的海洋。

7.5.4 跨境电子商务物流

1. 概念

所谓跨境电子商务，是电子商务应用过程中一种比较高级的形式，是指在不同的国家或地区间，交易双方通过互联网形式及其相关信息平台的方式实现交易。跨境电子商务同样有B2C、B2B、C2C等电子商务形式，其中主要是B2C和B2B。国际贸易进出口环节中一般要涉及国际结算、进出口通关、国际运输、物流保险等，同时还需要考虑安全性及风险控制等方面的内容，这使得跨境电子商务和境内电子商务有所区别。对于国内中小企业来说，跨境电子商务更是备受推崇，因为其一方面可以增加更多的海外市场机会；另一方面会使国内市场变得更加丰富。互联网技术的广泛应用以及外贸业态的不断发展，让跨境电子商务成为我国企业寻求海外以及国内贸易的新一轮商机。

2. 跨境电子商务物流运作模式

跨境电子商务企业在竞争日益激烈的今天，为提高货物配送质量、保证商品到达时间，也纷纷自建物流或外包物流，整合虚拟信息流与物流，以创新性的运营策略来应对环境的变化。

（1）"单一"跨境电子商务物流模式。

海外供应商将货品送达电子商务企业位于制造国的物流配送中心，由其负责商品的实际备货与仓储管理，当消费者在网络平台下订单时，将由制造国的物流中心完成单笔订单的拣货、包装和出货，以"单一"订单包装成单件包裹形式，并在制造国物流中心以单件包裹形式交付给国际快递公司，让它为顾客提供门到门的物流服务。

此物流模式对于电子商务企业来说，完全不需要另设转运物流配送中心，也不需要考虑与收件地的国家的本土快递体系合作，只需选择服务品质优良的门到门国际快递公司，由其负责送至不同国家的收件地，而且国际快递企业会负责处理包裹的通关、报税等工作。

（2）"两段中转"跨境电子商务物流模式。

海外供应商将货品配送至电子商务企业位于该国的物流中心，由其负责商品实际备货与仓储管理，当消费者于电子商务网站下订单时，由该物流中心完成单笔订单的拣货、包装和出货，整合收件地与不同国家的单件包裹，将货物交由国际物流公司以整批方式运输至海外转运国，由海外转运国物流中心将整批货品拆封成原单件包裹的形式，再将单件包裹交由国际快递公司配送至指定国家收件地。

（3）"两段收件"跨境电子商务物流模式。

海外供应商将货品配送到电子商务企业位于该国的物流中心，由该物流中心负责商品的实际备货与仓储管理，当消费者在电子商务平台下订单时，由制造国的物流中心完成单笔订单的拣货、包装、出货，以单一订单的单件包裹形式，由海外供应商物流中心根据收件地分别整合成不同的整批货品，交由国际物流企业以整批运输的形式直接运抵收件国，由收件人所在国的物流中心将整批货品拆封成原单件包裹形式，再将单件包裹交由收件人所在国当地快递体系递送至指定收件地。因运输路程包含第一段整批运输与第二段单件运输，转运点在收件国，因此称其为"两段收件"转运。

7.5.5 电子商务物流管理创新的基本途径

1. 逐步加强政府引导和行业立法

我国的电子商务物流刚刚起步，各方面尚不完善，成熟的电子商务物流体系尚未建立，相应的法律法规还不健全，这对现代物流的发展而言是非常不利的。政府应当在政策与资金方面扶持电子商务物流企业的发展，制定正确的政策与行业发展战略，加强电子商务网络安全技术研究以及法律法规的制定。比如，尽快制定物流信息技术标准和信息资源标准，建立物流信息采集处理和服务的交换共享机制；建设电子商务物流配送系统，推动电子商务物流业的蓬勃发展；积极推进企业物流管理信息化，促进信息技术的广泛应用，引导企业加大对电子商务物流业的投资力度；科学合理地建设物流基础设施，建立我国物流实体网络，为物流业不断发展奠定良好基础。

由于有关电子商务的政策和立法"政出多门"，多头管理，综合效率低下，难以从根本上解决电子商务发展中存在的重大问题，建议尽快制定《电子商务促进法》，并将其作为我国发展电子商务的根本大法，统一思想，解决多头执政、政出多门的现状，有效规范网络交易市场，保护合法的电子商务行为，促进电子商务与国民经济更快更好地发展。

2. 加快物流组织结构转变，将信息化与先进管理理念相结合

我国物流企业以中小型企业为主，具有决策圈子小、组织机构灵活以及信息路径短等优点。考虑到我国物流企业规模较小的特点，物流职能一体化的组织结构更适合我国物流企业的发展，即在高层物流经理领导下，将企业所有的物流功能统一起来，实现采购、储运、配送以及物料管理运作一体化的组织单元，形成企业内部物流一体化的模式，这样更有利于整合物流资源和协调物流运作，提高企业物流作业的效率。要将信息化与先进的管理理念相结合，打造智能物流。比如，电子仓储管理系统从根本上实现了先入先出管理，解决了手工台账查询慢、易出错等弊端；运输配送管理系统将优化车辆配载、选择运输路径，保证将正确的货物于正确的时间和地点交付给客户。

此外，还要采用国外先进管理经验，如零库存（即在必要的时间提供必要数量的产品）等。未来的竞争是供应链的竞争，而不仅仅是一个物流的概念，是如何将产品从厂商送到消费者手中，如何实现最快捷、最高效、成本最低的竞争。

3. 借鉴发达国家经验，完善电子商务物流活动的规划与控制体系

美国建有基于互联网的物流信息平台，拥有成熟的标准化物流软件，用信息技术整合物流信息，拟定物流方案，优化物流过程的各个阶段，使物流管理更加科学化、规范化，能快速准确运作，提高效率和增加效益。比如，沃尔玛公司正是通过了信息流对物流与资金流的整合、优化和及时处理，实现了有效的物流成本控制。因此，为实现物流管理创新，我国物流企业必须坚持以"为客户服务"为中心这一基本原则，将服务质量与顾客需求放到首要位置。这就要求企业根据市场的灵活性与顾客的导向性，对物流活动制定战略性规划，并预测可能出现的问题，提前采取防范措施。

4. 重视对电子商务与物流经营管理专业人才的培养

电子商务物流对企业物流人员的素质提出了更高的要求。高素质的物流管理人才是确保客户服务质量、物流运作效率和企业竞争力的重要前提。在人才培养方面，可依靠政府、高校、科研院所等对电子商务物流人才进行培训，使物流一线员工和管理人员通过培训更新物流专业知识，并将财务管理、信息技术、数据处理及国际物流管理知识等结合起来。物流企业还可通过大力引进先进技术与优秀人才，借此学习国外先进的技术与管理理念，也可把对电子商务物流感兴趣的人才送到国外进行培训，加强引进先进管理理念，不断提高物流技术型人才与复合型人才的综合素质。

5. 大力发展物流金融

物流金融对现代物流业的发展起着至关重要的作用。一是拓宽物流企业和上下游企业的融资渠道，融资能力的增强能为物流链条中的各方带来发展机遇；二是提高资金使用效率，

在资金紧张的情况下，缩短上游企业的应收账款周期，盘活下游企业暂时闲置的原材料和产成品的资金占用；三是降低物流企业的资金风险；四是提高物流公司服务能力，增强物流公司与上下游企业的凝聚力，实现物流公司、上下游企业与银行的多方共赢。当然，开展物流金融要慎重选择客户，慎重选择并妥善保管质押物，更要重视债务违约及资金风险，应与合作企业建立共管账户，有效监管资金流向。

6. 加强电子商务对国际物流发展的推动作用

当前，受国际经济形势影响，国际物流发展速度放缓，与之形成鲜明对比的是，电子商务物流却保持着快速增长的态势，成为未来国际物流发展的必然趋势，基于电子商务的国际物流年均增幅达到三成以上。同时，一些制约国际物流发展的矛盾和问题也逐步显现。比如，社会和企业要求进一步提高通关效率，降低物流成本，解决外贸电商结汇、退税难等问题。因此，开展国际物流电子商务试点，强化电子商务这一新型经营模式对国际物流发展的推动作用，具有十分重要的意义。

结合当前时代发展的趋势，结合大数据分析技术，对物流系统进行合理规划与设计，走高度信息化、自动化、网络化、智能化的路线，才能在科技飞速发展的今天健康发展，才能有助于我国电商行业的蓬勃发展。

7.6 物流生态圈建设

从生态圈的角度看，公路物流行业还处在一个"无机生命群落"的物流生态低级阶段，因此整个系统进化缓慢、生态脆弱、运作效率低下，无法满足现代社会复杂生产、商贸流通、跨境贸易和电子商务物流服务的发展需求。

通过构建智慧云物流生态圈核心平台，将物流需求群落、物流资源群落、金融支持群落、政府职能群落和配套服务设施群落有机地整合起来，形成一个具备"生命支持系统"的物流生态圈，从而加速各群落间的信息交换和物资流通速度。借助物流生态圈核心平台，物流生态圈内各群落间的物流、商流、信息流、服务流、资金流从传统多点分散的复杂联系简化成多点对单点的高效直接联系，大大降低各群落的交易成本，提高各方交易效率。如图7.7所示。

智慧云物流生态圈核心平台由智慧物流云平台和物流设施平台共同构成，两者相辅相成，相互作用，完成物流业务的线上线下融合过程。

智慧物流云平台作为物流生态圈的神经中枢，借助云计算、物联网、WEB2.0等先进技术，将商流、信息流、资金流高度整合，完成线上（Online）信息匹配、资金流转、商务流通过程，从而协调、指导和优化线下物流过程，提升物流资源利用效率。同时，利用大数据挖掘技术，不断发掘潜在盈利增长点和新的盈利模式，灵活应对行业竞争，实现物流生态圈的可持续发展。

物流设施平台作为物流生态圈的基础载体，借助智慧云强大的信息整合能力，优化物流业务流程、关联多方物流实体资源，为物流需求方提供专业化、定制化服务，完成线下（Offline）物流过程。同时，通过合理配置政府监督、金融支持等配套服务资源，为物流供需双方提供

"一站式"配套服务,简化繁杂的业务手续,降低交易成本,从而提升整体物流运作效率。

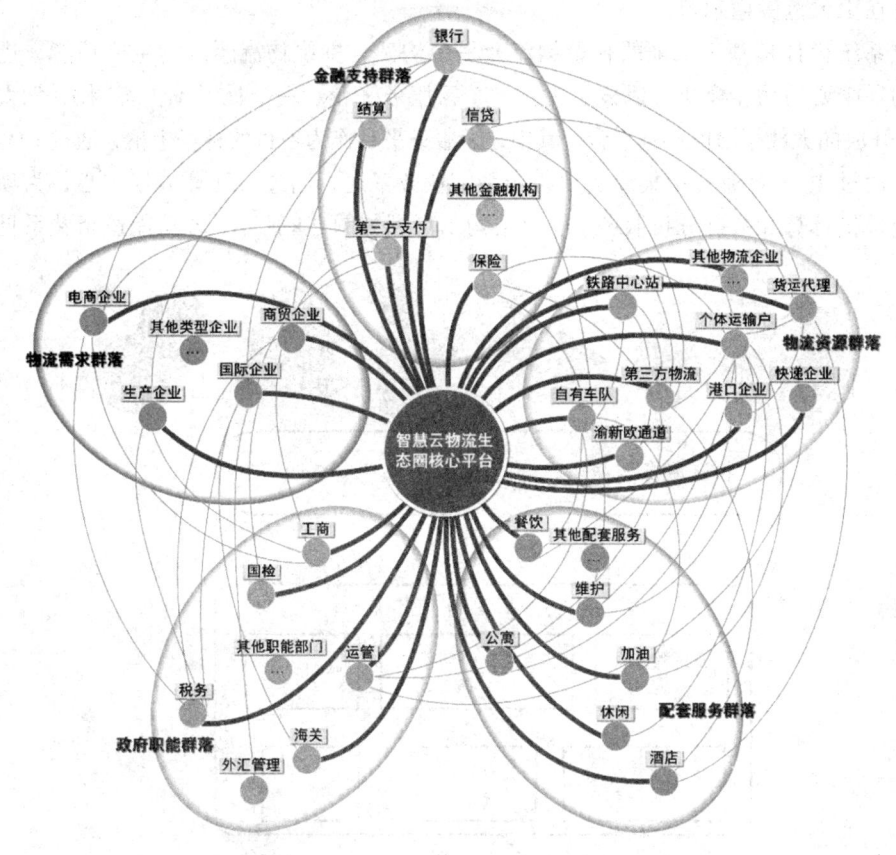

图 7.7 具备"生命支持系统"的物流生态圈

对物流需求群落而言,通过智慧云物流生态圈核心平台,可以非常便利地获取物流资源群落的各项物流服务(如多式联运、整车运输、零担快运、物资转运、仓储服务等),也可以快速地获得金融支持群落的各项金融支持(如供应链金融、跨境结算、企业信贷、仓单质押等),当然也将非常方便地享受到政府的各项行政服务(工商、税务、国检、海关等);对物流资源群落而言,同样可以通过物流生态圈核心平台,非常便利地享受货运需求信息、金融支持、政府服务、生活配套等一站式服务。

智慧云物流生态圈核心平台的建成,将改变传统低效的公路物流生态模式,使得公路物流朝着智能化、信息化、综合化的方向发展,到达一个等级更高的物流生态平衡。在降低整体公路物流成本的同时,也大大降低了物流群落间的交易成本,使得信息交流更加透明、物流需求与物流供给更具效率,提升了公路物流的整体竞争能力。

7.6.1 基于智慧物流云的信息系统构架

通过构建智慧物流云平台建设,对信息流、物流和资金流进行全方位管理,为相关需求方提供智慧绿色的和可控、可视、可量化的全过程物流服务，同时推动了全市现代物流体系的发展并在更大范围内示范。

信息系统设计是基于未来的智慧物流云平台构架，围绕物流园区的主要功能，进行设计和规划的。主要的功能模块可以概括为：一个云服务平台、一个社区（生态圈）、三大业务系统、一个开放的大数据增值业务平台。其中，云服务平台作为项目的神经中枢，通过EDI实现数据共享，通过EAI企业应用集成实现各子系统业务互通，通过云计算数据中心，为项目所涉及的系统提供计算和数据分析服务。项目结构示意图如图7.8所示，各功能逻辑关系见图7.9。

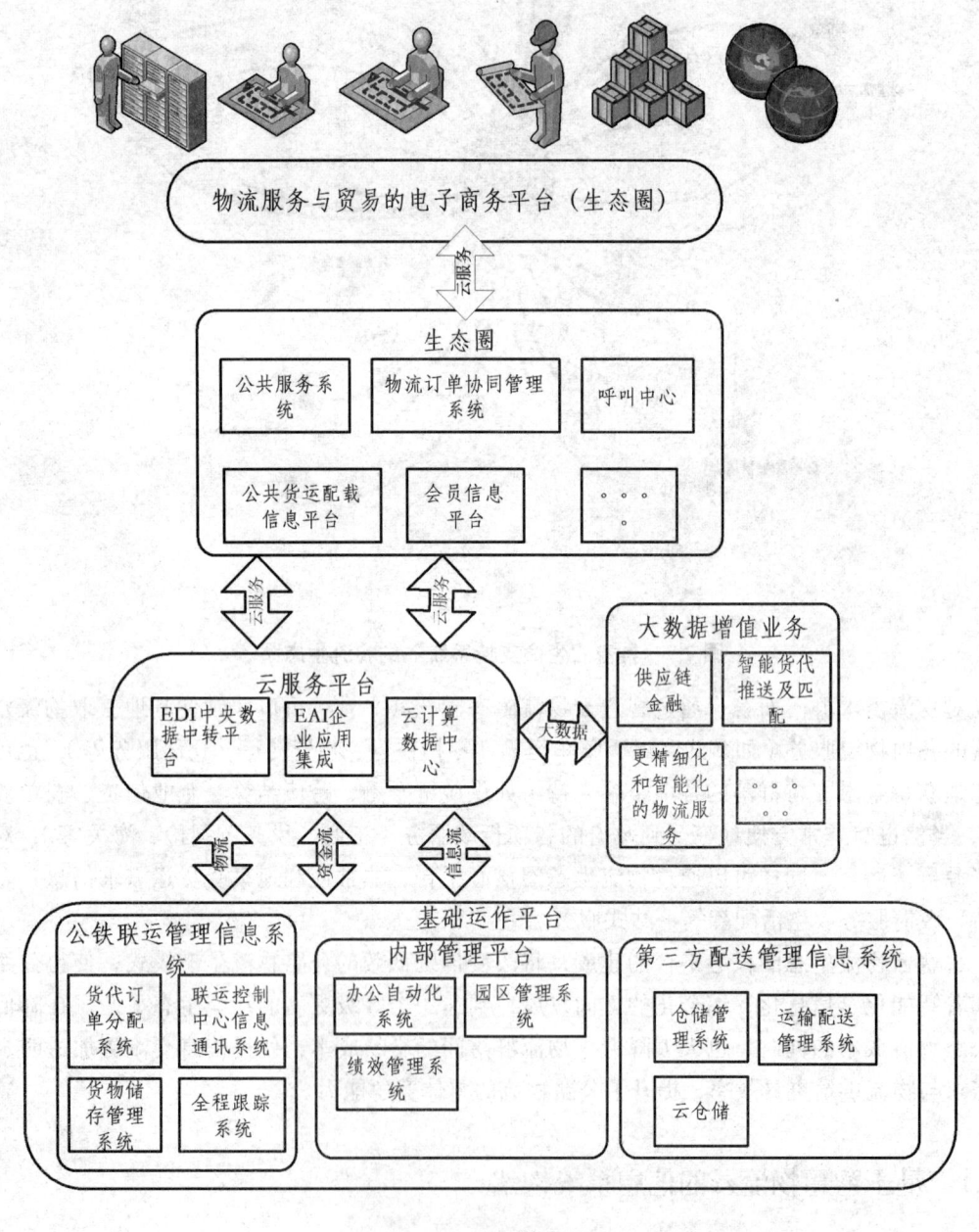

图7.8　项目构架图

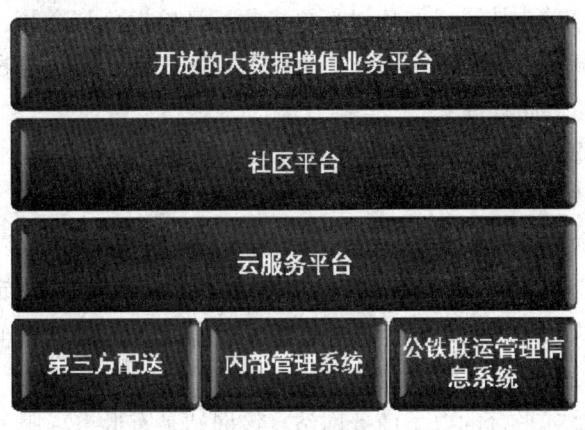

图 7.9　各功能逻辑关系图

7.6.2　智慧云各子平台介绍

1. 物流服务与贸易的电子商务平台

（1）物流服务生态圈门户。

建立面向物流生态圈各群体的门户。通过该门户提供的单点登录、统一身份认证。物流生态圈的群体能够通过物流服务生态圈门户网站获取他们感兴趣的物流服务资源，如信息资源、资金流、货物流和各种物流云服务等。

通过物流服务生态圈门户的建立，使得用户能够深度粘合于物流服务生态圈。通过大面积的推广免费服务，积累客户资源。借鉴国内外成熟的免费平台盈利模式，通过增值服务、广告、大数据等业务，实现物流服务生态圈门户的用户黏合及资源聚集，从而实现可持续的生态圈。

另一方面，物流服务生态圈门户的界面是多样的。既有网页版本，也有面向移动终端的 IOS 版本、ANDIORD 版本等。

（2）公共服务系统。

建立包括信息发布、电子交易、网上结算、决策分析等子系统的公共服务系统。通过信息发布系统可即时发布和查询物流信息。通过物流信息平台对即时运力车源信息、即时货源信息的整合，托运方和承运方可以快速获取更多的物流信息，部分信息匹配的托运方和承运方经过线下谈判可达成交易。

该系统在媒体的表现形式上，采用多种媒体形式：电话、短信、电子发布屏、手机终端（安卓/苹果）。

（3）物流订单协同管理系统。

为贸易双方提供更完整的物流外包服务。它以订单为主线，对具体物流执行过程实现全面和统一化的计划、调度和优化。系统主要实现订单接收、订单拆分与合并、运送和仓储计划制订、任务分配、物流成本结算、事件与异常管理及订单可视化等功能。建立"全面订单管理"体系,以客户订单为核心,实现对订单接收、订单拆分与合并、运送计划、库存控制策略、物流执行与协同、物流动态可视化、事件与异常管理、成本与收入管理、结算与支付等全生命周期的计划与协同管理。

该子系统还支持物流服务的购买和统一结算。

(4)公共货运配载信息平台。

该平台是一个以公路货运为主的公共信息平台,整合供应链企业以及其他货运配载中心的信息系统,为货主、货车司机、货代等各需求方提供一个公平、开放的货运信息发布、交易、管理平台,通过优化配置货源、车源、线路,可以极大地减少货车的空载率,并有助于货运信息的公开化、价格的透明化及交易的规范化。

建立公共信息化服务平台的电子商务网站。该网站是有形市场服务向虚拟市场服务的转移,可在任何时间、任何地点为各类客户提供个性化物流服务产品,包括信息服务、货物跟踪、车辆验证、咨询服务、查询服务、物流业务处理的 ASP 服务等。

(5)会员信息平台。

建立了会员诚信管理系统,通过信用评价,构建会员企业信用档案。通过会员制管理,形成自评机制、行业协会评价机制、第三方评价机制。对运输车辆提供诚信车辆认证服务,构建诚信车辆认证系统,提供权威性的车辆牌照、驾驶证、车主或司机身份证的三位一体验证,可以帮助货主杜绝骗货可能;而诚信车主也可通过申请诚信车辆认证,加入基地诚信车辆数据库,增强公信力和竞争力。诚信管理系统的应用为实现网上交易、网上结算创造了信用条件。

(6)呼叫中心。

建立面向平台各层次用户群体的呼叫中心,并在未来运行过程中,引入多种语言座席。该呼叫中心具有接入和呼出方式多样化的特点,支持电话、VOIP 电话、计算机、传真机、手机短信息、WAP、寻呼机、电子邮件等多种通信方式。能够将多种沟通方式格式互换,可实现文本到语音、语音到文本、EMAIL 到语音、EMAIL 到短消息、EMAIL 到传真、传真到 EMAIL、语音到 EMAIL 等自由转换。

引入了语音自动识别技术,可自动识别语音,并实现文本与语音的自动双向转换,即可实现人与系统的自动交流。第四代呼叫中心是一种基于 WEB 的呼叫中心,能够实现 WEB CALL、独立电话、文本交谈、非实时任务请求。

建立基于呼叫中心语音服务的音频大数据库,在未来的大数据增值业务中开发相应的大数据增值业务。

2. 第三方配送管理信息系统

物流园区的配送业务实际是第三方配送业务。配送业务主要包括两个大的方面。一方面是配送仓储的管理,另一方面是货物从配送中心送出后的运输环节的管理。其主要功能如下。

(1)仓储管理系统。

仓储管理系统是一套支撑企业完成收货作业、发货作业、装卸作业、码放作业、拣选作业、备货作业、配载与装车排程、流通加工、库存调拨、虚仓管理、保税仓储等业务操作,进行综合批次管理、物料对应、库存盘点、质检管理、即时库存管理、设备管理、资源管理、数据查询与分析等扩展需求，配合订单管理、配送管理和财务管理的综合仓储管理系统，可有效控制、跟踪仓储业务的物流和成本管理的全过程，实现完善的企业仓储信息管理。

（2）运输配送管理系统。

运输是物流运作的重要环节，在各个环节中运输时间及运输成本占有相当的比重。现代运输管理是对运输网络和运输作业的管理，在这个网络中传递着不同区域的运输任务、资源控制、状态跟踪、信息反馈等信息。

运输管理系统，可以接收来自 OMS 和 WMS 的运输指令，通过分解和组合订单，在确保及时交付的前提下以最优化的配载方式和线路安排运输计划。TMS 系统可以与 GPS 系统和短信网关连接，帮助运输管理人员和客户更准确及时地跟踪运输动态。运输配送系统同时提供对车辆、司机、零配件、轮胎、油耗的资产管理，并能对车辆的年检、保险、维修保养、违章事故等事宜进行记录和预警，方便企业更好地管理企业的运作成本。

通过一套智能、灵活、高效、协同的运输管理系统，令运输模式、运力资源、运输路线、运输成本、运输调度、订单追踪等各个业务环节更趋于合理规整、高效精益。

3. 水公铁联运管理信息系统

（1）货物代理以及订单分配子系统。

负责管理托运人、货物代理、道路运输、铁路运输、货物存储以及最终客户之间的物流链。功能覆盖货代公司运营的各个方面，有效支持市场部门、业务运作部门、财务部门的业务操作和管理，形成统一的企业应用平台。业务覆盖进出口业务、本地增值服务业务、支持出口整柜、拼箱业务、进口整柜、进口分拨操作模式。货代管理系统关注企业的集中化管理和货代服务模式的创新，以进出口的服务和核心作业流程为主线，全面整合企业内外部的客户、合作伙伴、价格、业务和财务信息。

（2）卡车、列车联运控制中心信息通信系统。

处理卡车、列车与联运控制中心之间的信息通信系统，负责货物在道路和铁路两种运输方式之间的装卸和转移。

（3）货物储存管理系统。

负责进出联运平台货物（集装箱）的临时存储管理以及与物流配送中心之间的信息交流。采用物联网技术对进出联运平台的货物或集装箱进行管理。

（4）全程跟踪系统。

在公铁联运系统中，定位和跟踪系统是改进公铁联运效率和服务质量的重要趋势。例如运输网络上的定位与跟踪，电子标签系统，路线和形状识别软件，激光扫描，无线定位系统，卫星定位系统。定位和跟踪系统可以应用到以下各方面：装载单位，运输设备，中转设备，例如铁路列车和车皮号码识别等。

4. 内部管理平台

（1）办公自动化系统。

办公自动化系统主要实现园区管理人员的内部办公自动化。

主要功能包括：公文办理、日常公务、个人事务、信息中心、资源管理、档案管理、部门人员管理、公文系统、请示审批、计划管理、会议管理、资源管理、行政管理、办公指南、系统设置等模块。

（2）园区管理系统。

园区管理系统主要是负责园区的相关经营和管理业务。主要包括的功能是：园区租赁管理、园区物业管理；消防、清洁、保安等管理。通过园区管理信息系统，将园区内部日常运行中所涉及的资源进行有效的管理。保障园区正常运行。

（3）绩效管理系统。

绩效管理主要从物流供应链服务绩效方面设计绩效管理模式。通过云服务平台提供的数据共享服务，按照考核的对象、考核时间等方面针对物流服务的各个指标，构建物流服务绩效评价体系，进行自动化的物流服务绩效评价。生成物流服务绩效管理评价的各级报表，并通过专家系统分析物流服务绩效改进的方向和具体改进措施。

5. 云服务平台

（1）EDI 中央数据中转平台。

EDI 中央数据中转平台能够高效地集成整合企业内部不同的应用以及企业外部电子商务不同交易伙伴，在广泛的企业外部协作沟通和企业内部应用整合方面具有重要的用途。

（2）EAI 企业应用集成。

EAI 企业应用集成（Enterprise Application Integration）技术可以通过建立底层结构（通常是应用集成中间件）作为黏合剂来连接企业内外各种业务相关的异构系统、应用以及数据源，从而满足供应链企业对电子商务、ERP、CRM、SCM、OA、财务系统、数据库、数据仓库等重要系统之间无缝共享和交换数据的需要。

（3）云计算数据中心。

基于云计算的 IDC 平台是近几年构建 IT 基础设施的一种先进、绿色、集约的新思想和新技术。目前，已经有浙江移动 IDC 云计算平台、广东中外运物流云、上海中学教育云、上海闸北医院医疗云等成功案例。其中，广东中外运物流云是与本项目行业背景相近的成功案例之一，目前已经开始建设并取得了较好的应用效果。因此，将以基于云计算的 IDC 平台方式构建本项目的 IT 基础平台。提供电力/空调/网络等 IaaS 云服务，提供设备硬件，操作系统，中间软件等 PaaS 云服务，提供应用软件，服务等 SaaS 云服务。

6. 大数据增值业务开放平台

（1）供应链金融。

依托电子银行资源，构建供应链"大数据"信息平台，整合银行内部和供应链各参与方的信息资源，包括核心企业、上下游中小企业、网上银行、海关、仓储物流服务商，实现各方信息在线实时推送，并通过对供应链中产生的商流、物流、资金流和信息流的自动归集和"智能"分析，为供应链节点企业提供包括账权、货权在内的在线综合金融解决方案。

包括的功能主要是：

① 主动搜索存在融资需求的企业

②优化的供应链金融评价模型，提供快速融资服务

③低成本、电子化的融资服务

（2）智能货代推送及匹配。

当数据中心的大数据仓库建立逐步完善时，可以构建智能货代推送及匹配增值服务。通过分析和挖掘本系统中存在的大数据，帮助货运企业进行智能的货代推送及智能化的货主匹配。通过该匹配，提供高质量的信息服务，收取佣金，提高用户对平台的依赖度和黏合度，并进一步积累大数据资源。

（3）更精细化和智能化的物流服务。

马士基公司的战略顾问认为"大数据"是帮助物流业应对困难局面的一个非常重要的工具。"在近两年整个环球航运远洋市场不景气的环境下，很多航运公司都出现了亏损，事实上在这一个领域，收集的数据量也是非常大的，比如说集装箱移动的信息、集装箱人工处理的信息，目前这些信息是处在企业内部不同的系统中的。首先，企业要节俭过冬，通过大数据分析，企业就能知道该在哪个位置的港口去部署更多的集装箱，哪些可能不需要，也可以利用这些数据和信息实现燃料的节约，这将能够帮助这些公司和整个行业降低成本，保持整个市场的稳定性；同时，通过实现这些数据的整合，还能更好地进行集装箱运输能力的预测，利润率的判断和实施未来计划。

目前的运输、配送及装卸等环节由于数据的不完善，管理较为粗放。随着大数据平台的建设和数据的积累，可以利用大数据分析工具对装卸、运输、配送等环节的大数据进行更精细化的分析。利用云计算强大的运算能力和大数据中心的海量数据，学习并挖掘历史数据，利用分析模型，找出一些不利于成本降低的环节和计划，为企业自身及服务的客户提供更加精细化和智能化的物流服务，从而提升物流服务质量和降低物流成本。

案例分析：索爱逆向物流

索尼爱立信（简称索爱）公司是日本索尼公司和瑞典爱立信AB公司共同成立的合资公司，索爱公司自成立起一直在寻找手机市场的竞争优势，其解决方案是：对退货和维修处理的重整。缺陷手机的退货、处置、维修和置换都会给逆向供应链产生巨大的影响。

事实上，由于业务的快速增长及对现状的不满已使得公司的南美单元——索尼爱立信移动通信公司对于处理这部分服务的方式重新进行了一番审视，索爱公司在美国和加拿大所建立的逆向物流已不能满足消费者的需要。索爱公司需要一个快速、可靠、灵活的系统，这个系统能够管理生命周期为九个月的手机。同时，它也需要降低其成本结构，而且随着手机价格下降到100美元以下，降低管理费用的压力也在增加。

多年来，索爱公司一直依赖一家单独的电子生产服务商，此服务商不仅处理手机的制造，而且还处理手机的维修，手机的正向和逆向物流。他们一直鼓吹通过一个合作伙伴就能提供全套服务的便利性。从概念上说，这种观点很好，可是对于索爱公司却不起作用。由于没有物流方面的专家，这家电子生产服务商将运输和经纪业务部分转包，这使得索爱公司和关键

的物流操作部分又隔了一层。这也促使索爱公司想寻找一个更为直接的服务关系。

手机维修方面同样存在许多问题，随着手机变得越来越复杂，促使索爱公司决定找专家来做这项工作。更为复杂的情况是索爱公司坚持将维修地点定在墨西哥，这样做的原因是省钱，但同时这又产生了另外的问题，索爱公司如何做到从顾客处接受退货，把他们送过南边的边境来修理，并在仅仅几天的时间里把修理过的手机取回到美国呢？

索爱公司最后的决定是：将合同分为两部分，一部分是维修，一部分是物流。在每一部分，索爱公司雇了一位专家。维修商的选择是相当明了的，位于印第安纳州布鲁明的 PTS 电子公司是一个独立的服务公司，有着 30 多年的维修经验，所修产品包括高清晰电视、有线电视转换器、手机等。

物流商的选择需要慎重考虑，所要求的物流服务不仅要处理每日的越境运输，并且还要有效处理两国边境的海关事宜。近期，索爱公司开始利用 UPS 的供应链解决方案来处理巴西的物流服务部分。在巴西的物流服务主要是在售后部分提高服务质量、减少费用。为了达到以上目的，索爱公司选择将整个售后运作外包给 UPS，包括：海关经纪、检测和维修、售后、运入和运出运输等。UPS 负责在巴西的 140 多个零售中心的备件的物流支持。通过合作，索爱公司对零部件的库存有了更大的可见度，更精确的检测和维修，以及维修产品的确保交付，索爱公司得以提高在巴西的市场份额。

整个物流过程如下：首先，在得克萨斯州的埃尔帕索（就在索爱所选择的维修地点——墨西哥的华雷斯市的边境上），索爱公司收到从达拉斯配送中心发过来的手机成品、缺陷手机、替换零件和附件；然后，再将这些物品运到华雷斯市进行处理和修理。运输方式包括包裹交付和拼箱。

索爱公司将每天客户退回的手机产品在埃尔帕索进行收集和处理。UPS 在这些产品运到前就会收到电子通告，同时和维修商随时保持通信联系，在维修商处没有库存。在埃尔帕索收到运入的产品后，在将这些产品通过越库设备前，UPS 会检验数量和起源地点，然后直接运到墨西哥，在 24 小时内到达维修中心。

UPS 随时向索爱公司通告系统运行状态。索爱公司能得到每日报告，报告给出每笔交易的可见性，这些信息能完全整合到索爱公司内部的企业资源计划（ERP）中。在这个过程中，UPS 成为索爱的服务网络的一个"虚拟仓库"。

自从采用 UPS 的供应链解决方案和墨西哥的维修项目后，索爱公司的客户满意水平提高了一倍，库存控制能力提高，并提高了供应链的可见度和整个过程的管理。

- 根据案例，思考下列问题：
1. 索爱公司是如何构建逆向物流系统来处理手机退货和维修的？
2. 采用专业的维修公司和物流服务商对索爱公司有什么好处？

- 问题思考与训练
1. 简述现代运输与物流系统发展趋势。
2. 第四方物流功能与运作模式具体有哪些？

3. 发展地下物流有什么意义？
4. 绿色物流系统的特征和设计原则分别有哪些？
5. 如何应对电子商务物流中的配送问题？
6. 什么是电子商务物流？
7. 简述地下物流系统的构成和分类。

参考文献

[1] 彭扬，伍蓓. 物流系统优化与仿真[M]. 北京：中国物资出版社，2007.

[2] 蒋长兵. 物流系统与物流工程[M]. 北京：中国物资出版社，2007.

[3] 王燕，蒋笑梅. 配送中心全程规划[M]. 北京：机械工业出版社，2004.

[4] 韩世莲. 物流配送线路多目标优化方法研究[D]. 南京：东南大学交通学院，2006.

[5] 耿伟. 电子商务环境下的我国物流配送研究[J]. 中国市场，2008，1（2）：114-115.

[6] Salema, M. I. G., Povoa, A. P. B., Novais, A. Q., 2007 An optimization model for the design of a capacitated multi-product reverse logistics network with uncertainty[J]. European Journal of Operational Research, 2007, 179（3）: 1063-1077.

[7] Bigotte, J. F., Krass, D., Antunes, A. P., Berman, O. Integrated modeling of urban hierarchy and transportation network planning[J]. Transportation Research Part A: Policy and Practice, 2010, 44（7）: 506-522.

[8] Gelareh S., Nickel, S. Hub location problems in transportation networks[J]. Transportation Research Part E: Logistics and Transportation Review, 2011, 47（6）: 1092-1111.

[9] 张亮. 物流学[M]. 北京：人民邮电出版社，2014.

[10] 叶怀珍. 现代物流学[M]. 北京：高等教育出版社，2006.

[11] 王之泰. 新编现代物流学[M]. 北京：首都经济贸易大学出版社，2005.

[12] 吴清一. 物流学[M]. 北京：中国物资出版社，2005.

[13] 李松庆. 物流学概论[M]. 北京：清华大学出版社，2012.

[14] 王辉. 物流学[M]. 北京：中国铁道出版社，2010.

[15] 徐杰，郑凯，田源，汝宜红. 物流中心选址的影响因素分析及案例[J]. 北方交通大学学报. 2001（05）：80-82.

[16] 董祥俊，徐杰. 物流基础设施网络节点的动态选址研究[J]. 物流科技. 2006（10）：1-4.

[17] 牟伦英，黄丹. 物流网络节点的动态选址研究[J]. 工业工程与管理. 2005（02）：102-105.

[18] 徐利民，马良成，方芳. 仓储中心的动态规划选址及应用[J]. 武汉理工大学学报：交通科学与工程版，2003（02）：256-259.

[19] 温卫娟，邬跃，唐秀丽. 共同配送协同效应评价体系构建[J]. 中国流通经济. 2015（10）：21-27.

[20] 罗建锋. 共同配送模式分析及实施研究[J]. 2007（36）：96-97.

[21] Andreas K., Andreas D., Facility location models for distribution system design. European Journal of Opera-tional Research. 2004

[22] 李志华，王启富，钟毅芳，周亦波. 物流网络设计建模与求解算法研究[J]. 机械工程学

报．2003（2）：84-89.

[23] 齐严．网络背景下商业模式创新趋势与物流企业创新研究[J]．中国流通经济．2011（02）：72-75.

[24] 宗刚，赵红涛．物流网络模式研究[J]．商品储运与养护．2006（5）：34-36.

[25] 贺登才．现代物流服务体系研究[J]．中国流通经济．2010（11）：45-48.

[26] 周明慧，徐国．B to C 模式下物流中心的动态选址模型[J]．物流科技．2008（7）：111-113.

[27] 秦进．多商品物流网络设计相关优化模型及算法研究[D]．长沙：中南大学．2006.

[28] 马祖军，代颖，张殿业．逆向物流网络结构与设计[J]．物流技术．2004（04）：12-14.

[29] 冯耕中．现代物流规划理论与实践[M]．北京：清华大学出版社，2005.

[30] 刘兴景，戴禾，杨东援．物流信息平台发展规划技术[J]．物流技术，2001（1）：16-18

[31] 牛惠恩，陈憬．国外物流中心建设的一些经验和做法[J]．城市规划汇刊，2000（2）：65-67

[32] 何明珂．物流系统论[M]．北京：高等教育出版社，2004.

[33] 闫枫逸．城市物流系统布局研究[D]．南京：东南大学，2005.

[34] 李波．现代物流系统规划[M]．北京：中国水利水电出版社，2005.

[35] 彭扬，伍蓓．物流系统优化与仿真[M]．北京：中国物资出版社．2007.

[36] 李玉民，李旭宏，毛海军等．物流园区规划建设规模确定方法[J]．交通运输工程学报，2004，4（2）：76-79

[37] 何国华．城市总体规划中物流园的用地规模问题[J]．规划师，2008（3）：63-66

[38] 张利学．城市物流需求预测方法研究[D]．南京：东南大学，2006.

[39] 王淑琴，刘伟．物流园区内部总布局模式分析[J]．物流技术，2008（4）：30-31

[40] 马祖军．城市地下物流系统及其设计[J]．物流技术，2004（10）：12-15

[41] 张敏，杨超，杨珺．发达国家地下物流系统的比较与借鉴[J]．物流技术，2005（3）：81-91

[42] 赵超．北京市发展城市地下货物运输系统的探讨[D]．北京：经济贸易大学，2007.

[43] 马保松，曾聪．世界管道物流运输的发展现状及关键技术分析[J]．世界科技研究与发展，2004（12）：48-52

[44] 李群峰．城市物流系统的结构设计[J]．综合运输，2004（12）：49-51

[45] 童明荣．城市物流系统规划研究[D]．南京：南京理工大学，2009

[46] 汪超，杨东援．中心城市现代物流系统规划框架研究[J]．城市规划汇刊，2001，132（1）：53-55

[47] 齐二石，田青，宋宁华．物流系统规划设计方法综述[J]．天津大学学报，2003，5（3）：225-228

[48] 陆华．物流系统战略规划设计理论与方法研究[D]．武汉：武汉理工大学，2003.

[49] 李亚茹，张庆年．物流中心规划方案评价方法[J]．公路交通科技，2010，27（2）：143-146

[50] 周跃进，陈国华等．物流网络规划[M]．北京：清华大学出版社，2015.

[51] 王健．现代物流网络系统的构建[M]．北京：科学出版社，2005.

[52] 高自友，孙会君．现在物流与交通运输系统[M]．北京：人民交通出版社.

[53] 周玄昊．运输网络系统建模与优化控制网[D]．杭州：浙江大学．2012.

[54] 李波．现代物流系统规划[M]．北京：中国水利水电出版社，2005.

[55] 于海生，赵林度. 物流网络中多设施选址模型[J]. 物流技术，2004（1）：33-35.

[56] 黄贤金. 区域循环经济发展评价[M]. 北京：社会科学文献出版社，2006.

[57] 李晓燕，李福泉. 电子商务概论[M]. 西安：西安电子科技大学出版社，2004.

[58] 钱七虎，郭东军. 城市地下物流系统导论[M]. 人民交通出版社，2007.

[59] 王长琼. 绿色物流[M]. 北京：化学工业出版社，2004：11-12.

[60] 魏修建. 电子商务物流管理[M]. 重庆：重庆大学出版社，2008：208-209.

[61] 陆道生. 第四方物流[M]. 上海：上海社会科学院出版社，2003.

[62] 周启蕾. 物流学概论[M]. 北京：清华大学出版社，2005.

[63] 孙西秀. 邮政物流同城配送问题分析[J]. 物流工程与管理，2017，（3）：105-107.

[64] 屈晓娟. 我国电子商务物流配送现状及解决方案[J]. 中国商贸，2010.

[65] 王永兴. 浅析电子商务企业 B2C 跨境电子商务物流对策[J]. 电子制作，2013（6）：15-18.

[66] 刘崇明，张震凯. 我国电子商务物流现状分析[J]. 现代经济信息，2013（12）：332.

[67] 孙秀梅，辛广茜. 绿色物流的发展瓶颈与对策研究[J]. 中国流通经济，2007（10）：22-25.

[68] 甄军虎. 物流经济管理模式及其战略发展决策分析[J]. 商场现代化，2017（03）：47-48.

[69] 孙溢擎. 绿色物流发展瓶颈与对策的探讨[J]. 知识经济，2017（01）：79-80.

[70] 张维. 第四方物流在我国的应用研究[J]. 中国证券期货，2010（4）：85-86.

[71] 吴城，张光宇. 浅谈第四方物流在我国的发展攻略[J]. 商业研究，2005.

[72] 宋韬. 第四方物流发展的制约因素分析[J]. 福建论坛，2009（12）：101-102.

[73] 徐金丽. B2C 电子商务环境下的物流配送模式比较[J]. 黑龙江对外经贸，2011（8）：81-83.

[74] 文龙光，易伟义. 推动我国电子商务物流配送发展的对策探讨[J]. 商场现代化，2009.

[75] 许良，季海. 地下物流系统及其方式探讨[J]. 权威论坛，2006（6）：80-81.

[76] 潘盛艺，毛海军. 城市地下物流规划建设问题发展研究[J]. 国际物流，2009（7）：253-255.

[77] 张敏，杨超，杨珺. 发达国家地下物流系统的比较与借鉴[J]. 物流技术，2005（3）：81-91.

[78] 陈建波. 我国绿色物流发展对策分析[J]. 商业时代，2006（3）：62-65.

[79] 陈达. 现代绿色物流管理及其策略研究[J]. 中国人口.资源与环境，2001，02：112-114.

[80] 刘俊兰，翟树悦，周裕法，李娅访，韩冬雪. 医院物流管理的框架模型研究[J]. 中国医院管理，2008，07：29-32.

[81] 王小莉，李金伴. 现代企业物流管理信息系统探讨[J]. 现代经济（现代物业下半月刊），2008，06：59-62.

[82] 王佐. 制造业与物流业联动发展的本源和创新[J]. 中国流通经济，2009，02：16-19.

[83] 程琦，云俊. 论自然灾害应急物流管理体系的构建[J]. 武汉理工大学学报：社会科学版，2009，01：18-22.

[84] 翁心刚. 供应链一体化时代的物流管理[J]. 中国流通经济，2005，06：12-15.

[85] 刘丽艳. 对"物流管理"和"供应链管理"的辨析[J]. 大连海事大学学报：社会科学版，2005，01：58-61.

[86] 李德库. 电子商务环境下的物流管理创新[J]. 中国流通经济，2013，08：39-43.

[87] 王道平. 企业物流管理信息化问题及对策研究[J]. 价值工程，2003，02：23-26.

[88] 张林龙. 基于供应链管理（SCM）的物流管理[J]. 现代情报，2003，05：160-162.

[89] 尤建新，蔡依平，杨瑾. 工程项目物流管理框架模型[J]. 工业工程与管理，2006，06: 49-52.

[90] 杨芃博. 城市物流配送管理系统研究[J]. 中国管理信息化，2014，17（17）：56-57.

[91] 韩柯. 物流配送管理系统设计与实现[J]. 现代电子技术，2001，（10）：36-37.

[92] 袁长明，刘梅. 物流仓储与配送管理[M]. 北京：北京大学出版社，2005.

[93] 黄福华. 现代企业物流运作与管理[M]. 武汉：湖北人民出版社，2009.

[94] 汪明元. 某物流配送中心管理信息系统的开发[D]. 成都：西南石油学院，2004.

[95] 吴文涛. 药品物流配送系统规划方法研究[D]. 长春：吉林大学，2012.

[96] 董千里. 高级物流学[M]. 北京：人民交通出版社，2009.

[97] 崔介何. 物流学概论[M]. 北京：中国物资出版社，1997.

[98] 罗辉杰. 物流配送体系研究[D]. 广州：暨南大学，2004.

[99] 谢明. 电子商务物流配送系统设计与应用[D]. 长沙：湖南大学，2011.

[100] 刘北林，付玮琼. 物流配送管理[M]. 北京：化学工业出版社，2009.

[101] 赵家俊，于宝琴. 现代物流配送管理[M]. 北京：北京大学出版社，2009.

[102] 李严锋. 物流配送标准化管理的实践[J]. 物流技术与应用，2001，（01）：54-56.

[103] 丁俊发. 中国物流[M]. 北京：中国物资出版社，2001.

[104] 杨慧. 基于配送站点的大型超市物流配送研究[D]. 太原：山西财经大学，2007.

[105] 吴正成. 循环物流配送问题的算法研究[D]. 湘潭：湘潭大学，2013.

[106] 王之泰. 现代物流配送管理[M]. 北京：北京工人出版社，2000.

[107] 李严峰，张丽娟. 现代物流管理[M]. 大连：东北财经大学出版社，2016.

[108] 郝勇，张丽，黄建伟. 物流系统规划与设计[M]. 北京：清华大学出版社，2008.

[109] 千庆兰，陈晓越. 物流规划与应用[M]. 北京：科学出版社，2016.

[110] 施丽华，刘娜. 现代物流管理[M]. 北京：清华大学出版社，2014.

[111] 吴承建. 物流系统规划与设计[M]. 北京：中国物资出版社，2011.

[112] 高举红，王术峰. 物流系统规划与设计[M]. 北京：清华大学出版社，2015.

[113] 丁小龙，王富忠，李化. 现代物流管理学[M]. 北京：北京大学出版社，2010.

[114] 袁伯友. 我国区域交通物流服务体系建设的探讨[J]. 物流技术，2009，28（7）：16-18.

[115] 杨朝丹，王景锋，吴安平. 吉林省物流产业发展状况及保障体系建设的探讨[J]. 吉林省经济管理干部学院学报，2011，25（6）：32-36.

[116] 孔月红，章良. 物流通道构建要素分析[J]. 物流科技，2012，(1)：25-27.